CW00369766

100 grandes directores de cine

Sección: Cine

José María Caparrós Lera:

100 grandes directores de cine

El Libro de Bolsillo
Alianza Editorial
Madrid

© José María Caparrós Lera
© Ed. cast.: Alianza Editorial, S. A.; Madrid 1994
   Calle Juan Ignacio Luca de Tena, 15; 28027 Madrid; teléf. 741 66 00
   ISBN: 84-206-0691-X
   Depósito legal: M. 29.103-1994
   Fotocomposición: EFCA, S. A.
   Impreso en
   Printed in Spain

A raíz de la aparición del libro de John Kobal, *Las 100 mejores películas*, tuve la idea de escribir una obra análoga. Deduje que el éxito editorial venía a demostrar que todavía faltan libros especializados para el público aficionado, a pesar de la abundancia de literatura cinematográfica. Así nació este volumen, **100 grandes directores de cine**, con el propósito de explicar quién es quién entre los grandes realizadores del Séptimo Arte.

La primera tarea fue seleccionar los nombres de los principales maestros del cine, trabajo nada fácil dada la gran cantidad de autores. A tal fin consulté a varios colegas. Una vez confeccionada la primera lista, con más de un centenar de directores, vino la parte más delicada: determinar cuáles debían estar y los que podían faltar, aunque fueran también importantes. De este modo quedaron las 100 figuras más representativas. El balance total por países es el siguiente: Estados Unidos, 35; Francia, 15; Alemania, 10; Italia, 9; Gran Bretaña y Rusia, 6; España, 4;

Suecia y Japón, 3; Polonia y Grecia, 2; Hungría, Checoslovaquia, Dinamarca, India y Brasil, 1.

Para redactar este libro-diccionario, utilicé también los textos escritos durante mi etapa de crítico cinematográfico, corregidos y ampliados posteriormente. Entre los libros consultados cabe destacar los «clásicos» de Jean Mitry y Georges Sadoul, los volúmenes de Manuel Villegas López y los coordinados por Joaquim Romaguera y Juan Carlos Rentero; y, más especialmente, los diccionarios dirigidos por Jean-Loup Passek, Ephraim Katz y Michael Singer —sobre todo en lo referente a su visión última—, además de las monografías específicas.

Conviene hacer unas aclaraciones para una mejor comprensión de las filmografías: se incluyen únicamente los largometrajes, mientras que aquellos cortos y documentales importantes o películas y series para TV se citan en la voz correspondiente a su autor. Tampoco se incluyen films de dibujos animados (de ahí que el lector eche en falta al maestro Walt Disney), ni los trabajos como actor de algunos directores (por ejemplo, Orson Welles o Woody Allen). En el caso de los primitivos mudos, Méliès, Chaplin y Keaton —no así Griffith— o las excepciones como Jean Vigo y Dziga Vertov, también figuran en la filmografía los cortometrajes y documentales, así como los films televisivos de Rossellini. Por otra parte, se respetan siempre los títulos originales, pero cuando las películas se han estrenado en España van precedidas del título que tuvo en nuestro país. Las traducciones entre paréntesis sólo se hacen de los idiomas japonés, griego, sueco, ruso u otras lenguas eslavas.

Agradecimientos:

Una mención especial merece la colaboración de varios profesionales: el crítico de cine EDMON ROCH, que ha leído el original y proporcionado valiosas sugerencias; el joven investigador LLORENÇ ESTEVE, que aporta su visión de cinéfilo y —además de escribir la voz de sus cineastas favoritos, Michael Powell y David Lean— ha revisado y completado las filmografías; así como la inestimable ayuda del escritor y crítico de arte EDUARD ARUMÍ, quien con su amplia visión humanística leyó la primera redacción y me hizo observaciones literarias que mejoraron el estilo de la obra.

ALLEN, Woody

El cómico más genial del cine moderno. N. en Nueva York, 1935. De origen judío, cursó estudios universitarios y fue expulsado de varios centros académicos de Estados Unidos. Humorista, actor y realizador, sería en la década de los setenta el «heredero» del burlesco norteamericano, pero con un tono cínico y demoledor impropio del género tradicional.

Sus primeras películas mostraron una postura «contracultural», con una mordacidad cáustica y muy directa. Intentó desmitificar lo divino y lo humano, lo trascendente y lo material, haciendo hincapié en la sociedad consumista estadounidense y en el mundo contemporáneo. En sus farsas no dejaría títere con cabeza; todo pasa desordenadamente por la criba crítica y amarga de Allen, a través de *gags* personales que oscilan entre la genialidad y el tópico, la exageración y el mal gusto (*Bananas*, *El dormi-*

Woody Allen cuando ganó el Oscar con Annie Hall

lón). Con todo, en algunos golpes de humor —cuando utiliza medios exclusivamente fílmicos— se muestra antológico; otros, no son más que vulgares chistes verbales, con ocurrencias chabacanas y concesiones de ínfimo nivel artístico. En el estilo de su primera etapa, se apreciaba una falta de medida y equilibrio narrativo; precisaba acaso mayor tino en la concepción interna de las escenas y un ápice de menor improvisación.

Posteriormente, Woody Allen parecía haber agotado su ingenio y gracejo artísticos —no exento de superficialidad— y dirigió sus dardos hacia otros dos temas —aparte de la constante del sexo— que también parecen obsesionarle sobremanera: la muerte y Dios (*Love and Death*, *Recuerdos*, *Zelig*). Pero la figura «contestataria» que había creado no era universal; no representaba ni encarnaba ningún tipo de valor. Tanto es así que, en su apasionada demolición, Allen parecía acabar incluso con su propio personaje. Sin embargo, poco antes de *Manhattan*, su escalofriante retrato de cierta sociedad intelectual neoyorquina, dio un giro creador: se puso tras la cámara y dirigió una pieza singular: *Interiores*, de profundidad bergmaniana y agudo análisis social. Para realizar su obra maestra, también sin interpretarla personalmente, sigue en la misma línea, pero volviendo al sentido del humor: *La rosa púrpura de El Cairo*, original película en torno al enfrentamiento entre realidad social y ficción cinematográfica, que evoca unos años difíciles y la actitud «evasiva» del espectador.

Sus originales homenajes al mundo del espectáculo y de la radio (*Broadway Danny Rose*, *Días de radio*) fueron superados por su total vuelta al protagonismo con *Hannah y sus hermanas*, donde asimismo expone su triste filosofía de la vida, al tiempo que refleja cierto pensamiento vitalista y materialista occidental. Después llegarían también otras importantes obras al estilo de Bergman, pero sin perder su propia personalidad: *Otra mujer*, *Delitos y faltas*, *Alice*, a la vez que sus films se convierten en un marco de referencia histórica sobre los neoyorquinos de hoy.

Gagman y clarinetista popular, ha creado para el cine un tipo característico: bajito, un tanto esmirriado, con largos mechones hasta el cuello, bastante calvo, unas gafas grandes que apenas disimulan su enorme nariz, nervioso, muy tímido, con aspecto despistado..., en fin, un personaje singular, acaso «buscador de la verdad» y con vocación de cinéfilo (*Sombras y niebla*). Pero la reciente *Maridos y mujeres* parece reflejar de algún modo su inestabilidad emocional. En la actualidad, ha vuelto a sustituir a la gran protagonista de sus films Mia Farrow por la antigua «musa» Diane Keaton (intérprete de su último film *Manhattan Murder Mistery*), con la que había ganado el Oscar de Hollywood por *Annie Hall*, y que se negó a recoger.

Filmografía:

Toma el dinero y corre (Take the Money and Run, 1969), Bananas (1971), Todo lo que usted siempre quiso saber sobre el sexo y no se atrevía a preguntar (Everything you Always Wanted to Know About Sex But Were Afraid to Ask, 1972), El dormilón (Sleeper, 1973), La última noche de Boris Grushenko (Love and Death, 1975), Annie Hall (1977), Interiores (Interiors, 1978), Manhattan (1979), Recuerdos (Stardust Memories, 1980), La comedia sexual de una noche de verano (A Midsummer Night's Sex Comedy, 1982), Zelig (1983), Broadway Danny Rose (1984), La rosa púrpura de El Cairo (The Purple Rose of Cairo, 1985), Hannah y sus hermanas (Hannah and her sisters, 1986), Días de radio (Radio Days, 1987), Septiembre (September, 1987), Otra mujer (Another Woman, 1988), Historias de Nueva York (New York Stories, 1989; episodio), Delitos y faltas (Crimes and Misdemeanors, 1989), Alice (1990), Sombras y niebla (Shadows and Fog, 1991), Maridos y mujeres (Husbands and Wives, 1992), Misterioso asesinato en Manhattan (Manhattan Murder Mistery, 1993), Bullets over Broadway (1994).

ANDERSON, Lindsay

Pionero del Free Cinema inglés. N. en Bangalores, 1923. Hijo de un oficial británico, estudió en Oxford y fue movilizado a la India a finales de la II Guerra Mundial. Famoso crítico de cine en los diarios The Times y The Observer; y en las revistas especializadas Sight and Sound y Sequence. Destacó también como director de cortometrajes y documentalista independiente desde

Lindsay Anderson, en los años del Free Cinema

1948: *Meeting the Pioneers, Wakefield Express, O Dreamland* —un revelador paseo por un parque de atracciones— y *Every Day Except Christmas* sobre el mercado de Covent Garden. Realizador de TV y director escénico de obras de vanguardia del dramaturgo John Osborne.

En 1956, con la publicación del artículo «Stant up, Stand up», ataca al cine conformista abogando por un cine libre y de ahí el nombre de *Free Cinema* dado después a este movimiento inglés. Personal y crítico, realiza un cine comprometido —próximo a las realidades sociales—, y que sobresale como obra artística. A través de la programación de las jornadas de nuevos cineastas británicos y extranjeros en el National Film Theatre de Londres, Anderson se identifica plenamente con la declaración de los *angry young men* («jóvenes airados») en un Manifiesto que le haría célebre: «Por su propia naturaleza —concluye su texto, editado en 1958—, el artista estará siempre en conflicto con el hipócrita, el mezquino, el reaccionario, y siempre habrá alguien que no comprenda la importancia de lo que está haciendo; siempre deberá luchar en nombre de sus opiniones. Pero la única cosa cierta es que el futuro está de parte de los valores humanos y de su concreta aplicación en nuestra sociedad. Todo lo que debemos hacer es creer en estos valores.»

Una muestra de su postura creadora, así como de los conceptos y la estética del *Free Cinema,* se evidencian en *El ingenuo salvaje,* el primer largometraje de Lindsay Anderson, donde narra la vida de un proletario británico, un minero enamorado de una mujer madura, que conocerá una gloria efímera como campeón de rugby y que es encarnado prodigiosamente por Richard Harris. Contradicciones y crítica social, valores y miserias explícitas, dureza y dramatismo, lucha por la dignidad y elevación del ser humano, o la dificultad de comunicarse, se expresan con realismo y cierta crueldad en este film-bandera del movimiento inglés, desaparecido como tal a mediados de los 60.

Después llegaría un mediometraje, *The White Bus,* y el corto *The Singing Lesson* (1967), hasta su discutido largo *If...,* ganador de la Palma de Oro del Festival de Cannes de 1968, provocando un escándalo en Inglaterra. En este film, Anderson arremete contra la enseñanza superior, satiriza los *high schools* y el *establishment* británicos sin apenas matices y con un tono excesivamente violento, pero no exento de cierto humorismo, poesía y ambigüedad, en plena época de revolución estudiantil. Tras cinco años de vacío, no opta como sus coetáneos Tony Richardson, Karel Reisz, Richard Lester y John Schlesinger por emigrar a Hollywood, sino que continúa su particular cruzada y alegorías sociales con *Un hombre de suerte, In celebration* —esa vez con Alan Bates como minero— y una nueva sátira titulada *Britannia Hospital*. Tras otros cinco años sin trabajo como realizador fílmico, en 1987 da a luz su última y más comedida obra maestra: *Las ballenas de agosto*, con las prodigiosas Lillian Gish y Bette Davis como protagonistas. Lindsay Anderson está considerado como un polemista, ideológicamente radical, y una de las firmas más reconocidas del mundo del espectáculo inglés, cuyo estilo inconformista e innovador ha influido en otros autores como Ken Loach y Hugh Hudson.

Filmografía:

El ingenuo salvaje (This Sporting Life, 1963), The White Bus (1966), If... (1968), Un hombre de suerte (O Lucky Man!, 1973), In Celebration (1975), Britannia Hospital (1982), Las ballenas de agosto (The Whales of August, 1987).

ANGELOPOULOS, Theo

Maestro del cine griego. N. en Atenas, 1935. Cursa Derecho y emigra a París para estudiar Literatura en La Sorbonne y Cine en el IDHEC. Crítico cinematográfico en el diario *Democratiki Allaghi* de su país, pronto se introduce en la industria del cine como actor y director de producción. Realizador del premiado cortometraje *Ekpombi*, en 1970, tras el «golpe de los coroneles», debuta como director con el largo *La reconstrucción*, bien acogido en diver-

El griego Theo Angelopoulos

sos festivales internacionales, donde ya se refleja la singular estética de este autor: la cámara se convierte en un testigo impasible de la intimidad de los personajes.

Pero su reconocimiento mundial llega con su trilogía sobre la Grecia contemporánea: *Días del 36*, *El viaje de los comediantes* y *Los cazadores*. Una importante trilogía helénica (1972-1977), influida por el estilo didáctico de Bertolt Brecht, que resulta de una lectura difícil por su peculiar simbología crítica y su gran cantidad de alusiones políticas e históricas. En esta tríada fílmica, bucea en la memoria colectiva de su país, oponiendo el pequeño grupo humano al héroe tradicional y la masa. A tal fin, utiliza las posibilidades creadoras del plano-secuencia y del juego espacio-temporal para superponer momentos históricos y pasar del mito a la realidad.

Su estilo épico-cultista, de gran belleza poética y virtuosismo en imágenes, bebe en las fuentes de la tragedia griega. Asimismo, se cuestiona la relación entre la historia, el tiempo y la memoria. Sus más recientes films han ido abandonando la carga política para insistir mucho más en la problemática social y existencial, a la vez que ha condensado la complejidad estética y técnica de sus planos. Su fábula onírico-filosófica *Paisaje en la niebla* refleja la crisis existencial del hombre de hoy, a través del itinerario físico-moral de unos niños griegos en busca de la libertad, con la que obtuvo el Premio Félix 1989, a la Mejor película europea. A pesar de que su obra es para un público minoritario, Theo Angelopoulos es uno de los autores más reconocidos dentro del panorama cinematográfico internacional.

Filmografía:

Anaparastassi (La reconstrucción, 1970), Meres tuo 36 (Días del 36, 1972), El viaje de los comediantes (O Thias-

*sos, 1975), I Kynighi (Los cazadores, 1977), O Megale-
xandros (Alejandro el Grande, 1980), Taxidi sta Kithira
(Viaje a Citera, 1984), O Melissokomos (El apicultor,
1986), Paisaje en la niebla (Topio stin omichli, 1988), Les
pas suspendu de la cicogne (1991).*

ANTONIONI, Michelangelo

Es uno de los renovadores del film moderno y pionero
del Nuevo Cine italiano. N. en Ferrara, 1912. Atraído
por el dibujo y la arquitectura, cursó Ciencias Económicas en Bolonia y se dedicó primero al teatro y a la pintura, para iniciarse después en el periodismo. De ideología marxista, fue miembro activo de la Resistencia.
Polémico crítico de cine en *Corriere Padano* y *Cinema* y
prolífico documentalista (*Gente del Po*), es un autor que
creó un universo propio de seres contradictorios y un
tanto inexplicables, con evidente influencia en muchos cineastas posteriores.

La famosa trilogía sobre la incomunicación, *La aventura*, *La noche y El eclipse*, marcó el abandono de la herencia del neorrealismo, en el que se distinguió como
guionista de Rossellini, Fellini y De Santis en los años 40.
Su narrativa y teorías hicieron mella en el mundo del cine
y de las ideas filosóficas, especialmente a nivel de lenguaje
y temática. Su estética del color es muy notable, consiguiendo mostrar los estados de ánimo a través de tonali-
dades cromáticas, como puede comprobarse en *Deserto
rosso*. Asimismo, concedía gran importancia a los silen-
cios y a la banda sonora con ruidos naturales y efectos
sonoros, dejando en segundo lugar la música. Sobre la
técnica del colorido, manifestó: «Con el color no se utili-

Michelangelo Antonioni, en su etapa de incomunicabilidad

zan las mismas lentes. Además, advertí que ciertos movimientos de la cámara no se combinan bien con él: una pasada panorámica es eficaz con un rojo brillante, pero no hace nada en el caso de un verde áspero, a menos que se esté buscando un contraste nuevo. Creo que hay una cierta relación —le comentaba a Godard— entre el movimiento de la cámara y el color.»

En su obra psicológica, centrada sobre todo en la problemática femenina, busca casi obsesivamente los personajes y su evolución, dando lugar a largas secuencias. Así se expresa a través de la cámara y no de los actores, a quienes dirige magistralmente: Monica Vitti, Jeanne Mo-

reau, Marcello Mastroianni o Alain Delon, entre otros.
No construye sus argumentos al estilo clásico, sino más
bien por acumulación de escenas, que discurren con igual
intensidad. De ahí que sus películas parezcan largas disgresiones de acción sin relación aparente con la línea argumental, como se observa, por ejemplo, en *Zabriskie
Point*. También realizó para TV un discutido documental
sobre la China (*Chung-Kuo, Cina*, 1972).

Antonioni, calificado como el cineasta de la soledad,
parte de las vicisitudes y de los hechos que envuelven a
los personajes para adentrarse en las repercusiones de la
realidad externa en las conciencias (*Blow up*). Por ello, la
deshumanización de la vida, la incapacidad de amar, la
búsqueda de la felicidad, la angustia de una sociedad abo-
cada al desequilibrio, la agresión del mundo industrial-
izado y la típica crítica marxista a la clase burguesa de la
que procede, no exento de erotismo explícito, fueron temas habituales de este creador.

De su personalidad cabe decir que es un hombre distante y apasionado, inquieto y minucioso, racionalista y
lírico a la vez —«mis films se miran como estatuas», había dicho—. Su postura dialéctica no le dejó ver más allá
del nihilismo. «Mis opiniones, mis errores, que son
cuanto hay de más personal en mis experiencias, transmi-
tirán mi mensaje siempre y cuando yo sea sincero; ser
sincero —declaró— implica el hacer una obra un tanto
autobiográfica.» En el año 1982 se retiró del cine a causa
de una larga enfermedad.

Filmografía:

*Cronaca d'un amore (1950), I vinti (1952), La signora
senza camelie (1953), Amore in città (1953; episodio), Las
amigas (Le amiche, 1955), El grito (Il grido, 1957), La*

aventura (L'avventura, 1960), La noche (La notte, 1961),
El eclipse (L'eclisse, 1962), El desierto rojo (Deserto rosso,
1964), Tres perfiles de mujer (I tre volti, 1965; episodio),
Blow up/Deseo de una mañana de verano (Blow Up,
1965), Zabriskie Point (1970), Profesión: reporter (Il re-
porter/The Passanger, 1975), El misterio de Oberwald (Il
misterio de Oberwald, 1980), Identificación de una mujer
(Identificazione di una dona, 1982).

BARDEM, Juan Antonio

Actualmente está considerado como un clásico del cine
español. N. en Madrid, 1922. Hijo de actores, es ingeniero agrónomo y teórico del cine. Fue uno de los pro-
motores de las famosas Conversaciones de Salamanca
(1955), donde pronunciaría su memorable discurso: «El
cine español es políticamente ineficaz, socialmente falso,
intelectualmente ínfimo, estéticamente nulo e industrial-
mente raquítico».

Renovó junto con Luis G. Berlanga la cinematografía
de la posguerra, habiendo debutado en 1951 con este realizador en *Esa pareja feliz*, cinta sobre las ilusiones del
mundo obrero madrileño que ofrecía una visión aguda y
realista del país. Después colaboraría como guionista en
las siguientes películas de Berlanga: *¡Bienvenido, Míster
Marshall!* y *Novio a la vista*, hasta dirigir él solo
Cómicos, una original evocación del mundo del teatro, y
Felices Pascuas.

Calificado como esteticista técnico, partidario de una
valiente crítica social y diseccionador de la clase media española, se lanzó a realizar un cine de claro contenido político de izquierda, aunque entonces no era pública su

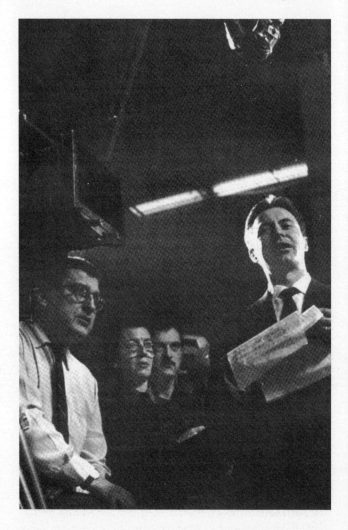

Bardem (junto a la cámara), en su época de oro

pertenencia al Partido Comunista. Destacó en el extranjero y en su propio país con *Muerte de un ciclista*, sobre la tragedia de una pareja que le serviría para retratar la psicología hispana de los años 50. También con *Calle Mayor*, adaptación libre de la pieza de Carlos Arniches *La señorita de Trevélez*, reflejó la vida provinciana y ciertos convencionalismos españoles. Esta película le ocasionaría graves problemas administrativos.

Es obvio que Bardem iba a ser uno de los cineastas «comprometidos» y lógicamente obstaculizados por el régimen franquista por su postura ideológica. No obstante, siguió realizando cine: *La venganza*, sobre los conflictos en el campo español; *Sonatas*, *A las cinco de la tarde*, *Los inocentes* y *Nunca pasa nada*. Aun así, y antes de entrar en su etapa comercial, dio un traspiés creativo con el citado *Sonatas*, una versión libre de Valle-Inclán que le restaría parte de su prestigio. Por ello, François Truffaut manifestó exageradamente al visionar el film en el Festival de Venecia: «Bardem est mort». Sin duda esta frase delata hasta qué punto se le había encumbrado por razones políticas y por la carencia de otros creadores españoles importantes, como sucedió con Berlanga. Además, Luis Buñuel continuaba en su voluntario exilio mexicano.

Bardem realizó en coproducción *Los pianos mecánicos* en 1965, basado en la novela de Henri-François Rey *Los organillos*, que resultó un fracaso. Después de estar cuatro años sin trabajo, su inserción en el cine comercial puso aún más en entredicho su fama como realizador, pues evidenciaba también unas limitadas cualidades artísticas. A pesar de sus notorias influencias del neorrealismo y del Antonioni de la primera hora, demostró una personalidad genuinamente española, aunque carecía de sentido del humor, manifestando una rigidez ideológico-estilística muy notoria. Por tanto, el regreso de Bardem

constituyó un descalabro profesional al aceptar diversas
películas «de encargo» —incluso con *divas* tan populares
como Sara Montiel y Marisol—, e incurriendo en las concesiones del cine de consumo. Con todo, siguió luchando
contra el sistema desde la presidencia de la organización
sindical de directores.

Cuando llegó la democracia, este convencido «eurocomunista» realizó dos obras significativas de la España de
transición: las militantes *El puente* y *Siete días de enero*,
dentro de la nueva línea de reconciliación nacional del
PC. Asimismo, dirigió en Bulgaria una película histórica
en clave estalinista *La advertencia*, continuando luego su
carrera en su país como autor con sendas series televisivas: *Lorca, muerte de un poeta* y *Los jóvenes años de Picasso*.

Filmografía:

*Esa pareja feliz (1951, co-dir. Berlanga), Cómicos
(1953), Felices Pascuas (1954), Muerte de un ciclista
(1955), Calle Mayor (1956), La venganza (1957), Sonata/Aventuras del marqués de Bradomín (1959), A las
cinco de la tarde (1960), Los inocentes (1962), Nunca pasa
nada (1963), Los pianos mecánicos (Los organillos/Les
pianos méchaniques, 1964), El último día de la guerra
(The Last Day of War, 1968), Varietés (1970), La isla misteriosa (L'île mysterieuse, 1971, co-dir. Henri Colpi), La
corrupción de Chris Miller (1972), El poder del deseo
(1975), El puente (1976), Siete días de enero (1978), La
advertencia (Preduprezdenje, 1982).*

BERGMAN, Ingmar

Con el prestigioso director escénico sueco, tenemos uno de los más importantes autores del cine contemporáneo. N. en Uppsala, 1918. De familia luterana —su padre era pastor—, recibió una educación muy rigurosa que le dejó una profunda huella. Estudió arte y literatura en la Universidad de Estocolmo, a la vez que frecuentaba las tertulias existencialistas del popular barrio *Gamia Stan*. Se independizó muy pronto de su familia, interesándose por el teatro hasta dirigir una pieza del sufriente August Strinberg. Tras escribir cuentos, novelas y numerosas obras teatrales, se dedicó de lleno al arte escénico en 1940. Al ingresar como ayudante de dirección en la Ópera Real de Estocolmo, consiguió poco después situarse entre las primeras firmas europeas y, en el año 1958, director del Real Teatro Dramático. Pero en el período 1940-44 ya había tomado contacto con el mundo del cine como guionista, arte al que dedicaría la otra mitad de su actividad creadora.

Durante su primera etapa, Bergman realizó comedias y estudios psicosociológicos sobre su país: *Un verano con Mónica*, *Una lección de amor* y *Sonrisas de una noche de verano*, entre otras. En la segunda, se interesó por la temática religiosa y existencial, con sus dos obras maestras: *El séptimo sello* y *Fresas salvajes*; a las que seguirían *En el umbral de la vida*, *El rostro* y *El manantial de la doncella*, con la que obtuvo el Oscar de Hollywood. Esta etapa culminó con una trilogía sobre la búsqueda de Dios: *Como en un espejo*, o la espera de Dios —nuevo Oscar—, *Los comulgantes*, o el misterio de Dios, y *El silencio*, o la ausencia de Dios.

De este modo, Bergman pasaría del existencialismo y del cuasi-cristianismo al agnosticismo más amargo. Su cine, con inquietudes religiosas, barroco y sencillo a la

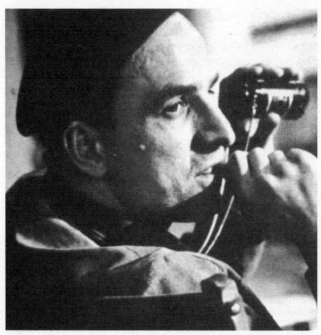

El sueco Ingmar Bergman

vez, se convertiría en una obra puramente metafísica, donde muestra su triste visión del hombre; un cine desnudo, brillante y equívoco, ajeno a cualquier creencia religiosa e ideología política. De ahí que sus posteriores películas fueran el producto de su crisis intelectual y personal, testimonio al mismo tiempo de una crisis colectiva y de cierta sociedad escandinava que él representa como individuo.

En su tercera y última etapa creadora, la del cine metafísico-existencial, concluiría su obra con unos retratos muy duros sobre el matrimonio y las relaciones de la pareja, que se inició con *Persona*, siguiendo con *La ver-*

güenza y *Pasión*. Culminaría con su angustiosa *Gritos y susurros*, caótica y terrible visión de la vida y la muerte; su impresionante y acaso postrera obra maestra *Sonata de Otoño*, con Ingrid Bergman y la habitual Liv Ullmann como protagonistas, donde se mostraba esperanzador en la búsqueda del Más Allá y del amor verdadero...; hasta su patético testamento fílmico-autobiográfico *Fanny & Alexander*, que vuelve a encerrarse en el ateísmo. Sus más recientes guiones —asimismo de carácter biográfico— han sido llevados a la pantalla por otros autores: Bille August (*Las mejores intenciones*) y su hijo Daniel Bergman (*Niños del domingo*).

El universo de Ingmar Bergman es un mundo de soledad, de sufrimiento, de fantasmas metafísicos —si bien es un metafísico sin meta—, de angustias existenciales; un mundo donde el hombre aspira y desea llegar a una verdad suprema y trascendente, pues se da cuenta de lo inútil que es buscarla en otro lugar. Así, cuando el hombre abandona esta búsqueda radical, se embarca de ordinario en dos «aventuras» ambivalentes: una actitud frívola con enormes resabios paganizantes o un abandono al destino trágico, a veces lleno de aberraciones y degradación. Y Bergman las describe con un descarnado realismo, poético en ocasiones, aunque lastrado por una morbosidad complaciente y gratuita pocas veces superada en el cine. A través de sus historias, de sus leyendas —la mayoría escritas por él—, da a conocer sus propios pensamientos, sus dudas, sus crisis, sin el menor pudor. «Mis películas —dijo hace años— son siempre declaraciones personales». Y su reconocida fama internacional se debe más bien a la originalidad y la valentía de su exposición, a su admirable riqueza de expresión y singular concepción de cada escena, a veces de cariz teatral pero sin dejar de ser fílmico. Por otra parte, la publicidad siempre ha destacado el aspecto escandaloso e inaudito de la mayoría de sus películas, para atraer al gran público, que muchas veces no comprende las obras de este genial feísta de la pantalla.

Filmografía:

Crisis (*Kris*, 1945), *Llueve sobre nuestro amor* (*Det Regnar pa var kärlek*, 1946), *Stepp till Indialand* (*Barco para la India*, 1947), *Noche eterna* (*Musik i mörker*, 1948), *Hamnstad* (*Puerto*, 1948), *La prisión* (*Fängelse*, 1949), *Torst* (*La sed*, 1949), *Till Glädje* (*Hacia la felicidad*, 1949), *Sänt händer inte här* (*Esto no puede ocurrir aquí*, 1950), *Juegos de verano* (*Sommarlek*, 1951), *Tres mujeres* (*Kvinnors väntan*, 1952), *Un verano con Mónica* (*Sommaren med Monika*, 1952), *Noche de circo* (*Gycklarnas Afton*, 1953), *Una lección de amor* (*En lektion i kärlek*, 1954), *Sueños* (*Kvinnodröm*, 1955), *Sonrisas de una noche de verano* ((*Sommarnattens Leende*, 1955), *El séptimo sello* (*Det Sjunde inseglet*, 1956), *Fresas salvajes* (*Smultronstlället*, 1957), *En el umbral de la vida* (*Nära livet*, 1957), *El rostro* (*Ansiktet*, 1958), *El manantial de la doncella* (*Jungfrukällan*, 1960), *Djävulens öga* (*El ojo del diablo*, 1960), *Como en un espejo* (*Sasom i en spegel*, 1961), *Los comulgantes* (*Nattvardsgästerna*, 1962), *El silencio* (*Tystnaden*, 1963), *¡Esas mujeres!* (*För att inte tala om alla dessa kvinnor*, 1964), *Stimulantia* (1965; episodio), *Persona* (1966), *La hora del lobo* (*Vargtimmen*, 1967), *La vergüenza* (*Skammen*, 1968), *Pasión* (*Em passion/A Passion*, 1969), *La carcoma* (*Beröringen/The Touch*, 1971), *Gritos y susurros* (*Viskningar och rop*, 1972), *Secretos de un matrimonio* (*Scener ur ett äktenskap*, 1973), *La flauta mágica* (*Troll flöjten*, 1974), *Cara a cara* (*Ansikte mot ansikte/Face to Face*, 1975), *El huevo de la serpiente* (*Das schlangenel/The Serpent's Egg*, 1977), *Sonata de Otoño* (*Höstsonaten/ Herbstsonate/The Au-*

tumn Sonata, 1978), De la vida de las marionetas (Aus dem leben der marioneten, 1980), Fanny & Alexander (Fanny och Alexander, 1982).

BERLANGA, Luis García

Es uno de los más reconocidos realizadores del cine español. N. en Valencia, 1921. Poeta y pintor, estudió en Madrid y renovó junto con Bardem la cinematografía del país. Con éste, dirigiría el comentado largometraje *Esa pareja feliz.*

Su primera obra maestra la realizó en 1952, *¡Bienvenido, Míster Marshall!*, film que mostraba la «cara fea» de la España de posguerra, mezclando poesía y realismo, con grandes dosis de humor. Esta cinta, llena de imaginación y que era una crítica a los norteamericanos (cuyas autoridades protestaron en el Festival de Cannes e incluso le cortaron planos para su exhibición), estaba narrada como la anterior al estilo del sainete de Arniches. Sería el sainete —recriminado por algunos teóricos— la fórmula que empleó Berlanga en su búsqueda crítica de la realidad circundante, pues deliberadamente le servía de coartada para envolver su denuncia sociocultural. Fue, además, una interpretación del neorrealismo italiano —movimiento que influyó claramente en los cineastas de su generación—, pero con mentalidad genuinamente española.

Un año más tarde, Luis G. Berlanga, de ideología anarquista, realizaría *Novio a la vista*, película que reflejaba la pequeña burguesía veraneante en el Norte del país y las ilusiones poéticas de su autor. A continuación, dirige una de una de sus mejores obras, *Calabuch*, rodada en Peñís-

Luis G. Berlanga cuando fue entrevistado por el autor (Sitges, 1972)

cola, y más tarde la debatida *Los jueves, milagro*. También llegarían en esta época films obstaculizados por la censura ideológica del régimen de Franco, como: *Tierra de nadie*, en torno a la Guerra Civil española que sólo pudo llevar a la pantalla casi treinta años después con el título de *La vaquilla*; *Plácido* y su última pieza maestra *El verdugo*. La exhibición de esta cinta en el Festival de Venecia fue precisamente en los días en que iban a ajusticiar en España al comunista Julián Grimau, lo cual desencadenó una insólita campaña contra *El verdugo*. Con estos dos films memorables iniciaría su permanente colaboración con el guionista Rafael Azcona, cayendo en la sátira amarga e incidiendo en el humor negro. El episodio de *La muerte y el leñador* en *Las cuatro verdades*, junto con la coproducción argentina *La boutique* y *¡Vivan los novios!* evidencian esta postura ya comentada.

Tras una fallida cinta rodada en Francia (*Tamaño natu-*

ral), Berlanga volvió a la farsa como arma crítica cuando llegó la democracia. Y lo mismo que su coetáneo Bardem, realizó, en este período de libertad de expresión, películas menores: una trilogía crítica sobre la burguesía y la clase política española del tardofranquismo y la transición, *La escopeta nacional*, *Patrimonio nacional* y *Nacional III*. En estos films incurre en simplificaciones y equívocos sobre personas e instituciones, que culminaría en la mediocre comedia costumbrista *Moros y cristianos*. Narradas a modo de farsas sainetescas, incluso utilizando el largo plano-secuencia como es habitual en este creador, son tremendamente discursivas, pese a ciertos golpes de humor y aisladas situaciones geniales. Berlanga carga las tintas e incide en efectos de fácil hilaridad y en obscenidades, lo que resta rigor y seriedad al conjunto de sus obras e incluso calidad artística.

Es obvio que —al igual que Bardem— Berlanga es, hoy por hoy, un autor en crisis. Un cineasta que parecía moverse mejor con el lenguaje metafórico, estilo oblicuo y hasta ambiguo que el sistema franquista —la denominada por algunos historiadores «estética de la represión»— le había obligado a trabajar.

Filmografía:

Esa pareja feliz (1951, co-dir. Bardem), ¡Bienvenido, Míster Marshall! (1952), Novio a la vista (1953), Calabuch (1956), Los jueves, milagro (1957), Plácido (1961), Las cuatro verdades (1962; episodio), El verdugo (1963), La boutique (1967), ¡Vivan los novios! (1971), Tamaño natural (Grandeur nature/Life Size, 1973), La escopeta nacional (1977), Patrimonio nacional (1980), Nacional III (1982), La vaquilla (1985), Moros y cristianos (1987), Todos a la cárcel (1993).

BERTOLUCCI, Bernardo

Otro de los nombres-clave del cine contemporáneo italiano. N. en Parma, 1940. Hijo del escritor Attilio Bertolucci, se licenció en Literatura Moderna por la Universidad de Roma. Allí conoció a Pier Paolo Pasolini, con quien trabajaría como ayudante de dirección en *Accatone* (1961). Premiado como poeta en 1962 por *A la búsqueda del misterio*, pronto se transforma en uno de los dicípulos de Pasolini y se sitúa entre los autores más comprometidos del Nuevo Cine italiano,

De tendencia marxista-freudiana, debutó como realizador con un film escrito por su referido maestro, *La commare secca*, donde ofrece un duro retablo del inframundo romano. Con su segundo largometraje como director, *Prima della rivoluzione,* fue calificado por el mismo Pasolini como maestro del cine-poesía. En éste cuenta el dilema de cierto intelectual italiano, comunista y formado en la cultura burguesa, revolucionario y conservador a la vez, mediante el personaje de un joven burgués —como el mismo Bertolucci—, que abandona las convicciones marxistas y evoluciona influido por un matrimonio de conveniencia y el desengaño político-ideológico que le circunda. Con esta obra retórica, iniciaría su personal itinerario anímico-creador, un autoanálisis no exento de clasicismo y cinefilia. «Creo que rodar una película —declaraba en 1970— significa poner un poco de orden en el caos que llevo dentro y al que temo hasta el momento en que el cine me da la oportunidad de liberarme de él, al menos en parte.»

Bernardo Bertolucci es un constante crítico del fascismo, que inspirado en Jorge Luis Borges y Alberto Moravia daría a luz *La estrategia de la araña* y *El conformista*, respectivamente. En estos films sobre la traición y la sociedad burguesa, incorpora elementos surrealistas y

Bernardo Bertolucci durante el rodaje de Historia de un hombre ridículo

ofrece un cine denunciatorio muy demoledor, con crudos retratos de cierto submundo actual. Su actitud escéptica y desesperanzada, así como su precisión fílmico-narrativa, se combinan en una obra a veces tan brillante como decadente e incluso inmoral, como sucede con *El último tango en París* y *La luna*.

La creación de Bertolucci se mueve entre el lirismo y el escándalo, la acidez y el símbolo, el sexo y la política, la dialéctica y la manipulación, no exento de algunos momentos de lucidez. Ese estilo provocador y sus fantasmas personales se reflejarían con creces en el fresco histórico *Novecento*, una parcial visión de la historia del comunismo italiano y de la sociedad rural entre 1900 y 1945. Fue una superproducción italoamericana que resultó un fracaso comercial, debido al exceso de formalismo. Después, llegaría otra obra ambiciosa, *El último emperador*, un espectáculo grandilocuente rodado en China que le devolvió el prestigio en la industria del cine (9 Oscars de Hollywood) y el favor del público.

Por tanto, es un creador de singular sensibilidad que evidencia principios absolutamente instintivos y que iba a ser influenciado por el referido Pasolini, Josef von Sternberg y, especialmente, por Max Ophüls en su concepción interna de las escenas más refinadas. Asimismo, concibe sus obras como óperas literarias —deudor al mismo tiempo de Verdi—, con predominio de planos largos y destacando la función de la luz como elemento de unidad dentro del relato. A la madurez estilística de Bertolucci parece faltarle equilibrio personal, y su esteticista puesta en escena se ve lastrada en ocasiones por una excesiva introspección.

Filmografía:

La commare secca (1962), Antes de la revolución (Prima della rivoluzione, 1964), Amore e rabbia (1968; episodio), Partner (1968), La estrategia de la araña (La strategia del ragno, 1970), El conformista (Il Conformista, 1970), El último tango en París (Ultimo tango a Parigi/Last tango in Paris, 1972), Novecento (1976), La luna (1979), La historia de un hombre ridículo (La tragedia di un uomo ridiculo, 1981), El último emperador (The Last Emperor, 1987), El cielo protector (The Sheltering Sky, 1989), Pequeño Buda (Little Buddha, 1993).

BRESSON, Robert

Una de las grandes figuras clásicas del cine actual y filósofo del film francés. N. en Bromont-Lamothe, 1907.

El maestro Robert Bresson

Es un autor riguroso, coherente y profundo como pocos, de enorme austeridad expresiva, honda espiritualidad y gran humanidad, que posee la virtud de no parecerse a nadie y de ser difícilmente imitable. Pintor y autor de un cortometraje (*Les affaires publiques*, 1943), fue ayudante de René Clair.

La personalidad artístico-creadora de Bresson se ha venido confirmando película tras película, bastante espaciadas por su bajo presupuesto y poca comercialidad, además de su cuidada elaboración, con un alarde de lirismo y minuciosidad temática poco frecuentes. En su sencilla y emotiva obra —plena de miradas y objetos— se evidencia una trascendencia que casi se puede tocar. Desde su debut en 1943 con *Les Anges du péché*, el tema de la redención resulta el hilo conductor de su cine, como puede apreciarse en *Le journal d'un cure de campagne*, *Un condenado a muerte se ha escapado*, *Pickpocket*, *Le procès de Jéanne d'Arc* y *Mouchette*. Cristiano de tendencia jansenista, cree que la gracia redime de sus faltas sólo a seres excepcionales en el momento de la muerte, sea ésta buscada o aceptada como liberación. Su obra cinematográfica, por tanto, está fuera de las modas, debido también a su sufriente peregrinar en busca de lo absoluto y de la gracia sobrenatural, que llega en ocasiones a irritar al público, especialmente a los detractores que se ha ganado este singular creador.

En los films de Bresson lo bello es reemplazado por lo justo: «La pintura me ha enseñado que no se debían hacer bellas imágenes, sino imágenes necesarias.» De ahí que destruya las reglas establecidas, y que el ritmo del montaje, la dirección de actores, la música y el tono de los diálogos estén menos destinados a expresar una idea particular que a asegurar, junto a los demás elementos de la puesta en imágenes, la trama poética de la obra. Al tiempo que su escritura cinematográfica se simplifica, como en *Lancelot du Lac*, recurre cada vez más al montaje, revalorizando su importancia dentro del cine moderno. «Sólo en el momento en que las imágenes y sonidos entran en contacto, en que se coloca cada cosa en su sitio, el film nace. Y es el film que, al nacer, da vida a los personajes y no los personajes los que dan vida al film», afirmaría el maestro galo.

Se distingue como un artista solitario y nada prolífico, ya que sólo ha realizado 13 cintas. Expuso sus principios estético-filosóficos en unas *Notes sur le cinématographe*, donde define dos tipos de películas: «Aquellas que emplean medios teatrales (actores, puesta en escena, etc.) y se sirven de las cámaras para reproducir, y aquellas que emplean los medios del cinematógrafo y se sirven de las cámaras para crear.» Por eso, habitualmente, ha utilizado actores no profesionales, elegidos entre sus amigos o en la misma calle por su fisonomía, a fin de reflejar sin artificio la vida interior de los personajes que encarnan.

Obviamente, la estética de Robert Bresson —influida por Dreyer— parece basada en una ascética, aunque a veces resulte amoral, como sucede en *Un femme douce* o *Le diable probablement*. También en su obra se aprecia una clara tendencia a la abstracción y a universalizar los temas que toca, basado en novelas de Bernanos, Dostoievski y Tolstoi, entre otros autores.

Filmografía:

Les Anges du péché (1943), Les Dames du Bois de Boulogne (1945), Journal d'un curé de campagne (1951), Un condenado a muerte se ha escapado (Un condamné à mort s'est échappé, 1956), Pickpocket (1959), El proceso de Juana de Arco (Le procès de Jeanne d'Arc, 1962), Al azar de Baltasar (Au hasard Balthazar, 1966), Mouchette (1967), Un femme douce (1968), Cuatro noches de un soñador (Quatre nuits d'un rêveur, 1972), Lancelot du Lac (1974), El diablo probablemente (Le diable probablement, 1977), El dinero (L'Argent, 1983).

BROOKS, Richard

Fue un realizador independiente americano. (Filadelfia, 1912-Los Angeles, 1992). Estudió en la Universidad de

Richard Brooks dando instrucciones

Temple y se dedicó al periodismo deportivo. Locutor radiofónico de talante liberal, dirigió obras de teatro en Broadway y destacó como novelista antes dedicarse al cine.

Prestigioso guionista durante los años 40, con las películas *Forajidos*, *Encrucijada de odios*, *Fuerza bruta* y *Cayo Largo*, entre otras, había declarado: «Cuando escribo un guión no llevo el control real de mi film, pues en el montaje puede muy bien el estudio transformar totalmente un film acabado. También me duele no poder escoger con toda libertad a los actores, como la mayoría de los cineastas americanos. Una película no tiene más valor que el que tiene el guión. Si es mala la historia, ya pueden ser sublimes los actores, espléndida la música, fascinante el color, que, a pesar de todo, la película será un fracaso.» De ahí que, a partir de 1950, escribiera, realizara y en ocasiones produjera sus propias cintas.

Su obra se distingue por un estilo depurado, gusto por lo conceptual, talento narrativo y rigor en las adaptaciones literarias, como lo evidencian sus films *La última vez que vi París*, *Los hermanos Karamazov*, *Elmer Gantry*, *Lord Jim* y *A sangre fría*. Brooks está considerado —junto a Elia Kazan— como el mejor adaptador cinematográfico de Tennessee Williams: *La gata sobre el tejado de zinc* y *Dulce pájaro de juventud*.

Interesado por temas ideológicos actuales, rompió una lanza en favor de la libertad de prensa en *Deadline USA*, trató la delincuencia juvenil en *Semilla de maldad*; hace hincapié en la problemática racial y el colonialismo en *Sangre sobre la tierra*; y satiriza el mundo del cine y la crisis de la condición femenina en *Con los ojos cerrados* y *Buscando al señor Goodbar*. Al propio tiempo, entre las cintas de consumo que tuvo que realizar para la industria de Hollywood, destacan westerns críticos como *Muerde la bala* y *Los profesionales*, este último a modo de parábola sobre la guerra de Vietnam.

Richard Brooks fue calificado como un autor más interesante cuando él era, asimismo, el guionista y podía dirigir con plena libertad. Este prolífico cineasta, como idealista y honrado americano, ambiguo y lúcido a la vez (escribió también una importante novela sobre Hollywood: *The Producer*, que evoca y denuncia la época maccarthista), estaba preocupado por lo que ocurre en el interior de las personas, manteniendo cierta independencia creadora y consiguiendo en esos casos una notable inventiva visual.

Filmografía:

Crisis (1950), El milagro del cuadro (The Light Touch, 1951), Deadline USA (1952), Battle Circus (1953), Take the High Ground (1953), The Flame and the Flesh (1954), La última vez que vi París (The Last time I saw Paris, 1954), Semilla de maldad (The Blackboard jungle, 1955), The Last Hunt (1956), The Catered Affair (1956), Sangre sobre la tierra (Something of Value, 1957), Los hermanos Karamazov (The Brothers Karamazov, 1958), La gata sobre el tejado de zinc (Cat on a Hot Tin Roof, 1958), El fuego y la palabra (Elmer Gantry, 1960), Dulce pájaro de juventud (Sweet Bird of Youth, 1962), Lord Jim (1965), Los profesionales (The Professionals, 1966), A sangre fría (In Cold Blood, 1967), Con los ojos cerrados (The Happy Ending, 1969), Dólares (Dollars, 1971), Muerde la bala (Bite the Bullet, 1975), Buscando al señor Goodbar (Looking for Mr. Goodbar, 1977), Objetivo mortal (Wrong is Right/The Man with the Deadly Lens, 1982), Fever Pitch (1985).

BUÑUEL, Luis

El más famoso cineasta español. (Calanda, 1900 - México D. F., 1983). Cultivador del surrealismo en imágenes, está considerado como uno de los principales creadores del Séptimo Arte. Después de licenciarse en Filosofía y Letras, convivió en la Residencia de Estudiantes de Madrid con algunos miembros de la generación del 27, incorporándose al movimiento surrealista en París, donde dio a luz sus primeras obras: el cortometraje Un chien andalou (1928), en colaboración con Salvador Dalí,

Luis Buñuel, con Jeanne Moreau

y su escandalosa *L'âge d'or*. Tras una breve actividad productora en la República española, con los documentales *Tierra sin pan* (*Las Hurdes*, 1932) y *España leal en armas* (*Espagne*, 1937) y cuatro largometrajes para la empresa Filmófono, se estableció en México y Francia. En estos países desarrollaría su carrera cinematográfica, pero sin perder nunca el carácter hispano.

Las obras más significativas son: *Los olvidados*, una denuncia social en torno a la delincuencia juvenil y que sería premiada en Cannes; *Subida al cielo*; *Él*; *Nazarín*, según la novela de Galdós y también galardonada en el Festival de Cannes; *La fievre monte à El Pao*; y la discutida *Viridiana*, rodada en España. Luego, realizó diversos films, algunos menores a pesar de los premios, asimismo muy conocidos: *El ángel exterminador*; *Diario de una camarera*, que contiene todo su ideario artístico y personal; *Simón del desierto* y *Belle de jour*, galardonados en Venecia. Finalmente, dirigió el también discutido *La Vía Láctea*; *Tristana*, el segundo realizado en España; *El discreto encanto de la burguesía*, con el que ganó el Oscar de Hollywood; *El fantasma de la libertad*, que vendría a ser su testamento fílmico; y *Ese oscuro objeto del deseo*. En todos ellos estuvo presente el espíritu surrealista e irracional que le caracterizaba como autor.

Las películas más arreligiosas de Buñuel —las citadas *Viridiana*, *Simón del desierto* y *La Vía Láctea*— recibieron serias críticas del Vaticano, pues su agresivo sarcasmo se centraba en la Iglesia, en la que era incapaz de ver más allá de lo que consideró un formalismo eclesiástico. Acaso su ataque a la religión católica habría que buscarlo en que su conocimiento del dogma carecía de la auténtica espiritualidad. Genial, testarudo y sordo como Goya —de quien se advierten claras influencias y sobre el cual escribió un guión inédito—, este aragonés también universal sería, a pesar suyo y de la confusión doctrinal que puede estar latente en su cine, un eterno «buscador de Dios», aunque por la vía negativa.

Luis Buñuel fue, por tanto, un artista inimitable —al igual que su colega Dalí—, con un lenguaje fílmico de una calidad estética muy personal. Si bien descuidó a veces la técnica, por su austeridad narrativa y voluntad de expresión, sentido creativo y sobriedad de imagen —entre fantástica y lírica, prácticamente sin música— muchos teóricos lo sitúan entre los directores cinematográficos más importantes. Al propio tiempo, su sencillez y coherencia en la puesta en escena le evidencian como un cineasta singular, original y aislado, cuyo influjo se advierte en algunos realizadores de prestigio, como Fellini, Truffaut y Saura, entre otros. En cambio, varias de sus cintas presentan un erotismo complaciente e irreverencias de dudoso gusto —a pesar de la simbología surrealista— que empañan su perfección formal.

En casi toda la obra de Buñuel se puede apreciar una actitud violenta e inconformista, crítica y anticonvencional. Sus películas son implacables y amargas, dentro de un sentido del humor no exento de ironía, ácido sarcasmo y cierta crueldad. Con su cine tremendamente denunciatorio y hasta corrosivo, arremete, de forma descarnada y en parte negativa, contra todo lo establecido: sociedad, familia, moral, religión, poder, política, instituciones, costumbres...; nunca construye, demuele. Y dentro de su anarquía, cultivó el arte por el arte con escaso respeto a la ética natural. Pero en el fondo, pretendía moralizar, sensibilizar al espectador, retratar sus virtudes y defectos, descubrirle lo que según él era un engaño y librarle de este modo de los traumas engendrados por lo racional. Su crítica feroz a la pequeña burguesía fue también una constante de su obra.

Todo esto pertenece, pues, al universo buñueliano: un mundo interior, a veces alucinante, que parece obsesionarle sobremanera. Sería un microcosmos particular, un tanto anacrónico y en ocasiones irreal —al menos en los singulares personajes que lo componen—, que existió más en la mente del realizador que en la realidad exterior; resultando más lógico que ontológico. Sin embargo, tal universo no era totalmente ficticio, pues en él se encontraban a veces manipuladas ciertas verdades o verdades a medias. Lo que posiblemente sucedió a Luis Buñuel, como a otros genios artísticos y del pensamiento contemporáneo, es que «era atormentado por las opiniones que tenía de las cosas, no por las cosas mismas», parafraseando a Montaigne. En 1982, aún publicó *Mi último suspiro*, unas apresuradas memorias que han sido traducidas a varios idiomas.

Filmografía:

*La edad de oro (L'âge d'or, 1930), Don Quintín el Amar-
gao (1935, co-dir. Luis Marquina), La hija de Juan Simón
(1935, co-dir. José L. Sáenz de Heredia y Nemesio M. Sobre-
vila), ¿Quién me quiere a mí? (1936, co-dir. Sáenz de Heredia), ¡Centinela alerta! (1936, co-dir. Jean Grémillon),
Gran Casino (Tampico, 1946), El gran calavera (1949), Los
olvidados (1950), Susana/Demonio y carne (1950), La hija
del engaño/Don Quintín el Amargao (1951), Cuando los
hijos nos juzgan/Una mujer sin amor (1951), Subida al cielo
(1951), El bruto (1952), La aventuras de Robinson Cru-
soe/Adventures of Robinson Crusoe (1952), Él (1952), Abis-
mos de pasión/Cumbres borrascosas (1953), La ilusión viaja
en tranvía (1953), El río y la muerte (1954), Ensayo de un
crimen/La vida criminal de Archibaldo de la Cruz (1955),
Así es la aurora (Cela s'appelle l'aurore, 1955), La muerte en
este jardín (La mort en ce jardin, 1956), Nazarín (1958), Los
ambiciosos (La fievre monte à El Pao, 1959), La joven (The
Young One, 1960), Viridiana (1961), El ángel exterminador
(1962), Diario de una camarera (Le journal d'une femme de
chambre, 1963), Simón del desierto (1965), Bella de día (Belle de jour, 1966), La Vía Láctea (La Voie Lactée, 1969),
Tristana (1969), El discreto encanto de la burguesía (Le
charme discret de la bourgeoisie, 1972), El fantasma de la libertad (Le fantôme de la liberté, 1974), Ese oscuro objeto del
deseo (Cet obscur objet du désir, 1977).*

CAPRA, Frank

Destacó como maestro en la comedia social americana.
(Palermo, 1897-Los Angeles, 1991). Emigrante italiano e

Frank Capra dirigiendo una escena

hijo de campesinos, trabajó en mil y un oficios para pagarse los estudios de Ingeniería Química en el prestigioso Instituto de Tecnología de California. Católico y populista, se distinguió por su defensa de los derechos humanos y de la libertad individual.

Debutó en el cine en 1922, con un corto basado en un poema de Kipling *The Ballad of Fultah Fisher*. Trabajaría como montador y documentalista antes de incorporarse a los estudios de Mack Sennett, donde llegó a dirigir algunas de las más famosas películas de Harry Langdon: *El hombre cañón*, *Sus primeros pantalones* y otras. En Nueva York, realiza la comedia *Los tres papás*, en la que debutó Claudette Colbert. De regreso a Hollywood, se incorpora al naciente cine sonoro, haciendo famosa a la actriz Barbara Stanwyck con cuatro películas. Esta colaboración Capra-Stanwyck se reanudaría con su magistral *Juan Nadie*, al lado del galán Gary Cooper. De ahí que pronto Frank Capra no sólo destacara como un gran impulsor, sino también como «descubridor» de *stars*: desde Katharine Hepburn a las mencionadas Claudette Colbert y Barbara Stanwyck, pasando por galanes como Clark Gable, Spencer Tracy, James Stewart y el citado Cooper.

En 1934, el aún joven Capra obtuvo su primer gran éxito con *Sucedió una noche*, cinta que recibió los Oscars más importantes de la Academia de Hollywood. Una ingeniosa comedia de enredo, magistralmente interpretada por la pareja Gable-Colbert y que constituyó una indiscutible muestra de su categoría artística y humana como autor. A este film mítico le siguieron otras comedias célebres: *El secreto de vivir*, *Vive como quieras* y *Caballero sin espada*, las dos últimas interpretadas por James Stewart. Era la época de la Depresión, y sus películas no sólo retrataban cierto *american way of life*, sino que ayudaban a los espectadores a evadirse en esos años difíciles, «soñando despiertos» y olvidando sus duros problemas cotidianos, a través de la fantasía y el sentido del humor. Por eso el propio Frank Capra declaró: «Toda mi carrera ha consistido en hacer films en los que me reía de nosotros mismos (y de mí mismo); lo cual es posiblemente la razón por la que todas mis películas, con una excepción (*Horizontes perdidos*), han sido sobre el pueblo americano. Conozco a los americanos mejor que la gente de cualquier otro país y conociéndoles mejor a ellos creo que sé de qué se ríen y de qué debería reírse uno mismo.»

Con este espíritu abierto y desenfadado, realizaría sus nuevas obras maestras: *Arsénico por compasión*, con Cary Grant, y *¡Qué bello es vivir!*, un inolvidable canto a la amistad y bondad humanas que refleja ciertas mentalidades y la vida cotidiana de la gente sencilla. Una de las características de su obra fue también la capacidad de superación y redención a través del espíritu individual del americano medio que simboliza a todos los Estados Unidos.

Tras dos períodos como documentalista, con su famosa serie de propaganda *Why We Fight*, dirigió la película de crítica social *State of the Union*, donde trata la integridad y la corrupción política, que le acarrearía muchos problemas. Sus postreras obras importantes, *Millonario de ilusiones* y *Un gángster para un milagro*, confirmarían su postura como creador: «El sentido de un film no está en su verdad o en su falsedad, sino en su permanencia como idea y en su popularidad de cara al público. Se le puede considerar menos como un espejo de la vida que como un documental de psicología humana, un testigo del espíritu popular», manifestó el propio Capra.

El cine idealista y humanitario de Frank Capra siempre ensalzó al hombre corriente, por medio de unos personajes en su mayoría ejemplares. Como persona de profundas convicciones, al ver que el público moderno y los productores ya no le entendían, supo retirarse a tiempo.

Es obvio, pues, que este maestro americano construyó un cine testimonial, de gran valor histórico y sociológico, que ha pasado a la posteridad.

Filmografía:

Un sportman de ocasión (Tramp, Tramp, Tramp, 1926, co-dir. Harry Edwards), El hombre cañón (The Strong Man, 1926), Sus primeros pantalones (Long Pants, 1927) Los tres papás (For Love of Mike, 1927), Como se corta el jamón (The Certain Thing, 1928), Abandonada (So This is Love, 1928), El teatro de Minnie (The Matinee Idol, 1928), The Way of the Strong, 1928), Say it with Sables (1928), Submarino (Submarine, 1928), El poder de una lágrima (The Power of the Press, 1928), Águilas (Flight, 1929), La sortija que mata (The Donovan Affair, 1929), La nueva generación (The Younger Generation, 1929), Mujeres ligeras (Ladies of Leisure, 1930), Pasa el circo (Tain of Shine, 1930), Dirigible (1931), The Miracle Woman (1931), La jaula de oro (Platinum Blonde, 1931), Amor prohibido (Forbidden, 1931), La locura del dólar (Amerian Madness, 1932), La amargura del general Yen (The Bitter Tea of General Yen, 1932), Dama por un día (Lady for a Day, 1933), Sucedió una noche (It Happened One Night, 1934), Estrictamente confidencial (Broadway Bill, 1934), El secreto de vivir (Mr. Deeds Goes to Town, 1936), Horizontes perdidos (Lost Horizons, 1937), Vive como quieras (You can't Take it with You), Caballero sin espada (Mr. Smith Goes to Washington, 1939), Juan Nadie (Meet John Doe, 1941), Arsénico por compasión (Arsenic and Old Lace, 1944), ¡Qué bello es vivir! (It's a Wonderful Life!, 1946), El estado de la Unión (State of the Union, 1948), Lo quiso la suerte (Riding High, 1950), Aquí viene el novio (Here come the Groom, 1951), Millo-

nario de ilusiones (A Hole in the Head, 1959), Un gángster para un milagro (A Pocketful of Miracles, 1961).

CARNÉ, Marcel

Un clásico del cine francés y maestro del realismo poético. N. en París, 1909. Al principio fue operador, periodista y crítico cinematográfico. En 1929 dirigió el corto *Nogent, Eldorado du dimanche*. Trabajó también como ayudante de Jacques Feyder y René Clair.

Su debut como realizador de largometrajes en 1936, marcaría una prolífica y estrecha colaboración con el guionista Jacques Prévert, en películas como *Jenny, Drôle de drame, Quai des brumes, Le Jour se lève, Les Visiteurs du soir, Les Enfants du paradis, Les portes de la nuit*, hasta la inacabada *Le Fleur de l'âge* que data del año 1947. De este modo, el binomio Carné-Prévert ofreció una visión pesimista y amarga de la sociedad, fatalista y contestataria a la vez, un tanto maniquea —con héroessímbolo encarnados habitualmente por Jean Gabin— y nihilista de su época, pero que no estaba exenta de cierto lirismo. Como miembro de la Asociación de Artistas y Escritores Revolucionarios, filmó las manifestaciones del Frente Popular. Durante la ocupación nazi, el Gobierno de Vichy acusó a sus cintas de desmoralizadoras y perniciosas, pues habían preconizado metafóricamente la angustia y tragedia sociopolítica de aquellos años.

Fue muy exigente y meticuloso como creador. Sería influido por la literatura naturalista de Zola y Flaubert, por el cine de Murnau, Sternberg y Lupu-Pick, en el período del *Kammerspiel*, y también por los films policíacos de Fritz Lang y Howard Hawks. Carné concibió,

El naturalista Marcel Carné

pues, densas atmósferas y ambientes llenos de simbología crítico-testimonial, dando un gran valor plástico a las
imágenes. Con clara tendencia al formalismo, se expresa
mediante el decorado y la iluminación. A caballo entre el
Expresionismo alemán y el Neorrealismo italiano, rei-
vindicó un «cine de calle» que anhelaba «una interpretación de la vida más real que la vida misma». Con todo, lo
real para este clásico galo está relacionado con un doble
artificio: el expresionismo de la puesta en escena y la poética del guión. Cuando Marcel Carné se separó de Prévert, entró en crisis como autor y su prestigio iría des-
cendiendo paulatinamente, a pesar de éxitos como

Thérèse Raquin. En 1976, todavía dirigió un documental para TV: *La Bible.*

Filmografía:

Jenny (1936), Drôle de drame (1937), Quai des brumes (1938), Hôtel du Nord (1938), Le Jour se lève (1939), Les Visiteurs du soir (1942), Les Enfants du paradis (1945), Les portes de la nuit (1946), La Marie du port (1950), Juliette ou la clé des sognes (1951), Teresa Raquin (Thérèse Raquin, 1953), El aire de París (L'air de Paris, 1954), El vendedor de felicidad (Le pays d'où je viens, 1956), Les Tricheurs (1958), Terrain vague (1960), Du morron pour les petits oiseaux (1963), Tres habitaciones en Manhattan (Trois chambres à Manhattan, 1965), Les jeunes loups (1967), Les Assassins de l'ordre (1971), La merveilleuse visite (1973).

CASSAVETES, John

Puede decirse que fue un pionero del cine independiente norteamericano y uno de los creadores del *New American Cinema.* (Nueva York, 1929-1991). Hijo de un hombre de negocios griego, empezó como actor y director escénico, pasando después a la televisión y al cine con bastante éxito. Combinó su trabajo de intérprete con la dirección fílmica.

En 1960, Cassavetes se reveló como realizador con su ópera prima *Shadows,* rodada en 16 mm. Este film expone la problemática racial de la difícil integración en la sociedad de una joven de color que puede hacerse pasar

John Cassavetes se prepara para una toma

por blanca. Realizada con enorme espontaneidad y actores desconocidos, *Shadows* tuvo una gran aceptación y
demostró que el cine independiente era viable.

Este triunfo le abrió las puertas del engranaje industrial
de Hollywood, donde realizaría dos películas en las que
intenta compaginar su estilo narrativo con los esquemas
de las productoras comerciales: *Too Late Blues*, acerca de
las peripecias de un grupo de jazz; y *Ángeles sin paraíso*,
sobre un centro de educación para subnormales. Cinco
años sin trabajo como director, le hacen reflexionar y re-
torna al estilo directo de la Escuela de Nueva York. Este
estilo creador revela que nunca se sabe dónde comienza la
improvisación y dónde termina la preparación. En esa línea, Cassavetes realizó los siguientes films: *Faces, Husbands* y *A Woman under the Influence*, en las que no es-
catima situaciones-límite, escenas provocativas y hasta
amorales, dentro del espíritu *underground* y de búsqueda

estética de este peculiar autor: «Lo que cuenta es la intensidad de las emociones. Quiero que nadie se sienta culpable por tener algo que comunicar. Lo revolucionario es la libertad de expresar sus propias profundidades», había manifestado.

Y es que el *New American Cinema*, al igual que sus coetáneos europeos, también tuvo su Manifiesto:

«El cine oficial a través del mundo está a punto de acabar. Su moral está corrompida, su estética es caduca, sus temas son superficiales, sus intrigas fastidiosas... Creemos que el cine es la expresión de una personalidad indivisa. En consecuencia, rechazamos la intervención de los productores, distribuidores y financieros hasta el momento en que nuestra obra está presta para ser proyectada sobre la pantalla... Estamos por el arte, pero no a expensas de la vida. Nuestra convicción es que no se pueden fijar principios clásicos, tanto en el arte como en la vida.» (28 de septiembre de 1960).

Otras películas-ensayo de John Cassavetes —que en 1968 se hizo famoso por su interpretación en *La semilla del diablo*, de Polanski— no alcanzarían la aceptación deseada, como sucede con *Así habla el amor*. Pero en 1980, obtuvo el gran premio del Festival de Venecia con *Gloria*, un original *thriller* interpretado por su mujer Gena Rowlands. En esta importante cinta se puede apreciar su tradicional estilo creador, aunque su concepción respondiera también a los esquemas comerciales del cine de géneros norteamericano. Cuatro años más tarde, fue premiado asimismo en Berlín con el film *Corrientes de amor*, que confirmaría las virtudes y los defectos de este cineasta minoritario. Con un gusto por el exceso, según él, el público sólo se da cuenta de las situaciones límite si se fuerzan fuera del convencionalismo.

Filmografía:

Shadows (1960), Too Late Blues (1961), Ángeles sin paraíso (A Child is Waiting, 1963), Faces (1968), Husbands (1970), Así habla el amor (Minnie and Moskowitz, 1971), Una mujer bajo la influencia (A Woman under the Influence, 1974), The Killing of Chinese Bookie (1976), Opening Night (1978), Gloria (1980), Corrientes de amor (Love Streams, 1983), The Big Trouble (1985).

CLAIR, René

He aquí a uno de los grandes maestros del cine mundial. (París, 1898-1981). Clásico entre los «clásicos», desarrollaría los principios del realismo poético galo. De origen burgués y comerciante, pronto destacó como periodista. A pesar de su condición de autodidacta, fue un hombre culto que llegó a escribir piezas teatrales, críticas literarias, poemas... y hasta canciones. Al filo de los años 20, ya empezaba a ser popular.

Como intelectual puro, descubre el arte de las imágenes fílmicas influido por Mack Sennett y Charles Chaplin. Y enseguida se suma a los vanguardistas franceses —dadaístas, surrealistas— que utilizan el cine como destructor del orden establecido, de lo tradicional. Sus famosos cortometrajes *Paris qui dort* (1923) y *Entr'acte* (1924), con los que debutaría como realizador, están considerados como pequeñas joyas del Séptimo Arte.

Estos dos films contenían sus premisas como autor: sensibilidad, emoción, ingenio, ironía, imaginación, sentido de lo cómico, fantasía, lirismo, capacidad de ob-

René Clair fue recibido como miembro de la Academia Francesa

servación, sencillez, humanidad, indulgencia ante el amor... Todo un programa de creación artística que fue a la par de la historia del cine de su país. De ahí que en 1960 la sesuda Academia Francesa lo recibiera en su seno con todos los honores. Asimismo, René Clair crearía una «escuela» propiamente cinematográfica, formada por sus seguidores: Carmine Gallone, Augusto Genina, Georges Lacombe, Joseph Hémard, Paul Fejos y Berthomieu, que dieron testimonio de ello con sus films.

Cuatro películas de este cineasta destacarían en la vanguardia francesa de los años 30: *Bajo los techos de París*, primera cinta sonora del cine galo que ofrece una observación del París barriobajero realmente antológica; *¡Viva la libertad!*, una discutida sátira social que pregona una bohemia individualista e influiría al Chaplin de *Tiempos modernos*; *El millón*, el primer gran musical francés, donde da una lección de hacer cine con un gran sentido de la medida, concepción de «números» populares que salen espontáneamente de la acción, descripción de un mundo de clases y una original picaresca y creación de tipos; y, por último, *14 de julio*, un retrato social de su época, de un sabor melancólico y sentimental sustentado en la fina interpretación de Annabella.

René Clair sigue siendo un poeta de la imagen, un parisiense de cuerpo entero, pero cuando traspasa las fronteras de su país, cae en la nostalgia y en el pesimismo. Por eso, su «exilio» en Londres y Hollywood no fue del todo fructífero. Su amor a la fantasía y al absurdo —acaso heredado de Georges Méliès y Sennett— se evidencia con creces en su citado *París dormido*, *Le fantôme du Moulin Rouge*, *El viaje imaginario*, *El fantasma va al Oeste* o *Me casé con una bruja*, donde lo mágico e irrealista se sintetizan en una misma voluntad creadora y de expresión. Su pasión por lo popular, centrado en el célebre *esprit* francés pero trascendiendo a lo universal, se concreta mejor en *Un sombrero de paja de Italia* y los referidos *Sous les toits de Paris*, *Le million* y *Quatorze juillet*. Su tendencia autobiográfica, casi en el fondo de toda su obra, se deja ver en *El silencio es oro* y *La belleza del diablo*, dos sueños algo melancólicos sobre la huida de la juventud, y también en *Todo el oro del mundo*. Por otra parte, será en la farsa crítica donde más se aprecia la postura ideológica de Clair, no exenta de lirismo y de un tono sentimental que resulta familiar por amable y cotidiano, como queda constatado en la mencionada *À nous la liberté*, *El último millonario*, *Sucedió mañana*, *Mujeres soñadas* y en la magistral *Puerta de las lilas*, su más sensible canto a la solidaridad humana, a la fraternidad universal.

René Clair era un humanista, de ideología próxima al anarquismo ingenuo, que también destacó por haber sabido conjugar el carácter artístico de su cine con la aceptación comercial. Por esto afirmaba: «el cine es, ante todo, una industria», y de ahí que su obra contara tanto con el favor de la crítica como del público mundial, aunque, a veces, incurriera en escenas picarescas de cara a la galería.

Filmografía:

Le fantôme du Moulin Rouge (1925), *Le Voyage imaginaire* (1926). *La presa del viento* (*La Proie du vent*, 1927), *Un sombrero de paja de Italia* (*Un chapeaux de paille d'Italie*, 1928), *Les deux timides* (1928), *Bajo los techos de París* (*Sous les toits de Paris*, 1930), *El millón* (*Le million*, 1931), *¡Viva la libertad!* (*À nous la liberté*, 1931),

*14 de julio (Quatorze juillet, 1932), El último millonario
(Le dernier milliardaire, 1934), El fantasma va al Oeste
(The Ghost goes West, 1935), Grandes noticias (Break the
News, 1938), La llama de Nueva Orleans (The Flame of
New Orleans, 1941), Me casé con una bruja (I Married a
Witch, 1942), Siempre y un día (Forever and a Day,
1943; episodio), Sucedió mañana (It Happened Tomo-
rrow, 1944), And then There Were None (1945), El silencio es oro (Le silence est d'or, 1947), La belleza del
diablo (La beauté du diable, 1950), Mujeres soñadas
(Les belles de nuit, 1952), Las maniobras del amor (Les
grandes manoeuvres, 1955), Puerta de las lilas (Porte des
Lilas, 1957), La francesa y el amor (La française et
l'amour, 1960; episodio), Todo el oro del mundo (Tout
l'or du monde, 1961), Las cuatro verdades (Les quatre
vérités, 1962; episodio), Fiestas galantes (Les fêtes galantes, 1965).*

COCTEAU, Jean

Un renombrado poeta y famoso cineasta vanguardista.
(Maisons-Laffitte, 1889-Milly-la-Forêt, 1963). Además
de ser novelista y pintor, dibujante y actor, dramaturgo y
coreógrafo, fue uno de los creadores que mayor influencia cultural ha ejercido en la primera mitad del siglo XX.
Al igual que su coetáneo René Clair, perteneció a la Academia Francesa.

Su pasión por el cine comienza con el movimiento
impresionista de los años 20. Junto a su generación
—Delluc, L'Herbier, Epstein, Gance, Dullac, Baroncelli
y Feyder—, alternó la pluma con la cámara y ensayó nuevas formas en el Séptimo Arte; aunque no siempre efi-

Jean Cocteau, poeta y cineasta

caces, pero sí válidas en su afán de renovación y de descubrimiento de otros caminos expresivos o de emociones estéticas. Consideraba al arte cinematográfico como uno de los medios para mostrar «el personaje desconocido que vive en mí... La misión del poeta es la de expresar su pensamiento en obras. Imaginaos cuánto puede servirnos el cine», había dicho Cocteau. Por eso, las películas que dirigió eran auténticas confidencias personales.

Es obvio, pues, que sus films vanguardistas más famosos, *Le Sang d'un poète*, *La Bella y la Bestia*, *Orfeo* y *El testamento de Orfeo*, resultan como diarios íntimos, llenos de obsesiones y búsquedas creativas. Cocteau nunca perdió su identidad artística y carácter investigativo, a pesar de su colaboración como guionista, adaptador de diálogos y comentarista de otros autores, como el citado Marcel L'Herbier, Jean Delannoy, Jean-Pierre Melville y Bresson, entre otros. «Cuando más me esfuerzo en el estudio del oficio del film más cuenta me doy de que su eficacia es de orden íntimo, confesional y realista. Un film no es un sueño que se cuenta, sino un sueño que soñamos todos juntos», manifestó también.

No obstante, su cine conceptual y minoritario, de estilo metafórico y enfático —a caballo entre el surrealismo y el denominado «realismo mágico»—, resulta un tanto difícil para el público no intelectual y asimismo marginal con respecto a la industria. Cocteau ensaya e investiga en sus obras el lenguaje fílmico y la concepción teatral (*L'aigle à deux têtes*, *Les parents terribles*) y acerca de la actualización de los mitos clásicos. «Un film es una fuente petrificada de pensamiento», había comentado. Este autor fue un esteticista y genial creador, con elementos barrocos e incluso decadentes, que ha pasado a la historia con una obra onírico-cinematográfica tan espaciada como original e inimitable.

Filmografía:

*La Sang d'un poète (1930), La Bella y la Bestia (La Be-
lle et la Bête, 1946; co-dir. René Clement), L'aigle à deux
têtes (1947), Les parents terribles (1948), Cariolan (1949),
Orfeo (Orphée, 1950), Le testament d'Orphée (1960).*

COPPOLA, Francis Ford

Éste es uno de los maestros del actual cine norteamericano. N. en Detroit, 1939. Forma, con sus coetáneos
George Lucas y Steven Spielberg, la gran tríada de la
nueva generación de Hollywood. Licenciado en Arte
Dramático, cursó estudios de Cine en la UCLA y destacó
como guionista en *¿Arde París?, Reflejos de un ojo dorado* y *Patton*, entre otros. Ya había realizado anteriormente cortos y colaborado con Roger Corman, con cuyo
equipo dirige en Irlanda un film de terror: *Dementia 13.*
   Los siguientes largometrajes son: la comedia *Ya eres un
gran chico*, que sorprendió en Cannes a pesar de las influencias del cine de Richard Lester, y el musical clásico
El valle del arco iris, con Fred Astaire, Petula Clark y
Tommy Steele como intérpretes; ambos films denotarían
una marcada originalidad. Pero hasta 1969 no se revela su
talento como creador con *The Rain People*, una independiente *road movie* premiada en el Festival de San Sebastián. De ahí que, con el referido productor George Lucas,
se animara a crear una compañía y estudios de rodaje
propios: la conocida *American Zoetrope*. No obstante, su
popularidad y reconocimiento internacional llegaría con
El Padrino (Oscars a la primera y segunda parte) basado
en la novela de Mario Puzo y protagonizadas por Marlon

Francis Ford Coppola da indicaciones

Brando, Al Pacino, Robert Duvall y Robert de Niro. Esta mítica película dio lugar a una famosa trilogía en la que retrató ciertas mentalidades estadounidenses y la estructura socioeconómica del país. También la Mafia volvería a aparecer con la esteticista *The Cotton Club*, un homenaje al cine musical y de gángsters, que resultó un fracaso comercial.

Con su característico estilo operístico y grandilocuente, y como innovador a nivel de lenguaje, Coppola mostraría de nuevo sus preocupaciones sobre la autodestrucción que genera el poder con el film de espionaje *The Conversation*. Y, más especialmente, con su ambiciosa película sobre la guerra de Vietnam *Apocalypse now*, inspirada en una novela de Joseph Conrad. El rodaje de esta cinta en Filipinas le llevó a enfermar y a gravar su hipoteca económica, ya muy deteriorada por la compra de un teatro, una emisora de radio y la publicación *City*. Además, había invertido como productor-distribuidor y también se había asociado con otros estudios con objeto de recuperar los suyos.

Se evidencia en la estética moderna y anticonvencional de Ford Coppola un gran dominio de la narrativa y de la estructura espacio-tiempo, pues a veces suprime la frontera entre lo real y lo imaginario. Como persona de un nivel intelectual algo ambiguo y caótico, se revela como un humanista agnóstico —según se autodefine—, que sabe jugar con los sentimientos y los tópicos para ganarse el favor del público. Por eso, si en la romántica *Corazonada* —que le costó la primera ruina económica— recuerda el estilo de Minnelli y ensaya con el cine electrónico; en *Rebeldes* y *La ley de la calle*, rodadas también en estudios, evoca la problemática juvenil norteamericana, al tiempo que descubre actores de la nueva generación (Matt Dillon, Patrick Swayze, Mickey Rourke...). En éstas se aprecian tanto las influencias del expresionismo de Welles como las de la visión crítico-romántica de Nicholas Ray. Años más tarde, volvería con el tema del Vietnam en *Jardines de piedra*, donde elogia a los militares y da una visión amarga de la retaguardia; película que asimismo evidencia su postura confusa.

Sin embargo, en la reciente biografía sobre el inventor Preston Tucker *(Tucker, un hombre y su sueño)* refleja su propia vida como creador incomprendido e independiente de la industria tradicional. Esta película testimonial fue financiada por el citado Lucas como antaño había hecho Coppola con *American Graffiti* (1973), cuando los ejecutivos de Hollywood no creían en aquél.

Es obvio el interés de este sorprendente y discutido realizador por la sociedad USA, en la diversidad de géneros que ha tocado (*Drácula*), entre la innovación y el clasicismo creador.

Filmografía:

Tonight for Sure (1961), Dementia 13 (1963), Ya eres un gran chico (You're a Big Boy Now, 1966), El valle del arco iris (Finian's Rainbow, 1968), Llueve sobre mi corazón (The Rain People, 1969), El Padrino (The Godfather, 1972), La conversación (The Conversation, 1974)), El Padrino II (The Godfather, Part II, 1974), Apocalypse now (1979), Corazonada (One From the Heart, 1981), Rebeldes (The Outsiders, 1983), La ley de la calle (Rumble Fish, 1983), Cotton Club (The Cotton Club, 1984), Peggy Sue se casó (Peggy Sue Got Married, 1986), Jardines de piedra (Gardens of Stone, 1987), Tucker, un hombre y su sueño (Tucker, the Man and his Dream, 1988), Historias de Nueva York (New York Stories, 1989; episodio), El Padrino. Parte III (The Godfather, Part III, 1990), Drácula (Bram Stoker's Dracula, 1992).

COSTA-GAVRAS, Constantin

Es el pionero del cine político europeo y un gran realizador greco-francés. N. en Atenas, 1933. Hijo de un funcionario del Gobierno griego, estudió Derecho y se licenció en Letras por La Sorbona. Después de cursar Cine en el IDHEC de París, trabajó como ayudante de Yves Allegret, René Clair, Jacques Demy, René Clément y Henri

Costa-Gavras, preocupado con su cine político

Verneuil. Fue nombrado presidente de la Cinémathèque Française.

Debutó como director en 1965 con *Los raíles del crimen*, un clásico policiaco que aún evidenció escasa originalidad, pero en el que consigue reunir a los que serían sus colaboradores habituales: el actor y cantante Yves Montand y la actriz Simone Signoret. Dos años más tarde, Costa-Gavras tocó el tema de la Resistencia francesa con *Sobra un hombre*, dando a luz seguidamente a su primer *thriller* político, el mítico Z. Film basado en el *best-seller* de Vassili Vassilikos, relata el conflicto ocasionado por el asesinato de un líder pacifista. Con esta importante denuncia a la dictadura militar «de los coroneles» griegos, con la que ganó el Oscar de Hollywood a la mejor cinta extranjera, continuaría su estrecha unión con el referido Montand. Y juntos iniciaron una especie de «cruzada» ideológica, en la que colaborarían también los escritores marxistas Jorge Semprún y Franco Salinas, produciendo films tan significativos como *La confesión*, sobre los célebres procesos de Praga, según el relato autobiográfico de Arthur London; *Estado de sitio*, acerca de la misión de un agente de la CIA en Uruguay; *Section Spéciale*, una crónica judicial de la Francia ocupada por los nazis, ya sin Montand; *Missing* (Oscar de Hollywood), en torno a la desaparición de un periodista americano en Chile tras el golpe de Estado del general Pinochet; y su reciente *La caja de música*, que cuenta la vida de un antiguo nazi húngaro refugiado en los Estados Unidos.

El estilo fílmico-narrativo de Costa-Gavras es de notable brillantez formal, no exento de suspense y cierto tono de investigación policíaca. Además de la contundencia ideológica de su cine de claro «compromiso» de izquierda, evidencia un maniqueísmo simplista, que le resta rigor al relato e incide en la demagogia (el citado *Desaparecido*, por ejemplo), pero sin dejar de tener un fondo de verdad. Acusado de superficial y de ahogar el contenido político en lo espectacular o de buscar el éxito comercial, la premiada obra de este realizador mueve a la reflexión del espectador, aunque más por la vía emotiva que a nivel intelectual: «Estoy convencido de que toda película debe ser *leíble* para la mayor parte del público. Por ello hay que subrayar las partes de acción y las partes líricas», dijo Costa-Gavras.

Este polémico cineasta es un idealista y defensor de la justicia social, e incansable luchador por la libertades públicas, manifestando ser un eurocomunista con una frase que recuerda a Gramsci: «Es difícil no estar comprometido. Incluso aquellos que pretenden no estar *engagés* lo están de algún modo, porque dejan hacer». Su película *La petite apocalypse* es una sátira sobre los ex intelectuales de Mayo del 68, inspirada en la novela homónima del polaco Tadeusz Konwicki.

Filmografía:

Los raíles del crimen (Compartiment tueurs, 1965), Sobra un hombre (Un homme de trop, 1967), Z (1968), La confesión (L'Aveu, 1969), Estado de sitio (État de siège, 1974), Sección especial (Section Spéciale, 1974), Clair de femme (1979), Desaparecido (Missing, 1982), Hanna K (1983), Consejo de familia (Conseil de famille, 1985), El sendero de la traición (Betrayed, 1988), La caja de música (Music Box, 1989), La petite apocalypse (1992).

CUKOR, George

Destacó como maestro de la comedia americana. (Nueva York, 1899-Los Angeles, 1983). De origen húngaro, antes de dedicarse al cine ya había triunfado como actor y director teatral en los años 20. Cultivador de todos los géneros, está considerado como un discípulo de Ernst Lubitsch.

Tras abandonar los escenarios de Broadway, se estableció en Hollywood como dialoguista del naciente film parlante, sobresaliendo en este cometido con la pacifista *Sin novedad en el frente* (Milestone, 1930). En la Meca del Cine, colaboraría con el referido Lubitsch (1930-1932), y después realizó numerosas películas de desigual valor, pero también obras maestras con las que pasaría a la historia. Culto y modesto, lúcido y honrado como creador, Cukor trabajó siempre en equipo, rodeándose de espléndidos colaboradores a los que daba entera libertad. Aunque no se autoconsideraba autor, creó un género muy personal de comedias irónicas, dramáticas y sentimentales. Despuntó también como adaptador de grandes

George Cukor comenta el guión con Katharine Hepburn

clásicos de la literatura, como *David Copperfield* y *Margarita Gautier*, según *La dama de las camelias* de Dumas, y del teatro, como *Romeo y Julieta* o *My Fair Lady* (su último Oscar de Hollywood) inspirado en *Pygmalion*.

George Cukor tenía un estilo elegante y refinado, aunque a veces fuera algo distante. Alcanzó notoriedad sobre todo como director de actrices: desde su habitual Katharine Hepburn (*Las cuatro hermanitas*, *La gran aventura de Silvia*, las magistrales *Historias de Filadelfia* y *La costilla de Adán*) hasta la inolvidable Greta Garbo (la citada *Margarita Gautier* y *La mujer de las dos caras*), pasando por otras «estrellas» como Claudette Colbert (*Zazá*), Joan Crawford (*Mujeres*), Ingrid Bergman (*Luz que agoniza*), Judy Holliday (*Nacida ayer*, *Chica para matrimonio*), Judy Garland (*Ha nacido una estrella*), Ava Gardner (*Cruce de destinos*), Sophia Loren (*El pistolero de Cheyenne*), Marilyn Monroe (*El multimillonario*) y Audrey

Herburn (la mencionada *My Fair Lady*). Asimismo, impulsó a muchos «astros» célebres, como Spencer Tracy, Charles Boyer, Ronald Colman, Robert Taylor, Cary Grant, James Stewart y los británicos James Mason, Stewart Granger y Laurence Olivier, entre otros.

Su universo fílmico se hallaba edificado en el conocimiento y exploración del mundo femenino, en el cual dio muestras de una intuición y sensibilidad realmente extraordinarias. La preocupación de Cukor fue reflejar los diversos matices del comportamiento humano. Autor de films-espectáculo de gran riqueza visual y musical, el mundo del cine sería retratado y vapuleado en sus famosas *Hollywood al desnudo* y *Ha nacido una estrella*. «En Europa, un director está mucho mejor considerado. En Hollywood, cuando uno acaba un film todo el mundo se cree capacitado para dar su opinión», dijo. Había preparado e iniciado el rodaje como director de *Lo que el viento se llevó*, film mítico que al final firmaría Victor Fleming. En la obra de George Cukor, en suma, se aprecia una fuerza dramática fuera de lo común, con gran dominio del color y suntuosidad en la puesta en escena.

Filmografía:

Grumpy (1930, co-dir. Cyril Gardner), The Virtuos Sin (1930, co-dir. Louis Gasnier), The Royal Family of Broadway (1931, co-dir. Gardner), Honor mancillado (Tarnished Lady, 1931) Girls about Town (1931), Una hora contigo (One Hour With You, co-dir. Ernst Lubitsch, 1932), Hollywood al desnudo (What Price Hollywood?, 1932), Doble sacrificio (A Bill of Divorcement, 1932), Tentación (Rockabye, 1932), Cena a las ocho (Dinner at Eight, 1933), Las cuatro hermanitas (Little Women, 1933), Our Betters (1934), David Copperfield (1935), La gran aventura de Silvia (Sylvia Scarlett, 1935), Romeo y Julieta (Romeo and Juliet, 1936), Margarita Gautier (Camille, 1937), Vivir para gozar (Holiday, 1938), Zazá (Zaza, 1938), Mujeres (The Women, 1939), Susan and God (1940), Historias de Filadelfia (The Philadelphia Story, 1940), Un rostro de mujer (A Woman's Face, 1941), La mujer de las dos caras (Two-Faced Woman, 1941), Her Cardboard Lover (1942), La llama sagrada (Keeper and Flame, 1943), Luz que agoniza (Gaslight, 1944), Cita en los cielos (Winged Victory, 1944), Doble vida (A Double Life, 1947), Eduardo, hijo mío (Edward, my son, 1949), La costilla de Adán (Adam's Rib, 1949), A Life and Her Own (1950), Nacida ayer (Born Yesterday, 1951), The Model and the Marriage Broker (1952), Chica para matrimonio (The Marrying Kind, 1952), Pat and Mike (1952), The Actress (1953), La rubia fenómeno (It should Happen to You, 1954), Ha nacido una estrella (A Star is Born, 1954), Cruce de destinos (Bhowani Junction, 1956), Las girls (The Girls, 1957), Wild is the Wind (1957), El pistolero de Cheyenne (Heller in Pink Tights, 1960), El multimillonario (Let's Make Love, 1960), Confidencias de mujer (The Capmen report, 1962), My Fair Lady (1964), Justine (1969), Viajes con mi tía (Travels with My Aunt, 1973), El pájaro azul (The Blue Bird, 1976), Ricas y famosas (Rich and Famous, 1981).

CHAPLIN, Charles

Sin duda, el más genial artista de la pantalla. (Londres, 1889-Corsier-sur-Vevey, 1977). De origen judío, sus padres fueron también artistas del *music-hall*. Eterno vagabundo y creador inigualable, trabajó como director, ac-

El genial Charles Chaplin encarnando a Charlot, en La quimera del oro

tor, guionista, músico y asimismo productor de sus propias películas. Chaplin concibió un personaje inmortal que se identificaba con su misma persona: «Charlot», que según algunos teóricos reúne las creaciones más universales del espíritu humano: el judío errante, Prometeo, Don Quijote y Don Juan.

Este poeta de la imagen tuvo una infancia difícil, evocada en su magistral largometraje *El chico*, film que parece escapado de una novela realista de Dickens como, por ejemplo, *Oliver Twist*. Tras permanecer en un orfelinato londinense, emigra a Estados Unidos con una compañía de variedades y es descubierto en 1913, en Hollywood, por la Keystone. Su rápida ascensión al cine, como uno de los creadores del género burlesco, le proporcionó cierta independencia a partir de 1914, tras concebir su célebre personaje.

Charles Chaplin protagonizaría siempre una sencilla historia llena de poesía y humanidad, con su característico bigotillo, el sombrero de hongo, las botas exageradas, el pantalón caído, la levita estrecha y el bastoncillo de junco. Esta historia se manifestaría a través de ese vagabundo quijotesco que injustamente es utilizado por los demás, mientras él es capaz de sacrificarse por ellos —incluso en su amor por la «chica»—, con el fin de que todos alcancen la felicidad, para luego desaparecer humildemente por el horizonte, acaso lleno de esperanza... Ése era, en suma, el «Charlot» que todos hemos amado y admirado. Su cine intemporal y extraordinariamente expresivo no necesitó de la palabra y fue ya suficiente para trasmitir los sentimientos más íntimos. Por eso, como Eisenstein, al prinicipio se «revolucionó» contra el cine sonoro; son célebres sus declaraciones: «¿Las películas habladas...? ¡Las detesto! Vienen a desvirtuar el arte más antiguo del mundo: el arte de la pantomima. Destruyen la gran belleza del silencio.»

Su obra fundía la comicidad con la ternura, la realidad con la fantasía, el lirismo con la tristeza, la emoción con el patetismo... Y estaba realizada con tanta precisión fílmico-estética, con *gags* antológicos y perfección técnica, que llegó a entusiasmar a los entendidos de la época y a los espectadores de ayer y hoy. De ahí que Charlie Chaplin fuera reconocido —y lo seguirá siendo— como uno de los grandes maestros del Séptimo Arte; por su ingenio, quizá el mayor de la Historia del Cine.

No obstante, tras el cine cómico que siempre le singularizó, se puede apreciar un hondo contenido social y político, una faceta de la obra de Chaplin poco captada por el gran público y que es la clave para entender la postura personal de este creador. «Charlot» era —es— un hombre solitario, soñador e incomprendido, que se ve amenazado por la sociedad en que vive. Su pureza de alma contrastaría con el egoísmo de cierto mundo contemporáneo, por lo que es vulnerable a los brutales ataques de los hombres que le rodean y al amor de las mujeres que trata. Por eso, siempre salía perdiendo, teniendo que soportar las injusticias sociales del mundo exterior. Es obvio que el mundo de este personaje coincidía con el universo personal de Charles Chaplin. Por tanto, es a través de él como este cineasta lanza su denuncia contra la sociedad del momento, contra la concepción clasista de ésta, sus defectos y convencionalismos, o el orden establecido.

Aun así, a pesar de la agudeza crítica de su cine, no siempre sabe acertar con sus hirientes dardos. Su sátira es amarga y a veces poco objetiva. El pensamiento de Chaplin pasó con los años del idealismo a la esperanza (*La quimera del oro*), del romanticismo a la nostalgia (*Luces de la ciudad*), de la burla cruel al testimonio sociopolítico (*Tiempos modernos*, *El gran dictador*), de la desesperanza al nihilismo (*Monsieur Verdoux*), de la resignación al des-

garramiento interior (*Candilejas*), como renunciando a
luchar, pues se siente ya envejecido; aunque con las sufi-
cientes fuerzas como para asestar el postrer y terrible
golpe contra la sociedad capitalista norteamericana en su
último gran film *Un rey en Nueva York*. Esto le costaría
la total enemistad con el Gobierno de los Estados Unidos. Finalmente, se despidió de la pantalla sólo como director con una comedia un tanto pasada de moda, *La
condesa de Hong Kong*, protagonizada por Marlon
Brando y Sophia Loren. Su «Charlot» ya había muerto y
no se había adaptado al film moderno.

Con todo, Charles Chaplin fue un humanista y filósofo del siglo XX, a la vez que intentó ser un hombre sincero como creador. Un artista nato que, en sus ansias de
autenticidad, dio lo mejor de su vida en pro del cinema y
del público mundial. Basado en su famosa y discutida *My
Autobiography*, Richard Attenborough ha llevado a la
pantalla su figura (*Chaplin*, 1992).

Filmografía:

*Charlot camarero (Caught in a Cabaret, 1914, co-dir.
Mabel Normand), El mazo de Charlot (The Fatal Mallet,
1914, co-dir. Normand & Mack Sennett), Charlot ladrón
elegante (Her Friend the Bandit, 1914, co-dir. Normand),
Mabel vendedora ambulante (1914, co-dir. Normand),
Charlot en la vida conyugal (Mabel's Married Life, 1914,
co-dir. Normand), Charlot, falso dentista (Laughing Gas,
1914), Charlot «regisseur», (1914), Charlot pintor (The
Face on the Bar-Room Floor, 1914), La pícara primavera
(Recreation, 1914), Charlot, artista de cine (The Masque-
rader, 1914), Nueva colocación de Charlot (His New Pro-
fession, 1914), Charlot y Fatty en el café (The Rounders,
1914), Charlot conserje (The New Janitor, 1914), Jess, ri-*

*val de Charlot (Those Love Pangs, 1914), Charlot pana-
dero (Dough and Dynamite, 1914), Mabel y Charlot en
las carreras (Gentleman of Nerve, 1914), Charlot domina
el piano (His Musical Career, 1914), Charlot se engaña
(His Trusting Place, 1914), Charlot tiene una mujer celosa
(Getting Acquainted, 1914), Charlot prehistórico (His
Prehistoric Past, 1914), Charlot cambia de oficio (His
New Job, 1915), Charlot trasnochador (A Night Out,
1915), Charlot campeón de boxeo/Un campeón de boxeo
(The Champion, 1915), Charlot en el parque (In the
Park, 1915), La fuga de Charlot (The Jitney Elopement,
1915), Charlot vagabundo (The Tramp, 1915), Charlot en
la playa (By the Sea, 1915),Charlot empapelador/Charlot
trabajando de papelista (Work, 1915), Charlot, perfecta
dama (A Woman, 1915), Charlot, portero de banco (The
Bank, 1915), Charlot marinero (Shanghaied, 1915),
Charlot en el teatro (A Night in the Show, 1915), Carmen
(1916), Charlot, licenciado de presidio (Police, 1916),
Charlot, encargado de bazar (The Floorwalker, 1916),
Charlot bombero (The Fireman, 1916), Charlot, músico
ambulante (The Vagabond, 1916), Charlot, a la una de la
madrugada (One a.m., 1916), El conde (The Count,
1916), Charlot prestamista (The Pawnshop, 1916), Charlot, tramoyista de cine (Behind the Screen, 1916), Charlot,
héroe del patín (The Rink, 1916), Charlot en la calle de la
paz (Easy Street, 1917), Charlot en el balneario (The
Cure, 1917), Charlot emigrante (The Immigrant, 1917),
El aventurero (The Adventurer, 1917), Vida de perro (A
Dog's Life, 1918), ¡Armas al hombro! (Shoulder Arms!,
1918), The Bond (1918), Al sol (Sunnyside, 1919), Un día
de juerga (A Day's Pleasure, 1919), El chico (The Kid,
1921), Vacaciones (The Iddle Class, 1921), Día de paga
(Pay Day, 1922), El peregrino (The Pilgrin, 1922), Una
mujer de París (A Woman of Paris, 1923), La quimera del
oro (The Gold Rush, 1925), El circo (The Circus, 1928),*

Luces de la ciudad (City Lights, 1930), Tiempos modernos (Modern Times, 1935), El gran dictador (The Great Dictator, 1940), Monsieur Verdoux (1947), Candilejas (Limelight, 1952), Un rey en Nueva York (A King in New York, 1957), La condesa de Hong Kong (A Countess from Hong Kong, 1966).

DE MILLE, Cecil Blount

Reputado por ser el pionero y un clásico del cine americano. (Ashfield, 1881-Los Angeles, 1959). Cultivó el género histórico tradicional y el film de gran espectáculo, siendo uno de los más cultos fundadores de Hollywood. Prolífico productor, guionista y director, contribuiría al desarrollo del lenguaje cinematográfico y a la implantación del *star-system*.

De origen holandés —sus padres fueron profesores de Lengua y Literatura inglesa y actores—, había estudiado en la Academia Militar de Pensylvania y en la Americana de Arte Dramático de Nueva York. Trabajó como actor y director escénico y después se instaló en la futura Meca del Cine en 1913, rodando en sus primeros estudios *The Squaw Man*. Especialista en temas bíblicos (*Los diez mandamientos, Rey de reyes, El signo de la cruz, Sansón y Dalila*), destacó también en diversos géneros: desde el western (*Unión Pacífico, Los inconquistables*) hasta la comedia de costumbres (*Male and Female, La fruta prohibida*) y el melodrama (*La incrédula*) o el cine de aventuras (*The Buccaneer*). Menospreciado por algunos teóricos a causa de su monumentalismo —con grandes y falsos decorados de cartón-piedra—, su obra posee junto a los impresionantes movimientos de masas una faceta inti-

El maestro Cecil B. de Mille

mista muy poco valorada: por ejemplo, *La marca de fuego*, considerado como el primer intento de estudio psicológico de un personaje.

La indiscutible maestría de Cecil B. de Mille como narrador se combina con un enorme sentido plástico y colosalista, fastuoso y espectacular. De ahí que haya sido considerado como «el mayor espectáculo del mundo» —acaso parodiando su homónima cinta circense— y fue acusado de mal gusto y poco rigor por sus detractores, así como de cineasta comercial. De ahí que Adolph Zukor dijera: «No hacía películas para sí mismo ni para los críticos; hacía películas para el público.» También fue calificado como ingenuo y perverso a la vez. Sin embargo, De Mille ha pasado a la historia del Séptimo Arte como creador de obras imperecederas y un gran impulsor de heroínas-«estrellas», de tal modo que el espectador identifica el personaje histórico con la actriz, como se aprecia en: Juana de Arco-Geraldine Farrar, Cleopatra-Claudette Colbert, Dalila-Heddy Lamarr...; o de héroes-«galanes» famosos en la pantalla mundial: Buffalo Bill-Gary Cooper, Víctor Mature-Sansón, Moisés-Charlton Heston, entre otros.

Gran dominador de la técnica cinematográfica, cultivador de comedias románticas en los años 20, y de aventuras en los 30-40, así como del film épico-bíblico ya desde la etapa muda, este pionero del cine americano siempre estuvo rodeado de un excelente equipo de colaboradores. Su estética fue influenciada por los ilustradores y pintores del XIX (Gustave Doré, John Martin), siglo al que artística e ideológicamente parecía pertenecer como autor. Ferviente anticomunista en la «caza de brujas», De Mille está siendo reivindicado como cineasta.

Filmografía:

El mestizo (The Squaw Man, 1913, co-dir. Oscar Apfel), La llamada del Norte (The Call of the North, 1914), El virginiano (The Virginian, 1914), What's his Name (1914), The Man from Home (1914), Rose of the Rancho (1914), La muchacha del dorado Oeste (The Girl of the Golden West, 1915), The Warrens of Virginia (1915), The Unafraid (1915), The Captive (1915), The Wild Goose Chase (1915), The Arab (1915), Chimmie Fadden (1915), Kindling (1915), Carmen (1915), Chimmie Fadden Out West (1915), La marca de fuego (The Cheat, 1915), Joya entre el lodo (The Golden Chance, 1915), Tentación

(Temptation, 1916), The Trail of the Lonesome Pine (1916), The Heart of Nora Flynn (1916), María Rosa (Maria Rosa, 1916), La niña de los sueños (The Dream Girl, 1916), Juana de Arco (Joan the Woman, 1917), Alma en las cumbres (Romance of the Redwoods, 1917), La pequeña heroína (The Little American, 1917), La olvidada de Dios (The Woman God Forgot, 1917), La piedra del diablo (The Devil Stone, 1917), El coro murmurador (The Whispering Chorus, 1918), Old Wives for New (1918), We Can't Have Everything (1918), Till I Come back to You (1918), El prófugo (The Squaw Man, 1918; remake), ¡A los hombres! (Don't Change Your Husband, 1919), Abnegación (For Better, for Worse , 1919), Macho y hembra (Male and Female, 1919), ¿Por qué cambiar de esposa? (Why Change Your Wife?, 1920), La fuerza del querer (Something to Think About, 1920), Fruta prohibida (Forbidden Fruit, 1921), El señorito Primavera (The Affairs of Anatol, 1921), El paraíso de un iluso (Fool's Paradise, 1921), Noche de sábado (Saturday Night, 1922), ¡Homicida! (Manslaughter, 1922), La costilla de Adán (Adam's Rib, 1923), Los Diez Mandamientos (The Ten Commandments, 1923), Triunfo (Triumph, 1924), Pies de arcilla (Feet of Clay, 1924), La cama de oro (The Golden Bed, 1925), La huella del pasado (The Road to Yesterday, 1925), Los bateleros del Volga (The Volga Boatman, (1925), Rey de reyes (The King of Kings, 1927), La incrédula (The Godless Girl, 1929), Dinamita (Dynamite, 1929), Madame Satán (Madame Satan, 1930), El prófugo (The Squaw Man, 1921; 2º remake), El signo de la cruz (The Sign of the Cross, 1932), La juventud manda (This Day of Age, 1933), Seamos salvajes (Four Frightened People, 1934), Cleopatra (1934), Las Cruzadas (The Crusades, 1935), Buffalo Bill (The Plainsman, 1936), Corsarios de Florida (The Buccaneer, 1938), Unión Pacífico (Union Pacific, 1939), Policía Montada del Canadá (Northwest

Mounted Police, 1940), Piratas del mar Caribe (Reap the Wild Wind, 1942), Por el valle de las sombras (The Story of Dr. Wassell, 1944), Los inconquistables (Unconquered, 1947), Sansón y Dalila (Samson and Delilah, 1949), El mayor espectáculo del mundo (The Greatest Show on Earth, 1952), Los Diez Mandamientos (The Ten Commandments, 1956; remake).

DE SICA, Vittorio

Fue uno de los pioneros del movimiento neorrealista. (Sora, 1901-Neuilly-sur-Seine, 1974). Este popular actor y realizador italiano ha cultivado la comedia satírica y el cine de crítica social. Estudió contabilidad y Derecho, para iniciarse en el mundo del espectáculo en 1918, decantándose entonces por el arte escénico.

Intérprete de un centenar de películas, ya triunfó en la década de los 30 como simpático galán de comedias románticas: *¡Que sinvergüenzas son los hombres!*, *Bajo aristocrático disfraz*, *Grandes almacenes*, entre otras. Más tarde creó un personaje pícaro emparentado con la *Commedia dell'Arte* (*Bajo el signo de Venus*, *Padres e hijos*) y, finalmente, un tipo elegante y maduro que imprimió personalidad a los films de otros autores (*Madame de...*, *El general de la Rovere*).

En 1939 debutó como director cinematográfico, incorporándose más adelante al naciente neorrealismo, del que sería una de sus figuras más representantivas. De Sica iniciaba, con el largometraje *I bambini ci guardano*, una estrecha colaboración con el guionista Cesare Zavattini, escritor marxista con quien formó un tándem artístico-ideológico de clara tendencia humanista y rei-

El actor y director Vittorio de Sica

vindicativa. Las siguientes obras maestras como realizador fueron: *El limpiabotas*, *Ladrón de bicicletas* —que obtuvieron el Oscar de Hollywood—, *Milagro en Milán* y *Umberto D*, en las que reflejaría la idiosincrasia de su país y que constituyeron un importante testimonio de la Italia de posguerra. Al propio tiempo, estos films evidenciarían lo que iba a ser una constante en la obra de Vittorio de Sica: la enorme ternura y amor hacia sus personajes. «El neorrealismo no era un programa, era un sentimiento, una necesidad. Quizá nosotros hemos sentido, después de tantos años de presión fascista y de cierto cine que estaba condicionado al momento político de Italia, esta necesidad de hablar, de decir lo que queríamos decir. Esto no lo podíamos hacer antes. Las comedias, los héroes del fascismo, los héroes de la Roma antigua y los de las comedias rosa que nos imponía el fascismo nos habían dado propiamente ese sentimiento de rebeldía. Fue una *contestación*, la respuesta a un régimen que nos había obligado a vivir de una manera hipócrita y falsa. Nosotros, por el contrario, hemos dicho la verdad», había manifestado De Sica.

Este autor italiano influiría como creador no sólo en el cine europeo de esa época, sino en el norteamericano, con su estilo poético y verista, sensible y lleno de honestidad, sincero y directo a la vez. A partir del año 1953 inició un período de decadencia como realizador con *Stazione Termini*, aunque todavía produjo obras mayores, a pesar de su sentimentalismo y acaso buscada comercialidad, como *Il tetto* y *La Ciociara* (con su habitual Sofía Loren de gran protagonista). Sin embargo, al final de su carrera De Sica fue tachado de manierista y se le calificaría como hábil artesano de carácter populista, con películas como *Matrimonio a la italiana* y *Los girasoles*. La verdad es que su estilo narrativo no había evolucionado, como puede verse en *Amantes* o *Siete veces mujer* y sí, en cambio, se apreciaba algo pasado de moda. Con todo, sus últimas películas, criticadas y premiadas, como *El jardín de los Finzi-Contini* —su último Oscar de Hollywood (antes ganó otro por *Ayer, hoy y mañana*)— y *El viaje*, contenían algunos momentos del talento que antaño le significó como cineasta. Acaso su error fue no retirarse a tiempo.

Filmografía:

Rosas escarlatas (Rose scarlatte, 1939; co-dir. Guiseppe Amato), Magdalena, cero en conducta (Magdalena, zero in condotta, 1941), Nacida en viernes (Teresa Venerdi, 1941), Recuerdo de amor (Un garibaldino al convento, 1942), Los niños nos miran (I bambini ci guardano, 1943), La puerta del cielo (La porta del cielo, 1944), El limpiabotas (Sciuscià, 1946), Ladrón de bicicletas (Ladri di biciclette, 1948), Milagro en Milán (Miracolo a Milano, 1951), Umberto D (1952), Estación Termini (Stazione Termini, 1953), El oro de Nápoles (L'oro di Napoli, 1954), El techo (Il tetto, 1955), Dos mujeres (La Ciociara, 1960), Juicio Universal (Il Giudizzio Universale, 1961), Boccacio 70 (1962; episodio), I sequestrati di Altona (1962), El especulador (Il boom, 1963), Ayer, hoy y mañana (Ieri, oggi e domani, 1963), Matrimonio a la italiana (Matrimonio all'italiana, 1964), Un mondo nuovo (1965), Tras la pista del zorro (Caccia alla volpe/After the Fox, 1966), Las brujas (La Streghe, 1967; episodio), Siete veces mujer (Sette volte donna/Woman Times Seven, 1967), Los amantes (Amanti, 1969), Los girasoles (I girasoli, 1970), Tres parejas (Le coppie, 1970; episodio), El jardín de los Finzi-Contini (Il Giardino dei Finzi-Contini, 1971), ¿Y cuándo llegará Andrés? (Lo chiameremo Andrea, 1972), Amargo despertar (Una breve vacanza, 1973), El viaje (Il Viaggio, 1974).

DONEN, Stanley

Un maestro que destaca en el cine musical americano. (N. en Columbia, 1924). Estudió en la Universidad de Carolina del Sur. Comenzó como bailarín y asesor de danza en *Las modelos*, *Levando anclas* y *La reina de Broadway*, entre otras películas. Formado junto a Busby Berkeley, a quien homenajearía en *Singin'in the Rain*, es asimismo un reconocido coreógrafo.

Donen fue un genuino representante del musical «estilo Metro» hasta que se independizó como realizador. Formaría un célebre tándem artístico-creador con su colega y amigo Gene Kelly, realizando los grandes clásicos del género: *Un día en Nueva York*, el citado *Cantando bajo la lluvia* y *Siempre hace buen tiempo*; mientras que con la colaboración de Michael Kid realizaría su también mítica opereta western *Siete novias para siete hermanos*.

Después llegarían sus famosas comedias costumbristas y de enredo (*Indiscreta*, *Dos en la carretera*) o de suspense (*Charada*, *Arabesco*), en cuya concepción interna incorporó las técnicas del musical, protagonizadas asimismo por grandes «estrellas»: Ingrid Bergman, Cary Grant, Sophia Loren, Gregory Peck y su habitual Audrey Herpburn, a las que dirige con maestría.

Stanley Donen posee un gusto figurativo en la utilización de los decorados y en el uso expresivo del color. Con una narrativa brillante, matizado sentido del humor y notable inventiva en los *gags*, este creador está considerado como un virtuosista técnico por el modo de seguir las evoluciones de los «números» musicales y dominio del ritmo. Su refinamiento sofisticado (*Una cara con ángel*) y estética personal, fue perdiendo enteros en los años 60, cuando el estilo coreográfico de Donen empezó a quedar un tanto anticuado. «No puede cantarse bajo la lluvia toda la vida», dijo. Al final, ensayó sin éxito otros

El binomio Gene Kelly- Stanley Donen examinando el guión técnico

géneros, incluso con fáciles concesiones a la galería (*Saturno 3*, *Lío en Río*), pero su memoria perdura en el recuerdo como autor de grandes musicales.

Filmografía:

Un día en Nueva York (*On the Town*, 1949, co-dir. *Gene Kelly*), *Royal Wedding* (1951), *Cantando bajo la lluvia* (*Singin'in the Rain*, 1952, co-dir. *Kelly*), *Love is Better than Ever* (1952), *Fearless Fagan* (1952), *Tres chicas con suerte* (*Give a Girl a Break*, 1953), *Siete novias para siete hermanos* (*Seven Brides for Seven Brothers*, 1954), *Siempre hace buen tiempo* (*It's Always Fair Weather*, 1955, co-dir. *Kelly*), *Una cara con ángel* (*Funny Face*, 1957), *The Pajama Game* (1957, co-dir. *George Abbott*), *Bésalas por mí* (*Kiss them for me*, 1957), *Malditos yankees* (*Damn Yankees*, 1958, co-dir. *Abbott*), *Indiscreta* (*Indiscreet*, 1958), *Volverás a mí* (*One Mor this Feeling*, 1960), *Una rubia para un gángster* (*Surprise Packcage*, 1960), *Página en blanco* (*The Grass is Greener*, 1961), *Charada* (*Charade*, 1963), *Arabesco* (*Arabesque*, 1966), *Dos en la carretera* (*Two for the Road*, 1966), *Bedazzled* (1967), *La escalera* (*Staircase*, 1969), *El pequeño príncipe* (*The Little Prince*, 1974), *Los aventureros de Lucky Lady* (*Lucky Lady*, 1975), *Movie Movie* (1978), *Saturno 3* (*Saturn III*, 1979), *Lío en Río* (*Blame It on Rio*, 1984).

DOVJENKO, Alexander

Fue un clásico del cine de la antigua Unión Soviética. (Sosnitsi, 1884-Moscú, 1956). Formó parte, con Eisens-

El nacionalista Alexander Dovjenko

tein y Pudovkin, de la gran tríada de la cinematografía rusa. Poeta épico de la pantalla, se inició como pintor y caricaturista, profesión que influiría en su visión sintética y concepción de los planos cuando se dedicó al cine a partir de 1926. Primero fue argumentista en los estudios Vufku de Odessa, y después realizador del corto cómico *Los frutos del amor*.

De familia campesina, cursó estudios en la Facultad de Historia Natural y ejerció como maestro en Kíev. Participó en la Revolución de 1917 y fue nombrado comisario de Enseñanza, Bellas Artes y Teatro, siendo finalmente destinado como diplomático a Varsovia, Múnich y Berlín. Para la creación de sus personajes se inspiró en las figuras tan humanas como sencillas de su padre y abuelo, y en el carácter peculiar de su pueblo ucraniano. «Nuestro país es grande porque sus gentes sencillas también lo son», declaró. De ahí que en su primera obra maestra *Zvenigora*, un fresco que mezcla diversas épocas históricas, ofreciera doce cantos entusiastas a su amada tierra.

Sin embargo, fue en las postrimerías del período mudo cuando Dovjenko pasaría realmente a la historia con otros dos films importantes: *Arsenal*, que narra una tragedia familiar en torno a la Revolución; y *La tierra*, un poema lírico-propagandístico, no exento de toques erótico-freudianos y lleno de simbología crítica, que enaltece la comunión del hombre con la Naturaleza. También en las películas *Iván*, *Aerograd* y *Chtchors* se reflejaría su ideario político, revolucionario, marxista y con cierto cariz panteísta, haciendo, de este modo, una clara propaganda al «realismo socialista». Durante la II Guerra Mundial realizó una serie de documentales sobre la lucha del pueblo ucraniano contra el Ejército nazi. Y en 1943, con la publicación de su guión *Ucrania en llamas*, entraría en conflicto con el sistema comunista.

Por tanto, acusado de derrotismo y de complot nacionalista, Dovjenko sufrió el ostracismo —como sus referidos coetáneos— hasta la muerte de Stalin. Recuperado por Kruschev, falleció antes de realizar su testamento fílmico-creador: *Poema o more*. Su viuda y colaboradora, la actriz Youlia Sointseva, concluyó este *Poema del mar* con un color maravilloso, realizando otros guiones no llevados a cabo por su marido: *Crónica de los años de fuego*, *El Desna encantado*, *La inolvidable* y *Las puertas de oro*. En la época estalinista, Dovjenko había asimismo dejado inacabada *Adiós, América* (1949-1951), cuyo rodaje fue suspendido por el PCUS sin ninguna explicación.

El universo estético de Alexander Dovjenko destacó

por los largos, bellos y expresivos planos, por sus audaces e ingenuas metáforas y por el refinado lirismo. Además, su original aliento épico estuvo lastrado por cierta simplicidad filosófica, humor corrosivo y didactismo apasionado y emotivo: «Soy el guerrillero de los tiempos modernos. Un film en el que no se hacen vibrar los sentimientos humanos es como un planeta sin atmósfera», había manifestado.

Filmografía:

Vasja-reformator (Vasia el reformador, 1926, co-dir. Faust Lopatinski y Joseph Rona), Soumka dipkur'era (La valija del correo diplomático, 1927), Zvenigora (1927), Arsenal (1929), La tierra (Zemlia, 1930), Iván (1932), Aerograd (1935), Chtchors (1939). Miciurin (La vida en flores, 1948).

DREYER, Carl Theodor

Este danés es considerado como uno de los principales maestros del cine nórdico y mundial. (Copenhague, 1889-1968). Prolífico guionista y cultivador del film fantástico y religioso, ha proporcionado grandes avances a la sintaxis del Séptimo Arte. Tuvo una infancia difícil. Ejerció de contable y periodista, y llegó a ser famoso antes de dedicarse al cine. Dreyer era un autodidacta, que debutó como autor de guiones en 1912; escribió 41 hasta el año 1928 para los pioneros daneses Blom y Madsen, entre otros muchos cineastas. Comenzó su labor como realizador en 1919 con *El presidente*.

El maestro danés Carl Th. Dreyer

Tras realizar en Suecia *El cuarto casamiento de Margaret* y en Alemania *Amémonos los unos a los otros*, volvió a su país y siguió trabajando para el cine nórdico. No obstante, hasta 1928 no logró su obra maestra: *La Passion de Jeanne d'Arc*. Esta pieza imperecedera del período mudo sintetiza el estilo de su cine, donde revoluciona la estructura del lenguaje fílmico tradicional. Se trata de un oratorio cinematográfico, basado en los documentos del proceso de la santa francesa, que interpreta prodigiosamente la joven Falconetti —junto a los actores Antonin Artaud y Michel Simon— en un encadenamiento casi ininterrumpido de primeros planos. Este clásico, que rodó en Francia, continúa siendo hoy uno de los monumentos del film mudo y está catalogado entre las Diez Mejores películas de la historia.

El cine místico-religioso de Dreyer resultará un arte inimitable por su carácter trascendente, que parece invitar a la meditación, y por el singular estilo narrativo de gran rigor y sencillez formal. Pero su obra de clara inspiración mística estaba influida además por el rigorismo protestante. Estéticamente es deudor D. W. Griffith y del estilo de los pioneros suecos —con su sentido del paisaje y de la luminosidad—, y de las escuelas alemanas y soviética de los años 20 (influido por ésta en las teorías del montaje). Por otra parte, su simbolismo llega a ser una imagen de la condición humana, como había declarado: «La semejanza que existe entre una obra de arte y el ser humano es muy estrecha: los dos tienen un alma, y ésta se manifiesta en el estilo. Gracias al estilo, el creador va fusionando los diversos elementos de su obra, obligando al público a que vea el argumento por sus propios ojos.»

Su obra denota cierta obsesión por la brujería, como se aprecia en *Páginas del libro de Satán* y *Vampyr*. Sin embargo, Carl Th. Dreyer siguió en la etapa sonora con su purismo de imagen, sobriedad narrativo-ambiental y profundidad temática, especialmente en *Dies irae* y *Ordet*, sus otras piezas maestras, ejerciendo enorme influencia en cineastas posteriores (Bergman, Bresson, entre otros). Fue un autor incomprendido que, a pesar de recorrer cinco países para poder producir sus 14 películas, tuvo que volver a su profesión de periodista y trabajar como redactor de crónicas judiciales, aparte de rodar una serie de cortometrajes para los Servicios Cinematográficos del Gobierno danés. Asimismo, este realizador llegó a dirigir un cine en Copenhague para subsistir y no pudo llevar a cabo su más ambiciosa obra: un film sobre la vida de Cristo, cuyo proyecto inició en 1949.

Gran director de actores, Dreyer defendería la idea absoluta del amor en películas tan emblemáticas como *Gertrud*. También denunció el fanatismo y la intolerancia, mientras intentaba fusionar lo natural con lo sobrenatural. Su cine, francamente minoritario, ha sido calificado de «realista metafísico».

Filmografía:

Praesidenten (El presidente, 1919), Páginas del libro de Satán (Blade af Satan Bog, 1919), Prästänken (La viuda del pastor, 1920),, Die gezeichneten/Elker Hverandre (Amémonos los unos a los otros/Los estigmatizados, 1922), Érase una vez (Der var engang, 1922). Mikaël (1924), Honra a tu esposa (Du skal aere din hustru, 1925), La novia de Glomdal (Glomdals bruden, 1926), La pasión de Juana de Arco (La Passion de Jeanne d'Arc, 1928), La bruja vampiro (Vampyr/L'étranhe voyage de David Gray, 1932), Dies irae (Vredens dag, 1943), Dos seres (Tva Människor, 1945), La palabra (Ordet, 1955), Gertrud (1964).

EISENSTEIN, Serguéi Mijaílovich

Según muchos historiadores es uno de los tres genios del Séptimo Arte, junto con Charles Chaplin y John Ford. Fue además un gran teórico y maestro del cine ruso. (Riga, 1898 - Moscú, 1948). Hijo de un arquitecto alemán de origen judío, estudió Ingeniería Civil y Arquitectura. Dibujante y decorador, trabajó como director escénico en el *Proletkult* y llegó a tener su propia compañía teatral. Ayudante de Mayerhold, se interesó por el arte cinematográfico después de la Revolución de 1917, en la que Eisenstein participó activamente.

Debutó en 1924 con *Stachka*, magistral film sobre una huelga en la Rusia zarista, llegando a ser el máximo representante de la escuela soviética con Pudovkin y Dovjenko, Al año siguiente realizó su célebre *El acorazado Potemkin*, una evocación patética de la Revolución de 1905. Es la obra mítica del cine político y artísticamente modélica que ha pasado a la historia como la mejor película de todos los tiempos, especialmente por su antológica secuencia de las escalinatas de Odessa. Asimismo y por encargo del PCUS, en 1927 conmemoraría el décimo aniversario de la Revolución bolchevique con *Octubre*. Un film también clave del estilo eisensteiano, que se inspiró en el relato de John Reed *Diez días que estremecieron al mundo*, resultando algo panfletario y caótico, a pesar de contener secuencias memorables. Después llegaría su nueva obra maestra *La línea general*, sobre la revolución campesina en la URSS.

Con estas obras Eisenstein desarrollaría sus teorías como cineasta —ya puestas por escrito— y aportaría sus famosos «montaje de atracciones» y la metáfora visual. Poco después incorpora la banda musical, consiguiendo una perfecta asociación de las estructuras plásticas con las sonoras. En los años del film parlante, desarrollaría la

S. M. Eisenstein, genio del cine

concepción por ideogramas y los avances expresivos del color. Todo ello dentro de ese carácter épico, barroco, con aire de epopeya y un lirismo que se une con la problemática de fondo, que le distinguen como autor. Estudioso de la narrativa de Dickens y Griffith, fue también un gran teórico del montaje y haría de esa técnica la base de la estética del film.

Durante los años 30, Eisenstein fue a Hollywood con el fin de realizar cine. Rechazados sus proyectos por los directivos de la Paramount, marchó al país vecino para rodar *¡Que viva México!*, su incomprendida e inacabada visión de la Revolución mexicana, utilizando diversos

montajes y que sirveron para otras películas. En la URSS
le destruyeron su también inconclusa *El prado de Bezhin*,
pero logró una genial metáfora sobre el peligro nazi en
vísperas de la II Guerra Mundial con su memorable *Alexander Nevski*. Y en 1945 realizó su última obra maestra:
Iván el Terrible, una evocación histórica del zar unificador de todas las Rusias a modo de parábola de la dictadura estalinista. La segunda parte de *Ivan Groznyj (La
conjura de los boyardos)*, con una secuencia inigualable en
colorido, no se pudo estrenar hasta la muerte del dictador, acaecida después de que falleciera el propio Eisenstein, cuando preparaba su *Teoría del cine en colores*.

Disidente del sistema, este creador fue obligado a retractarse de su obra, acusado de esteticista y demasiado
individual, y de no servir al partido como pretendía el
Gobierno comunista. Por ello, debido a su independencia
artística y visión romántico-patriótica, sufrió las consecuencias de su actividad creadora. S. M. Eisenstein pareció navegar entre la ideología marxista y su sentido profundo del alma y de la tierra rusas; pues a causa de su
vasta cultura y el contacto que tuvo con la sociedad occidental (especialmente durante su estancia en México), su
pensamiento materialista evolucionó hacia la fe, tal como
manifestó él mismo y narra su biógrafo y colaboradora
Marie Seton, en unos textos originales en inglés (1952)
que fueron sospechosamente censurados en las traducciones italiana y francesa.

Con un gran amor al cine, había profetizado: «Es, naturalmente, el arte más internacional. La primera mitad
del siglo, sin embargo, no ha utilizado de él más que
unas migajas... Asistiremos al sorprendente éxito de dos
extremos: el actor taumaturgo, encargado de trasmitir al
espectador la materia de sus pensamientos, irá de la
mano del cineasta-mago de televisión que, haciendo malabarismos con los objetivos y las profundidades de

campo, impondrá directa e instantáneamente su interpretación estética en una fracción de segundo. Ante el cine se abre un mundo inmenso y complejo.» Eisenstein tenía razón.

Filmografía:

La huelga (Stachka, 1924), El acorazado Potemkin (Bronenosets Potiomkin, 1925), Octubre (Oktjabr, 1927), La línea general/Lo Viejo y lo Nuevo (Generalnaya Linya/Staroie i Novoie, 1929), ¡Que viva México! (1931), El prado de Bezhin (Betzin lug, 1935-37), Alexander Nevski (Aleksandr Nevskij, 1938), Iván el Terrible (Iván Groznyj, 1ª parte, 1942-44), La conjura de los boyardos (Iván Groznyj, 2ª parte, 1945-46).

FASSBINDER, Rainer Werner

Uno de los herederos del Joven Cine alemán. (Bad Wörishofen, 1945-Múnich, 1982). Fue un infatigable guionista y realizador cinematográfico y televisivo, así como un prolífico autor y director teatral. Había cursado Arte Dramático y formó el famoso *Antitheater* de Múnich con un grupo de actores. La concepción aristotélica de la puesta en escena influyó en su narrativa fílmica tanto como el estilo melodramático norteamericano, pues era también un estudioso y deudor del melodrama de Douglas Sirk. De este modo, la actitud psicologista acentuada de Fassbinder y las convenciones de los géneros, siempre dentro de un clasicismo creador, pasaría del tópico y la sencillez expositiva a la sofisticación más deca-

El sufriente R. W. Fassbinder

dente e inmoral, como sucede en *Las amargas lágrimas de Petra von Kant.*

La provocación y el pesimismo sobre la condición humana fueron dos de sus constantes como autor, sazonadas con un amargo sentido del humor. Un tanto obsesionado por la denuncia sociopolítica (*Viaje a la felicidad de mamá Küsters, El matrimonio de Maria Braun*) y por las desviaciones más denigrantes (*La ley del más fuerte, Un año de trece lunas*), se dio a conocer al público mundial con *Todos nos llamamos Alí.* Esta película, premiada en el Festival de Cannes, expone la relación de una viuda de sesenta años y un obrero marroquí inmigrado; y a partir

de ésta, R. W. Fassbinder se transformaría en uno de los
cineastas más controvertidos y complejos de la «última
hornada» del cine alemán.

En 1980, volvió a su habitual y asfixiante temática con
una historia de la época nazi, *Lili Marleen*, protagonizada
por su actriz-símbolo Hanna Schygulla (antes lo había
sido Ingrid Caven). Relata el drama de una cabaretera,
Lale Andersen, que hizo célebre esa canción y que fue, a
pesar suyo, una impulsora del nazismo. Con este film
volvió a reflexionar acerca de la opresión e incidiría en la
dialéctica de explotadores-explotados, con su particular
visión de las relaciones entre los humanos e impotencia
para el cambio social. Aunque, en ocasiones, lo logra por
medio de rupturas violentas: revolución, homicidio, suicidio mitificado. Todo esto, dentro del esquema de la lucha de clases y con un tono cínico y subrepticiamente
anarquista. De ahí el rechazo del PC alemán contra este
cineasta ácrata, al que paradójicamente tacharon de reaccionario. Después llegarían sus nuevas críticas sobre el
status de la Alemania de posguerra con *Lola* y *La ansiedad de Veronika Voss*. Y, finalmente, su última realización *Querelle*, una obra dura que se basaba en una pieza
onírica de Jean Genet.

Su gusto por lo decadente y la sordidez se une a un
cierto virtuosismo formal, como se aprecia, por ejemplo,
en su ambiciosa serie televisiva *Berlin Alexanderplatz*, pasada después a la pantalla grande. Dio cierto aire de irrea-
lidad a sus películas-fábula, no exentas de obscenidades y
con un estilo creador que estaba preso de un esteticismo
barroco. Deudor al principio de Godard e influido por
los maestros del expresionismo, el escepticismo de este
autor se cierne sobre la Fatalidad o el Destino inexorable
de los humanos. Por eso, su obra tiene un final habitualmente desesperanzado y de libre interpretación. El sufriente Fassbinder, que vivía en Múnich protegido incluso

por dos guardaspaldas, había creado unos 40 títulos para el cine y la televisión, aparte de sus obras escénicas y cortometrajes.

Filmografía:

Liebe ist Kälter als der Tot (1969), Katzelmacher (1969), Los dioses de la peste (Götter der Pest, 1969), El porqué de la locura del señor R (Warum laüft herr R. Amok?, 1969), Rio das Montes (1970), Whity (1970), Die niklashauser Fart (1970), El soldado americano (Der amerikanische Soldat, 1970), Atención a esa prostituta tan querida (Warnung vor einer heilige Nutte (1970), Pionere in Ingoldstadt (1971), El mercader de las cuatro estaciones (Der Händler der vier Jahreszeiten, 1971), Las amargas lágrimas de Petra von Kant (Die bitleren Tränen der Petra von Kant, 1972), Wildwechsel (1972), Acht Studen sind kein Tag (1972), Welt am Draht (1973), Todos nos llamamos Alí (Angst essen seele auf, 1973), Martha (1973), Fontane effi briest (1974), La ley del más fuerte (Faustrecht der Freiheit, 1975), Viaje a la felicidad de Mamá Küsters (Mutter Küsters fährt zum Himmel, 1975), Angst vor der Angst (1975), Sólo quiero que me amen (Ich will doch nur, das ihr mich liebt, 1976), El asado de Satán (Satansbraten, 1976), La ruleta china (Chinesisches Roulette, 1976), Bolwieser (1977), Frauen in New York (1977), Desesperación (Eine reise ins Licht/Dispair, 1977), Alemania en Otoño (Deutschland in Herbst, 1977; colectiva), El matrimonio de María Braun (Die Ehe der Maria Braun, 1978), Un año de trece lunas (In eimen Jahr mit 13 Monde, 1978), La tercera Generación (Die dritte Generation, 1979), Berlin Alexanderplatz (1980), Lili Marleen (1980), Lola (1981), La ansiedad de Veronika Voss (Die Sehnsucht der Veronika Voss, 1982), Querelle (1982).

FELLINI, Federico

Este maestro del cine italiano es estimado también como uno de los genios del cine contemporáneo. (Rímini, 1920-Roma, 1993.) Fue un artista inimitable, poseedor de una obra tremendamente original y un tanto autobiográfica.

Comenzó como periodista y es autor de canciones y caricaturista. Guionista y ayudante de dirección, se incorporó al cine en 1942, contribuyendo también al nacimiento del movimiento neorrealista junto a Roberto Rossellini, con quien colaboró en los guiones de *Roma, città aperta* y *Paisà*; pero manteniendo una personalidad propia y sin perder el estilo poético que le ha significado como autor. Este hecho se evidencia en *La Strada* y *Las noches de Cabiria*, interpretadas por su esposa, la gran actriz Giulietta Masina.

Fellini, un cultivador del arte por el arte, se expresa con un lirismo algo desmesurado que se convertirá en una admirable simbiosis entre la fantasía y la realidad subjetivadas. Sagaz ilustrador del espíritu humano, con sus valores y sus miserias, el célebre realizador italiano construye retratos anímico-sociales impresionantes (*I vitelloni, La dolce vita*). Sus frescos desbordantes, a pesar de los excesos decadentes de dudoso gusto y toques anticlericales (*Roma, La ciudad de las mujeres*), poseen cierto carácter moralizante e intelectual en torno a la condición de la Humanidad y su caótico futuro (*Satyricon*). Federico Fellini se sirve de una estética singular, que tiene como base más la intuición poética que una técnica cinematográfica perfectamente medida. De ahí que su cine sea más vitalista que racional (*Ocho y medio, Amarcord*), con una fuerte tendencia al surrealismo. Estuvo también influido por la concepción del espectáculo circense, que evocaría perfectamente en su obra maestra para TV: *Los clowns*,

Federico Fellini, con el ojo en la cámara

que se estrenaría también en la pantalla grande. A este propósito, manifestó: «Mi cine le debe mucho al mundo del circo. Los payasos han sido para mí los embajadores de mi vocación de hombre del espectáculo».

No obstante, su forma metafórica contiene un estilo barroco (*Giulietta degli spiriti*, *Casanova*) que, en ocasiones, estalla en la orgía intimista, o en las grandes escenas multitudinarias: las fiestas, los desfiles, el circo, las procesiones o las bacanales... Es aquí donde se aprecia realmente la maestría creadora de Fellini como dominador del montaje y de la concepción global de las secuencias; aunque no como narrador en el sentido tradicional, sino con un carrusel de imágenes que exteriorizan sus interiores. Y es que posiblemente su punto de partida esté más cerca de la vida que pasa, con su multiplicidad caótica e indefinible, que de la idea o la pura imagen. Por eso, tomando pie en lo concreto, levanta su fábula crítica por medio de un lirismo muy personal (*Y la nave va*) que no ahorra, a veces, cierta fealdad.

De tendencia agnóstica y de formación católica, tachado de revolucionario y criptomarxista, también ha declarado: «Mis películas giran en torno del amor al prójimo. Muestran un mundo sin amor —gentes que explotan a los demás— en el que un ser insignificante quiere aportar amor y vive de amor.» Idealismo que nunca excluyó la crítica social, y que con el tiempo se volvió algo escéptico y grandilocuente. Es obvio, pues, que entre la vida y la obra de Federico Fellini hay una enorme compenetración. Incluso se ha dicho que cada cinta constituye su vivir presente, preocupado por el envejecimiento y la muerte. Por esta razón su obra es profundamente autobiográfica, una necesidad vital de expresar su universo interior. Construye, con un equipo de excelentes colaboradores y en los estudios romanos de Cinecittà, enormes platós, de gran riqueza de colorido, imaginación y expresividad. Asimismo, Nino Rota imprimió brillantez a la insólita obra felliniana con su inolvidable música.

Fellini fue un creador onírico y visionario, reiterativo y un tanto narcisista, pues incluía, a veces, su propio nombre en el título de los films, que cada día encontró mayores dificultades para continuar su trabajo, debido a la falta de financiación para sus ambiciosos proyectos.

Filmografía:

Luces de variedades (Luci di varietà, 1950, co-dir. Alberto Lattuada), El jeque blanco (Lo Sceiro bianco, 1951), Los inútiles (I vitelloni, 1953), L'amore in città (1953; episodio), La Strada (1954), Almas sin conciencia (I bidone, 1955), Las noches de Cabiria (I notti di Cabiria, 1957),

*La dolce vita (1960), Boccaccio 70 (1962; episodio), Fellini,
8 1/2 (Otto e mezzo, 1963), Giulietta de los espíritus
(Giulietta degli spiriti, 1965), Historias extraordinarias
(Tre passi nel delirio, 1968; episodio) Satiricón (Fellini-
Satyricon, 1969), Los clowns (I clowns, 1970), Roma
(Roma di Fellini, 1972), Amarcord (1973), Casanova (Il
Casanova di Federico Fellini, 1976), Ensayo de orquesta
(Prova d'orchestra, 1978), La ciudad de las mujeres (La
città delle donne, 1980), Y la nave va (E la nave va,
1983), Ginger y Fred (Ginger e Fred, 1986), Entrevista
(Intervista, 1987), La voce della luna (1990).*

FEYDER, Jacques

Autor belga-francés, fue el pionero del film naturalista
y de la comedia de costumbres. (Ixelles, 1885-Rive de
Prangins, 1948). Hijo de un crítico teatral, abandonó la
carrera militar para dedicarse al arte del espectáculo. Fue
coguionista de todas sus películas y estuvo presente en la
primera vanguardia, colaborando en la creación del realismo poético galo.

Actor escénico y cinematográfico en París, comenzó a
trabajar como realizador fílmico para la Gaumont en
1915, realizando en los años 20 importantes obras vanguardistas: *La Atlántida, Crainquebille* y *Visages d'enfants*, entre otras. Después rodó una amable sátira de la
burguesía francesa, *Les Nouveaux Messieurs*, que abrió la
comedia costumbrista, y su obra maestra *Thérèse Raquin*,
rodada en Berlín. Feyder sería llamado por Hollywood
para dirigir a Greta Garbo en *El beso* y las versiones alemana y sueca de *Ana Christie* (Clarence Brown, 1930),
entre otras realizaciones. Decepcionado de la Meca del

El vanguardista Jacques Feyder

Cine, se integró, a su regreso, en la producción sonora europea. Así, junto a Jean Renoir, René Clair y Marcel Carné, prácticamente fundó la referida escuela del realismo poético, dentro de una línea más negra y psicologista, inscrita en la tradición de Zola y Maupassant (*El signo de la muerte, Pensión Mimosas*).

Su pieza fundamental de la década de los 30 fue *La kermesse heroica,* que sería protestada por los nacionalistas flamencos, quienes incluso lograron prohibir su exhibición en Brujas. Esta obra relata un episodio liviano de la ocupación del Imperio español en Flandes, en la que no falta una ironía crítica e inspiración basada en la reconstitución histórica, con decorados llenos de reminiscencias de la pintura flamenca. Un film épico que constituyó un éxito mundial y resumiría el estilo y el universo personal de Jacques Feyder.

Fue un racionalista y una persona muy culta, próxima al enciclopedismo, manifestando siempre una gran preocupación por la estética del arte de las imágenes. Con un sentido muy preciso de la evocación ambiental y de la creación de tipos y atmósferas, cuidó con minucioso esmero el desglose de los planos. Preocupado también por la soledad y el amor, el realismo psicológico de Feyder estuvo dominado por la ambivalencia de las personas, de sus sentimientos y de los lugares. Admirador de David Wark Griffith, del guionista Charles Spaak y del pionero coetáneo Abel Gance, había escrito: «Todo puede adaptarse a la pantalla, todo puede expresarse por medio de la imagen. Tanto del capítulo X de *El Espíritu de las Leyes* de Montesquieu como de una novela de Paul Koch es posible hacer una película atractiva. Pero es indispensable poseer el sentido del cine,» Sin embargo, a partir de 1937 cuando realizó en Londres *La condesa Alexandra,* con Marlene Dietrich como protagonista, Jacques Feyder inició su decadencia como autor.

Filmografía:

*La Atlántida (L'Atlantide, 1921), La historia de un hu-
milde (Crainquebille, 1922), La otra madre (Visages d'enfants, 1923), L'Image (1924), Gribiche: historia de un
niño (Gribiche, 1925), Carmen (1926), Thérèse Raquin
(Du solist nicht ehebrechen, 1928), Les Nouveaux Messieurs (1929), El beso (The Kiss, 1930), El espectro verde
(Le spectre vert, 1930), Si l'Emperateur savait ça (1930),
Olympia (1930), El hijo del destino (Son of India, 1931),
Al despertar (Daybreak, 1931), El signo de la muerte (Le
Grand jeu, 1933), Pensión Mimosas (Pension Mimosas,1934), La kermesse heroica (La Kermesse héroïque,
1935), La condesa Alexandra (Knight Without Armour,
1937), Payasos (Fahrendes volk/La Gens du voyage,
1938), La ley del Norte (La piste du Nord/La loi du
Nord, 1939), Una mujer desaparece (Un femme disparaît,
1942), Macadam (1946, co-dir. Marcel Blistène).*

FLAHERTY, Robert Joseph

El principal maestro del cine documental y poeta de la
imagen pura. (Iron Michigan, 1884-Vermont, 1951). A
pesar de su escasa obra, está considerado como uno de los
genios del Séptimo Arte. De origen irlandés, estudió en la
Escuela de Minas de Michigan —su padre dirigía explota-
ciones mineras—, y fue explorador del Gran Norte cana-
diense y cartógrafo antes de dedicarse profesionalmente
al cine.

Tras rodar el largometraje sobre la vida de los esquimales *Esquimo*, que se quemó al montarlo, la compañía de
pieles Revillon Frères le financió su primera obra maes-

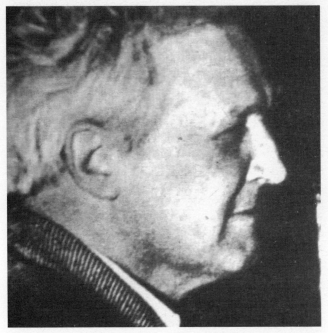

El documentalista Robert J. Flaherty

tra: la famosa *Nanook of the North*, fruto de su convivencia con una familia esquimal. Debido al gran éxito mundial de esta película, la Paramount —que había rechazado
su distribución— le encarga un film sobre los habitantes
de Samoa: *Moana*, un canto a la vida polinésica, que des-
pertó escaso interés en el público. Flaherty volvió a trabajar para Hollywood, después de sus cortos experimentales *The Pottery Maker* y *The Twenty Four Dollard
Island*, con dos películas naturalistas: *Sombras blancas en
los Mares del Sur*, que acabaría Van Dyke; y *Tabú*, co-re-
alizada por el expresionista Murnau. A consecuencia de
estos documentales novelados, que rechazaba los actores

profesionales para que no adulterasen la mentalidad indí-
gena, entró en conflicto con la estructura comercial de la
Meca del Cine, teniendo que emigrar a Europa para seguir con su personal estilo.

El contacto con la Naturaleza y el deseo de reflejar libremente a todos los grupos étnicos, le llevó a cierto panteísmo como creador. Pretendía no añadir nada al documento a través de la cámara, para describir a los
personajes tal como son, con su mirada de etnólogo. Había manifestado: «Estimo necesario trabajar sobre una
materia poco conocida, entre pueblos cuyas costumbres
difieran completamente de las nuestras. Estoy convencido de que se puede descubrir una gracia, una cultura,
una dignidad, un refinamiento que ignoramos en algunos
pueblos colocados por las circunstancias fuera de las con-
diciones habituales. Cada vez que emprendo un film en
un país que conocemos mal, tengo por sus pobladores la
misma simpatía, el mismo deseo de hacer de ellos una
pintura exacta y favorable.» Ideas que Robert J. Flaherty
desarrollaría en su exilio europeo.

Invitado por el maestro de la escuela documentalista
británica John Grierson, realizó en Inglaterra el cortometraje sobre la cerámica *Industrial Britain*. Luego rodaría
su nueva obra maestra *Man of Aran*, un entrañable homenaje a Irlanda. En ese gran poema épico se mezcla la ficción con el documental directo. En cambio, su relación
con el cine comercial inglés resultaría un fracaso: *Sabú*,
rodado en la India, debido a las imposiciones de Zoltan
Korda como productor. Desencantado, vuelve a Estados
Unidos para realizar un film sobre el problema de la ero-
sión del suelo, *The Land*, pero el Gobierno USA que era
su financiador prohíbe la exhibición, pues Flaherty había
concebido un trágico documento sobre la vida agrícola
americana que perjudicaba la inmediata entrada del país
en la II Guerra Mundial. Finalmente, la Standard Oil le

encarga una película sobre el Hombre y la Máquina, *Louisiana Story*, otro admirable poema que constituiría su postrera obra maestra. Pero otros trabajos experimentales terminaron su carrera: el corto inacabado sobre el *Guernica* de Picasso y su montaje de *The Titan: Story of Michelangelo*.

Flaherty cultivó el documental elaborado y estuvo casi obsesionado en hallar la dignidad humana y demostrar que los hombres, en apariencia salvajes, tienen sentimientos muy humanos. Acusado de superficial y de no tomar partido, lírico y bondadoso, sencillo y primitivo a la vez, tuvo tantos admiradores como detractores. Fue criticado por su huida al exotismo y aparente rechazo de lo social, por su ideología rousseauniana y por las adulteraciones histórico-ambientales de su cine. No obstante, este cineasta es uno de los autores que más ha mostrado el diálogo y la lucha entre el Hombre y la Naturaleza; respetando al mismo tiempo la libertad del espectador, al cual intentaba poner en contacto con la grandeza y la Eternidad.

Filmografía:

Nanuk, el esquimal (Nanook of the North, 1922), Moana (1925), Sombras blancas en los Mares del Sur (White Shadows on the South Seas, 1928; co-dir. W. S. Van Dyke), Tabú (Tabu, 1930, co-dir. F. W. Murnau), El hombre de Arán (Man of Aran, 1934), Sabú (Elephant Boy, 1937, co-dir. Zoltan Korda), The Land (1941), Louisiana Story (1948).

FORD, John

El más destacado pionero del cine americano. Forma parte con Chaplin y Eisenstein de la tríada de grandes maestros de la cinematografía mundial. (Cabo Elizabeth, 1895-Palm Springs, 1973). De religión católica y origen irlandés, fue un autodidacta que cultivó como nadie el western, cuya influencia se ha dejado notar en otros autores. Por eso, de él diría Orson Welles: «El verdadero cine es una expresión poética y John Ford es un poeta. Un creador de baladas.»

Hizo la carrera de Bellas Artes en Portland, e incluso pensó en esta época hacerse sacerdote. Durante un tiempo se dedicó a un negocio de cueros y curtidos, para acabar como empleado en una fábrica. Pero animado por su hermano Francis, que trabajaba como actor y director en la Universal, descubriría su profesión definitiva. Así, en 1917 ya era un realizador del naciente Hollywood y dominaba el oficio cinematográfico. Sin embargo, sus películas de encargo no tenían aires de artesanía; había en ellas intuición poética, perfección fílmico-estética. Son piezas artísticas; mejores o peores, pero artísticas. La unidad forma-contenido nunca fue tan completa como en el cine fordiano. Quizá porque no había divorcio en sus ideas: convicciones personales y arte fueron uno.

De ahí que su prolífica actividad creadora enriqueciera el lenguaje cinematográfico. Su enorme inventiva, sobre la marcha en pleno plató, proporcionó un progreso en la consolidación de la sintaxis, en la narrativa del entonces incipiente arte de las imágenes. Desde el zoom como anti-travelling hasta el plano-secuencia, Ford proporcionó grandes lecciones a cineastas coetáneos y posteriores. Tanto es así que, inspirada en la «enseñanza» fordiana, apareció una escuela. Howard Hawks, Raoul Walsh, Henry Hathaway, Anthony Mann... se reconocen influi-

El gran John Ford, con John Wayne, durante el rodaje de La conquista
del Oeste

dos por el arte de Ford y su personal estilo. Un estilo ya
propio de un «clásico»: propenso a planos complejos, con
perfecta distribuición en el encuadre de objetos y personas (*The Iron Horse*), pues utilizó el primer plano con
gran mesura, contrastándolo con gigantescos planos ge-
nerales (*La diligencia, Fort Apache*). La belleza de su estilo radica en la economía de expresión: le bastan dos o
tres tomas para dar a su narración, a veces ayudado por
sólidos guionistas, como Nunally Johnson y Dudley Ni-
chols, cierto tono de delicadeza y emoción. Por eso se
han definido sus cintas como la actitud de un director hacia su medio y sus normas de conducta.

Asimismo, John Ford supo trascender lo estrictamente
fílmico-creador para pasar a un fondo humano-existen-
cial que rebosaría equilibrio. Esto surge de la confluencia
espacio-temporal y converge en un punto clave: el hom-

bre, la persona corriente y el mundo que le rodea. Una
humanidad en la cual permanecen los valores perennes:
amor, trabajo, amistad, valor, justicia, honor, sentido del
deber, sencillez, coraje, generosidad, humor, virilidad,
folklore, convivencia... Y se concretan en la historia que
narra, en sus personajes (*El hombre tranquilo*). Acaso se
pueda hablar también de un humanismo fordiano.

Es obvio que el cine de Ford tiene sus propios «héroes», los cuales le sirven para mostrar su particular concepción del mundo, su universo personal. El héroe fordiano es un hombre que depende de su situación, está
inmerso en un ambiente y éste le domina, como se evidencia en *La diligencia*, *Centauros del desierto*, *Dos cabalgan juntos*, *El hombre que mató a Liberty Valance* o
Cheyenne Autumn, que fue su testamento fílmico como
autor y reivindicador de los indios, pero sin dejar de ser
él mismo y de combatir contra sus propias miserias. Por
eso ha utilizado una serie de actores que le han servido
idóneamente para crear sus personajes: Spencer Tracy,
Victor MacLaglen, John Wayne, Henry Fonda, James
Stewart, Richard Widmark... y, entre los secundarios,
Barry Fitzgerald, Ward Bond, Walter Brennan, John Ca-
rradine, Woody Strode. El hombre de Ford es primitivo,
fuerte, amante de su tierra, exigente con los demás y con-
sigo mismo, bondadoso y sincero, sencillo e idealista, con
cierto orgullo y agresividad. Por otra parte, la mujer fordiana es fuerte, buena madre de familia, hogareña —con
grandes delantales y con los brazos en jarras en espera de
su marido—, sensitiva y fiel y con un gran sentido religioso, no exenta de espíritu de lucha y cierto romanticismo de fondo. Tales heroínas —algunas lanzadas como
«estrellas» por John Ford— han sido Maureen O'Hara,
Joanne Dru, Linda Darnell, Corinne Calvet, Constance
Towers, Carrol Baker, entre otras. *Stars* de la pantalla
—ellas y ellos— que vinieron a ser la «familia» fordiana.

Considerado como mejor creador de imágenes que de texto dialogado, a pesar de los detractores que tuvo en los últimos años (fue reivindicado como Hitchcock y Hawks por *Cahiers du Cinéma*), que lo tacharon ideológicamente de patriota y reaccionario—, la figura y obra de John Ford —ganador de Oscars por *El delator*, *Las uvas de la ira*, *¡Qué verde era mi valle!* y *The Quiet Man*— pertenecen ya a la historia y leyenda del pueblo americano.

Filmografía:

The Soul Herder (1917), *Straight Shooting* (1917), *The Secret Man* (1917), *A Market Man* (1917), *Bucking Broadway* (1917), *The Phantom Riders* (1918), *Wild Women* (1918), *Thieves' Gold* (1918), *La gota de sangre* (*The Scarlate Drop*, 1918), *Hell Bent* (1918), *A Woman's Fool* (1918), *The Mountain Men* (1918), *Hombres sin armas* (*Roped*, 1918), *A Fight for Love* (1919), *Bare Fists* (1919), *El jinete vengador* (*Riders of Vengeance*, 1919), *The Outcasts of Poker Flat* (1919), *The Ace of the Saddle* (1919), *The Rider of the Law* (1919), *A Gun Fighting' Gentleman* (1919), *Market Men* (1919, remake), *The Prince of Avenue A* (1920), *La joven del cuatro 29* (*The Girl in No. 29*, 1920), *Ligaduras de oro* (*Hitchin' Post*, 1920), *Just Pals* (1920), *The Big Punch* (1921), *The Freeze Out* (1921), *The Wallop* (1921), *Caminos de desesperación* (*Desperate Trails*, 1921), *Acción enérgica* (*Action*, 1921), *Sure Fire* (1921), *Juanita* (*Jackie*, 1921), *La señorita sonrisa* (*Little Miss Smiles*, 1922), *Silver Wings* (1922, codir. Edwin Carewe), *El heredero de la aldea* (*The Village Blacksmith*, 1922), *The Face on the Barroom Floor* (1923), *Three Jumps Ahead* (1923), *Sota, caballo y rey* (*Cameo Kirby*, 1923), *North of Hudson Bay* (1923), *Hoodman Blind*

(1923), El caballo de hierro (The Iron Horse, 1924), Hearts of Oak (1924), Lightnin' (1925), Sangre de pista (Kentucky Pride, 1925), Corazón intrépido (The Fighting Heart, 1925), Con gracias a porfía (Thank you, 1925), La hoja del trébol (The Shamrock Handicap, 1926), Tres hombres malos (Three Bad Men, 1926), El águila azul (The Blue Eagle, 1926), Ser o no ser (Upstream, 1927), Madre mía (Mother Machee, 1927), Cuatro hijos (Four Sons, 1928), El legado trágico (Homgman's House, 1928), Policías sin esposas (Riley the Gop, 1928), Strong Boy (1929), Shari la hechicera (The Black Watch, 1929), El triunfo de la audacia (Salute, 1929, co-dir. David Butler), Tragedia submarina (Men Without Women/Submarine S 13, 1930), El intrépido (Born Reckless, 1930), Up the River (1930), Strong Boy (1930), La huerfanita (The Brat, 1931), Mar de fondo (The Seas Beneath, 1931), El Dr. Arrowsmith (Arrowsmith, 1931), Hombres sin miedo (Air Mail, 1932), Carne (Flesh, 1932), Peregrinos (Pilgrimage, 1933), Dr. Bull (1933), La patrulla perdida (The Lost Patrol, 1934), Paz en la tierra (The World Moves On, 1934), Judge Priest (1934), Pasaporte a la fama (The Whole Town's Talking, 1935), El delator (The Informer, 1935), Steamboat Round the Bend (1935), Prisionero del odio (The Prisoner of Shark, 1936), María Estuardo (Mary of Scotland, 1936), The Plough and the Stars (1936), La mascota del regimiento (We Willie Winkle, 1937), Huracán sobre la isla (Hurricane, 1937), Cuatro hombres y una plegaria (Four Men and a Prayer, 1938), Submarine Patrol (1938), La diligencia (Stagecoach, 1939), El joven Lincoln (Young Mr. Lincoln, 1939), Corazones indomables (Drums Along the Mohawks, 1939), Las uvas de la ira (The Grapes of Wrath, 1940), Hombres intrépidos (The Long Voyage Home, 1940), La ruta del tabaco (Tobacco Road, 1941), ¡Qué verde era mi valle! (How Green was my Valley, 1941), They Were Expendable (1945), Pasión

de los fuertes (My Darling Clementine, 1946), El fugitivo (The Fugitive, 1947), Fort Apache (1948), Three Godfathers (1948), La legión invencible (She Wore a Yellow Ribbon, 1949), ¡Bill, qué grande eres! (When Willie Comes Marching Home, 1950), Wagonmaster (1950), Río Grande (1950), What Price Glory (1952), El hombre tranquilo (The Quiet Man, 1952), The Sun Shines Bright (1953), Mogambo (1953), Cuna de héroes (The Long Grey Line, 1954), Escala en Hawai (Mister Roberts, 1955, co-dir. Mervyn LeRoy), Centauros del desierto (The Searchers, 1956), Escrito bajo el sol (The Wing of Eagles, 1957), The Rising of the Moon (1957), El último hurra (The Last Hurrah, 1958), Un crimen por hora (Gideon's Day, 1959), Misión de audaces (The Horse Soldiers, 1959), El sargento negro (The Trial of Sergeant Rutledge, 1960), Dos cabalgan juntos (Two Rode Together, 1961), El hombre que mató a Liberty Valance (The Man who shot Liberty Valance, 1962), La conquista del Oeste (How the West Was Won, 1962; episodio), La taberna del irlandés (Donovan's Reef, 1963), El gran combate (Cheyenne Autumn, 1964), El soñador rebelde (Young Cassidy, 1965; co-dir. Jack Cardiff), Siete mujeres (Seven Women, 1966).

FORMAN, Milos

Ha sido valorado como una de las figuras del cine del Este y maestro de la nueva ola checa. N. en Caslav, 1932, se exilió con motivo de la Primavera de Praga. De origen judío y con una infancia difícil —sus padres murieron en un campo de concentración nazi—, estudió en la famosa Escuela de Cine (FAMU) de Praga, trabajando en primer lugar para la televisión.

Milos Forman, en pleno rodaje

Tan original como sus coetáneos —Ivan Passer, Jiri
Menzel, Vera Chytilová—, Forman destacaría en los años
60 con el documental *Konkurs* y los largometrajes *L'As
de Pique* y *Los amores de una rubia*, que ayudaron a la
renovación estética del cine de su país. Pero con su fábula
política *¡Fuego, bomberos!*, que denunciaba solapada-
mente al PC, se enemistó con el Gobierno checo, teniendo que emigrar a los Estados Unidos. Acogido por la
industria hollywoodense, está nacionalizado como norteamericano y es profesor de Cine en la Universidad de
Columbia.

El universo creador de Milos Forman no se aparta de la
perspectiva del hombre de hoy. Sencillo, bastante medido
y con un elevado nivel intelectual, aborda la seria problemática del individuo en un determinado contexto social.
Y a partir del detalle, de la anécdota más nimia y de unos
personajes auténticos, construye la sátira social, no exenta

de algunas concesiones eróticas y de hondo sentido del humor que le caracteriza como autor. «Ese tono de tragicomedia que he tratado de recoger en mis películas ha existido siempre en la historia de la cultura de las naciones checoslovacas», dijo. Asimismo, sobresale por el empleo cromático-expresivo del color.

Su estilo, a caballo entre el realismo documental y la fantasía irónica —casi siempre dentro de los esquemas convencionales de la comedia costumbrista—, se fundamenta en una aguda observación de la sociedad, que ni su trabajo en USA ha podido variar. Esto se puede apreciar en sus películas realizadas para la Meca del Cine: *Taking Off* sobre la juventud que se marcha de casa; *Alguien voló sobre el nido del cuco*, acerca de los establecimientos psiquiátricos y con la que ganó su primer Oscar de Hollywood; *Hair*, su fallida versión de la ópera rock sobre la «contestación» hippy al Vietnam; y la adaptación de la novela de E. L. Doctorow *Ragtime*. Con una obra espaciada y poco prolífica, en 1973 fue uno de los co-realizadores del documental sobre la Olimpiada de Múnich *Visions of Eight*.

Sin embargo, el verdadero reconocimiento internacional de Forman llegaría con su obra maestra *Amadeus*, que le valió el segundo Oscar de su carrera. Una auténtica sinfonía visual sobre la vida y obra de Mozart, basada en la discutida pieza escénica de Peter Shaffer, que le servíía también para hablar sobre la dependencia de los artistas con respecto al poder: «En nuestro oficio —manifestaría Milos Forman—, todo el mundo ha conocido experiencias similares a las del artista que se enfrenta a las reglas de una sociedad autocrática. Se puede afirmar que *Amadeus* cuenta la historia de Hollywood. En Viena, en el siglo XVIII el músico era un sirviente, un empleado. Mientras que hoy día Paul McCartney o Michael Jackson son emperadores. Pero el músico en la época de Mozart dependía del poder como quien hoy trabaja para la industria. Y ése es el caso del cineasta. La única diferencia entre el régimen socialista y el capitalista es que en un país del Este hay un solo emperador y en Hollywood hay diez. Y todo depende de ellos, de su amplitud de espíritu.» Rodada en gran parte en su Checoslovaquia natal, recreó con creces el clima de finales del siglo XVIII reflejando mejor las mentalidades del período que lo estrictamente fáctico. Al propio tiempo, logró una original coherencia artística entre el lenguaje fílmico y el musical.

Con la caída del comunismo, el realizador checo se está replanteando si sigue trabajando para la industria hollywoodense (en la que ha realizado últimamente *Valmont* y *Hell Camp*) y continúa con su cátedra universitaria, o regresa definitivamente a la República checa para resucitar la cinematografía de su país. De momento, se ha convertido en accionista y presidente honorífico de los estudios Barrandov de Praga.

Filmografía:

Cerny Petr/L'As de Pique (Pedro el negro, 1963), Los amores de una rubia (Lasky jedné plavovlásky, 1965), Hori, ma panenko (!Fuego, bomberos!, 1967), Juventud sin esperanza (Taking Off, 1971), Alguien voló sobre el nido del cuco (One Flew Over the Cuckoo's Nest, 1975), Hair (1978), Ragtime (1981), Amadeus (1984), Valmont (1989), Hell Camp (1992).

GANCE, Abel

Este cineasta francés fue un gran vanguardista. (París, 1889-1981). Además de ser un inventor y teórico, se distinguió como actor y autor teatral y es uno de los creadores del lenguaje fílmico. Escribió diversos guiones para la Gaumont y el *Film d'Art*, para iniciarse como prolífico realizador en 1911. Era un autodidacta, que participó en el movimiento impresionista de la década de los 20, pero su personal estilo sobrepasó esta escuela gala.

Tras las vanguardistas *Mater Dolorosa* y *La dixième symphonie*, en 1919 Gance triunfaría con su célebre alegato contra la Gran Guerra en la que había participado: el film pacifista *J'accuse!*; seguido del también magistral *La rueda*. En ambos desarrollaría la estética de la expresión cinematográfica. Asimismo, realizó una segunda versión sonora de algunas de sus películas famosas de la época muda: las citadas *Mater Dolorosa* y *¡Yo acuso!*, y de su hoy mítica *Napoleón*.

Este populista romántico, influido por el montaje de sus coetáneos americanos D. W. Griffith y Thomas Harper Ince, así como por la tradición literaria francesa, dio lo mejor de su arte con su referida obra-clave *Napoleón*. Iniciada en 1923, fue el primer ensayo de «polivisión»: juega con la yuxtaposición de imágenes en acciones simultáneas, encuadradas conjuntamente en triple pantalla, apoyadas por las sobreimpresiones y a las que añadiría después varias bandas sonoras. En este film, el maestro galo compone un impresionante fresco lírico sobre la base de la epopeya de Bonaparte, interpretado de un modo espléndido por Albert Dieudonné. Aunque fuera tachado de grandilocuente y endeble desde el punto de vista histórico-psicológico, las innovaciones técnicas y de lenguaje —cámara subjetiva, travellings aéreos— abrieron nuevas posibilidades al arte cinematográfico mundial.

Abel Gance, en acción

Con escenas antológicas, como las del Ejército napoleó-
nico atravesando los Alpes, por ejemplo, junto con otras
frívolas y cargadas de barroquismo, esta ambiciosa superproducción costó 15 millones de francos, una cantidad
exorbitante para aquellos años (fue concluida y estrenada
en 1927).

Abel Gance, genial como creador de formas e imágenes, desmesurado y lírico, literario y simbólico a la vez,
fue un teórico audaz e incomprendido en su tiempo. Muchos de sus proyectos e inventos no los pudo desarrollar
por falta de medios y de apoyo de los productores y de la
misma crítica. Considerado un visionario, tras diez años
de inactividad (1942-1952), se autocalificó así por su falta
de éxito: «Siempre he marchado en equilibrio inestable
sobre los raíles de un tren de vía estrecha. ¿Para qué una
locomotora potente si no se puede ir deprisa sobre raíles
poco sólidos? Tascando el freno, he debido dejar durante

años mi locomotora en el depósito; necesitaría raíles robustos para lanzar la Polivisión, esa locomotora supercomprimida del cine futuro.»

Impulsor del Séptimo Arte y gran precursor del cinerama, en 1963 Gance aún realizó *Marie Tudor* para la TV. Hasta el final de su vida no sería reivindicado como autor. Tampoco pudo llevar a cabo su proyectado film sobre Cristobal Colón. Pero en 1971 y 1979, Claude Lelouch y Kevin Brownlow, respectivamente, recuperaron su *Napoleón*; y finalmente de manos de Francis & Carmine Coppola se hizo otro relanzamiento de este film imperecedero, que el propio Abel Gance ya había definido así: «Una gran película es como un puente de sueños tendido desde una época hasta otra.»

Filmografía:

La digue/Pour sauver la Hollande (1911), Il y a des pieds au plafond, 1912), Le nègre blanc (1912), Le masque d'horreur (1912), Un drame au château d'Acre (1914), La follie du docteur Tube (1915), La fleur des ruines (1915), L'enigme a dix heures (1915), L'héroïsme de Paddy (1915), Strass et Cie, (1915), Fioritures (1916), Le fou de la falaise (1916), Le périscope (1916), Las olas acusadoras (Ce que les flots racontent, 1916), Les gaz mortels (1916), Barbarroja (Barberouse, 1916), El derecho a la vida (Le droit à la vie, 1916), Mater Dolorosa (1917), La zona de la muerte (La zone de la mort, 1917), La décima sinfonía (Le dixième symphonie, 1918), ¡Yo acuso! (J'accuse!, 1919), La rueda (La roue, 1923), El castillo de los fantasmas (Au secours, 1924), Napoleón (Napoléon, 1925-1927), El fin del mundo (La fin du monde, 1930), Mater Dolorosa (1931; remake), Felipe Derblay (La maître de forges, 1933; co-dir. Fernand Rivers), Poliche (1934), La dama de

*las camelias (La dame aux camélias, 1934), Napoleón Bo-
naparte (Napoléon Bonaparte, vu et entendu par Abel
Gance, 1935; remake sonoro), Le roman d'un jeune
homme pauvre (1935), Jerôme Perreau, héros des barrica-
des (1935), Lucrèce Borgia (1935), Beethoven (Un gran
amour de Beethoven, 1936), Le voleur de femmes (1936),
¡Yo acuso! (J'accuse!, 1937; remake), Louise (1938), El paraíso perdido (Le paradis perdu, 1940), La Venus ciega
(La Vénus aveugle, 1941), El capitán intrépido (Le capi-
taine fracasse, 1942), La tour de Nesle (1954), Austerlitz
(1960), Cyrano y D'Artagnan (Cyrano et D'Artagnan,
1963), Bonaparte et la Révolution (1971 y 1979, nuevos
montajes de Napoleón).*

GODARD, Jean-Luc

Destaca por ser uno de los directores más polémicos
del cine moderno y pionero de la *Nouvelle Vague* francesa. N. en París, 1930. De origen suizo, estudió Etnolo-
gía en la Sorbona y fue un conocido crítico cinematográfico. En 1954 debutó como documentalista con
Opération Béton, y dirigió a continuación cuatro cortometrajes. Su ruptura con la sintaxis tradicional del Séptimo Arte le hizo célebre en todo el mundo, influyendo
en otros cineastas contemporáneos. Puede decirse que
tras Godard, las reglas del lenguaje fílmico han quedado
prácticamente abolidas, y de ahí que tenga tantos detractores como partidarios.

Es un autor anárquico, antiguo marxista-leninista y de
formación existencialista. Agresivo y de obra desigual,
Jean-Luc Godard posee un estilo muy singular: continua
improvisación, enorme inventiva e imaginación, con re-

Jean-Luc Godard, en sus años de la Nouvelle Vague

flexiones insolentes, alogicismo y encuadres anticonvencionales. También se observan ciertas disgresiones deliberadas, amargo sentido del humor, sorpresas constantes y hallazgos formales con referencia a la cultura autóctona del cine. Su tono amoral llega hasta la provocación y el cinismo, con escenas gratuitas de exhibicionismo intelectual y anatómico, y con letreros y citas culto-minoritarias que a veces irritan al público. Todo ello lo hallamos en su extensa obra (*A bout de souffle*, *Une femme est une femme*, *Pierrot le fou*, *Masculin-Féminin*, *Made in USA*, *Deux ou trois choses que je sait d'elle*, *La chinoise*, *Week-End*), que ha sido premiada en varias ocasiones. A través de sus películas se aprecia también cierta rebeldía romántica y una búsqueda del equilibrio inestable entre el personaje central de sus films y el mundo que le circunda y su íntima evolución (*Un femme mariée* y *Vivre sa vie*). Para algunos teóricos, su estética está influida por el famoso «montaje de atracciones» de Eisenstein y el *pop-art*. Antes del citado *Pierrot el loco*, Godard tenía una devoción por el cine de Hollywood, pero dentro de una gran libertad de interpretación de los géneros. En la segunda etapa de su obra, el cine está entre el arte y la vida, lo intelectual como opuesto al espectáculo pequeño-burgués de Hollywood; pues en los títulos de crédito no pone «dirigido por» sino *composée par* o, a veces, ni figura. Jean-Luc Godard entiende el film como un mosaico de fragmentos de vida que él se limita a juntar.

Con su crítica acerba y pesimista incide en el absurdo, como método de demolición del orden establecido. Así, Godard ofrece en sus films estudios psicosociológicos y acaso filosófico-existenciales que resultan muy difíciles de ser comprendidos por el gran público, quien, a veces, se queda en la escabrosidad del tema o en la obscenidad de las imágenes. Es posible que este autor vaya más allá, pero debido también a su peculiar lenguaje cinematográfico —o anticinematográfico— apenas logra una comunicación eficiente con el espectador. Por eso muchas de sus cintas resultan pedantes, aburridas e incluso producen enfado o cierto hastío al público convencional.

A nivel de significado, la influencia de su cine habrá que buscarla mejor en los valores que destruye o pone en entredicho sin ningún pudor: matrimonio, familia, moralidad, religión, vida social, sentido patriótico, autoridad, política de partido, educación... son derruidos por medio de las historias que cuenta, sin proponer ningún orden nuevo. Se evidencia también un predominio de lo espontáneo, de hacer las cosas o actuar por mero placer, superando lo que para este autor son prejuicios y cohíben el desarrollo natural de la persona.

Después del Mayo francés Jean-Luc Godard se dedicó al cine militante —al margen de la industria, asociado en el grupo *Dziga Vertov*—, dentro de su dialéctica materialista e incidiendo en el escándalo y la acción revolucionaria. En 1979, desengañado de los postulados del 68 y tras una etapa de experimentación en vídeo, volvería a su obra tradicional (*Sauve qui peu/La vie*), reflexionando sobre sus temas habituales y métodos de creación (*Passion*), al propio tiempo que evocaba los principios de la Nueva Ola francesa que ayudó a crear en su película *Nouvelle Vague*.

Filmografía:

Al final de la escapada (A bout de souffle, 1959), El soldadito (Le petit soldat, 1960), Une femme est une femme (1961), Los siete pecados capitales (Les sept péchés capitaux, 1961; episodio), Vivir su vida (Vivre sa vie, 1962), Rogopag (1962; episodio), Los carabineros (Les carabi-

niers, 1963), El desprecio (Le mépris, 1963), Las más famosas estafas del mundo, 1963; episodio), Banda aparte (Bande à part, 1964), París visto por... (Paris vu par..., 1964; episodio), Una mujer casada (Une femme mariée, 1964), Lemmy contra Alphaville (Alphaville, une étrange aventure de Lemmy Caution, 1965), Pierrot el loco (Pierrot le fou, 1965), Masculin-Féminin (1966), Made in USA (1966), Deux ou trois choses que je sais d'elle (1966), El oficio más antiguo del mundo (Le plus vieux métier du monde, 1966; episodio), La chinoise (1967), Week-End (1967), Loin du Vietnam (1967; episodio), Amore e rabbia (1968, episodio), Un film comme les autres (1968), One Plus One (Sympathy for the Devil, 1968), Vento dell'Este (1969), Luttes in Italia (1969), British Sounds (1969), Vladimir et Rosa (1970), Todo va bien (Tout va bien, 1972), Letter to Jane (1972), Ici et ailleurs (1974), Numéro deux (1975), Coment ça va (1976), Sálvese quien pueda, la vida (Sauve qui peu/La vie, 1979), Pasión (Passion, 1981), Nombre: Carmen (Prénom: Carmen, 1983), Yo te saludo, María (Je vous salue, Marie (1983), Detective (Détective, 1985), Soigne ta droite (1986), Rock X (1986), Aria (1987; episodio), King Lear (1987), Nouvelle Vague (1990), Allemagne neuf zéro (1991).

GRIFFITH, David Wark

Gran pionero y maestro del cine americano y mundial. (Crestwood, 1875-Los Angeles, 1948). Otro de los genios del Séptimo Arte, se le considera como el autor de la gramática fílmica; pero no escrita, sino a través de las imágenes de sus casi 800 películas de diversos metrajes. De origen humilde —su padre participó en la guerra de Sece-

D. W. Griffith, gran maestro de la narrativa cinematográfica

sión—, fue un autodidacta que ejerció mil y un oficios antes de dedicarse al teatro y al cine, primero como actor y escritor.

Su debut como realizador fue en 1908, con *Las aventuras de Dorotea*, siendo contratado por la Biograph. En ese mismo año, Griffith empezó a colaborar con el operador Billy Bitzer, experimentando con la sintaxis del todavía naciente cinematógrafo. Como no le convencieran las cintas de una o dos bobinas que le proyectaron en esa firma productora, cambió el emplazamiento de la cámara en medio de una toma —a mitad de una escena— y utilizó el primer plano a nivel expresivo. Intuidas las posibilidades del cine como lenguaje original, descubrió muy pronto que la unidad del montaje no era la escena, sino el plano, y que la iluminación natural —incluso en interiores— constituía una parte integrante de la acción dramática. En su etapa de desarrollo, también descubrió a grandes *stars* de la pantalla silente, que formaron una gran familia: Mary Pickford, Arthur Johnson, Marion Leonard, Robert Harron, Mabel Normand, Owen Moore, Mae March, Henry Walthall, Blanche Sweet... y, especialmente, su «musa», Lillian Gish. Griffith asimiló además los descubrimientos que estaban dispersos, los sistematizó y les dio un carácter más expresivo y artístico-creador; como, por ejemplo, «el salvamento en el último minuto».

Cuando se despidió de la Biograh y realizó el primer largometraje *Judith of Bethulia*, donde ya se sintetizaba su estilo narrativo, D. W. Griffith legó al Séptimo Arte 24 aportaciones a la evolución del lenguaje fílmico (tal como publicó personalmente en *The New York Times*, aunque algunas han sido discutidas por los especialistas). En la siguiente superproducción, la mítica *El nacimiento de una nación*, desarrollaría aún más su escritura cinematográfica, iniciándose la etapa de madurez. Después, daría a luz su nueva pieza maestra, *Intolerancia*, una obra monumental donde la estética griffithiana llega a su culmen creador. A pesar de su descalabro económico por este ambicioso e incomprendido film, todavía llegarían otras películas importantes: *Lirios rotos*, *Las dos tormentas* y *Las dos huerfanitas*, con Lillian Gish como gran protagonista; para entrar en la denominada etapa de decadencia. Por aquellos años, Griffith había creado la Triangle Film Co. y fundado con Chaplin, Douglas Fairbanks y Mary Pickford la United Artists. Sin embargo, en la época sonora empezaría su dura agonía artística y personal. Aunque la Meca del Cine que ayudó a fundar le concediera un Oscar, ya nadie en Hollywood creía en él.

David Wark Griffith estuvo en los orígenes de los géneros cinematográficos, cuyas constantes y convenciones asimismo ayudó a establecer. Si bien la novela decimonónica y el teatro —el melodrama, especialmente— serían los antecedentes del cine primitivo y del mismo realizador, él supo superar un pueblo sin tradición cultural previa y situarse a la vanguardia de la creación cinematográfica, también a nivel temático. Griffith demostró su maestría como autor desde el cine social (*A Corner in Wheat*, 1909) hasta el género biográfico (*Abraham Lincoln*), pasando por la comedia (*The New York Hat*, 1912), las películas de suspense (*El curso de la vida*, *The Medicine Bottle*, ambas de 1909) o el *thriller* (*Los mosqueteros de Pig Alley*, 1912), el western (*La batalla de Elderbush Gulch*, 1913), fantástico (*La conciencia vengadora*), bélico (*Corazones del mundo*) e histórico (*América*).

El montaje narrativo, calificado como «montaje invisible», fue creado por Griffith. Denominado también «montaje americano», tiene la finalidad de hacer avanzar la acción, asegurar la continuidad de la narración y es utilizado de forma natural e intuitiva para contar una histo-

ria. Es el sistema de expresión cinematográfica o literaria,
como sucede en las novelas de Dickens, cuyas ideas sur-
gen de forma lógica a través de la ordenación de las imágenes, del mismo empalme de cada uno de los planos o
del mismo movimiento de la cámara, pues ya tenía el
guión fijado mentalmente.

Alejado, por tanto, de las concepciones de los maestros
rusos que reconocen su deuda con Griffith, influiría también en otros autores: desde Eric von Stroheim y Raoul
Walsh hasta John Ford y Cecil B. De Mille, pasando por
el prolífico Allan Dwan y los europeos Lubitsch, Renoir
y Carl Th. Dreyer. De ahí que su coetáneo S. M. Eisenstein declarara: «No hay cineasta en el mundo que no le
deba algo. Lo mejor del cine soviético ha salido de *Intolerancia*. En cuanto a mí, se lo debo todo.» Por otra parte,
Orson Welles afirmaba: «Nunca he odiado realmente a
Hollywood a no ser por el trato que dio a D. W. Griffith.
Ninguna ciudad, ninguna industria, ninguna profesión ni
forma de arte deben tanto a un solo hombre.» Reivindicado por los téoricos e historiadores años después —son
continuos los libros que aparecen, numerosos los congre-
sos especializados sobre su figura y obra—, este autor dio
al mundo una lección de Cine.

Filmografía:

*Judith de Betulia (Judith of Bethulia, 1913), La batalla
de los sexos (The Battle of the Sexes, 1914), La evasión
(The Escape, 1914), Hogar, dulce hogar (Home, Sweet
Home, 1914), La conciencia vengadora (The Avenging
Conscience, 1914), El nacimiento de una nación (The
Birth of a Nation, 1915), Intolerancia (Intolerance, 1916),
Corazones del mundo (Hearts of the World, 1918), El
gran amor (The Great Love, 1918), Lo más grande de la*

*vida (The greatest Thing in Life, 1918), La culpa
ajena/Lirios rotos (Broken Blossoms, 1919), Un mundo
aparte (A Romance of Happy Valley, 1919), Sobre las ruinas del mundo (The Girls who Stayed at Home, 1919),
Pobre amor (True Heart Susie, 1919), Días rojos (Scarlet
Days, 1919), El mayor problema (The Greatest Question
(1919), Las dos tormentas (Way Down East, 1920), The
Idol Dancer (1920), Flor de amor (The Love Flower,
1920), Las dos huerfanitas (Orphans in the Storm, 1921),
La calle de los sueños (Dreams Street, 1921), Una noche
misteriosa (One Exciting Night, 1922), Flor que renace
(The White Rose, 1923), América (America, 1924), Isn't
Life Wonderful (1924), Sally, la hija del circo (Sally of the
Sawdust, 1925), Crimen y castigo (That Royle Girl, 1926),
Las tristezas de Satán (The Sorrows of Satan, 1926), Su
mayor victoria (Drums of Love, 1928), La batalla de los
sexos (The Battle of the Sexes, 1928; remake), La melodía
del amor (Lady of the Pavements, 1929), Abraham Lincoln (1930), The Struggle (1931).*

HAWKS, Howard

Tuvo un gran porvenir en el campo de la técnica, pero
llegó a ser un clásico del cine norteamericano. (Goshen,
1896-Los Angeles, 1977). Cultivador de diversos géneros,
había estudiado en la Universidad de Pasadena. Cursó Ingeniería Industrial Mecánica y fue constructor y piloto de
coches de carreras y aviones, e incluso sería campeón en
Indianápolis y oficial durante la I Guerra Mundial. A
partir de 1922, trabajó como regidor de la Paramount.
Ayudante, montador y prolífico guionista cinematográfico, debutaría como realizador en 1926.

El maestro Howard Hawks

Aunque fuera poco original en el período mudo —influido en parte por el estilo de Murnau—, llamaría la atención de la crítica europea con *Una novia en cada puerto*. A principios del sonoro demostró enseguida sus cualidades como autor, con una gran vivacidad en el diálogo y expresión de sus personajes, como se aprecia en *La fiera de mi niña*, interpretada por Katharine Hepburn y Cary Grant; o en *Bola de fuego*, con Gary Cooper y Barbara Stanwyck como protagonistas. Cualidades que caracterizan a su sólido y bien estructurado cine, que deja al espectador un cierto margen de libertad en la interpretación. A este propósito, el mismo Howard Hawks había manifestado: «Las personas que muestro no dramatizan las grandes situaciones, las ponen en sordina, lo que es normal en esta clase de hombres. En el film de calidad mediana se habla demasiado. Hay que construir las escenas, montarlas bien y dejar que el espectador haga un poco de trabajo para que se sienta implicado. Todo escrito que se lee con facilidad no es bueno... Debemos escribir lo que el personaje podía pensar; él es quien motiva la historia. Cuando un personaje cree en algo es cuando se produce una situación, no porque en el papel hayáis decidido que se produzca.»

Hawks tenía un estilo sobrio y equilibrado, ordenado y lógico, con pocos movimientos de cámara y primeros planos: la acción normalmente la crea dentro del encuadre. Dominaría como pocos el *thriller* con su magistral *Scarface*, el clásico «gang», o el mítico «negro» *El sueño eterno*, con Humphrey Bogart como Marlowe; y la comedia ligera. En estos géneros desarrollaría su personal sentido épico-violento y el matriarcado americano, con sus famosas relaciones y dependencias entre hombre y mujer: *Me siento rejuvenecer*, *La novia era él*, *Los caballeros las prefieren rubias*. Asimismo, el cine de aventuras y el western serían otros de sus grandes temas: desde las películas de aviación que rememorarían su época como piloto de cazas (*La escuadrilla del amanecer*, *Sólo los ángeles tienen alas*, *Air Force*) o de carreras (*Peligro... línea 7000*), hasta las grandes epopeyas del Oeste *Río Rojo*, *Río Bravo*, *Eldorado*, todas éstas con John Wayne como gran protagonista; o del mundo africano con *Hatari!* y del Antiguo Egipto, *Tierra de faraones*, pasando por los heroicos films propagandísticos como *El sargento York*, en los cuales los paisajes, la amistad y los valores éticos jugarían un importante papel.

Howard Hawks fue muy metódico y tuvo un fino sentido del humor (*Luna nueva*), preciso en el ritmo, en el efecto sorpresa y la comicidad (*Su juego favorito*). Además supo imprimir a su obra el sello de una personalidad y escritura propias, donde su concepción moral, la exaltación del valor y coraje humanos siempre estuvieron presentes. Productor de la mayoría de sus cintas y revalorizado por la crítica a partir de 1962 (*Cahiers du Cinéma*), sus films sencillos y accesibles a todos los públicos son ya testimonios de la vida americana y poseen el sabor de los grandes clásicos.

Filmografía:

El espejo del alma (*The Road of Glory*, 1926), Hojas de parra (*Fig Leaves*, 1926), Donde las dan, las toman (*The Cradie Snatchers*, 1927), Érase una vez un príncipe... (*Paid to Love*, 1927), Una novia en cada puerto (*A Girl in Every Port*, 1928), El príncipe Fazil (*Fazil*, 1928), Por la ruta de los cielos (*The Air Circus*, 1928; co-dir. Lewis Seiler*), ¿Quién es el culpable? (*Trent's Last Case*,1929), La escuadrilla del amanecer (*The Dawn Patrol*, 1930), The Criminal Code (1931), Avidez de tragedia (*The Crowd Road*, 1932), Scarface, el terror del hampa (*Scarface*, 1932), Pasto de tiburones (*Tiger Shark*, 1932), Vivamos hoy (*Today We Live*, 1933), ¡Villa Villa! (1934, co-dir. Jack Conway, 1934), La comedia de la vida (*Twentieth Century*, 1934), La ciudad sin ley (*Barbary Coast*, 1935), Águilas heroicas (*Ceiling Zero*, 1935), The Road to Glory (1935), Rivales (*Come and Get It*, 1936, co-dir. William Wyler), La fiera de mi niña (*Bringing Up Baby*, 1938), Sólo los ángeles tienen alas (*Only Angels Have Wings*, 1939), Luna nueva (*His Girl Friday*, 1940), El sargento York (*Sergeant York*, 1941), Bola de fuego (*Ball of Fire*, 1942), Air Force (1943), Tener y no tener (*To Have and Have Not*, 1944), El sueño eterno (*The Big Sleep*, 1946),

Río Rojo (Red River, 1948), Nace una canción (A Song is Born, 1948), La novia era él (I Was a Male War Bride, 1949), Río de sangre (The Big Sky, 1952), Cuatro páginas de la vida (O. Henry's Full House, 1952; episodio), Me siento rejuvenecer (Monkey Business, 1952), Los caballeros las prefieren rubias (Gentlemen prefer blondes, 1953), Tierra de faraones (Land of the Pharaons, 1955), Río Bravo (1959), Hatari! (1962), Su juego favorito (Man's Favourite Sport, 1964), Peligro... línea 7000 (Red Line 7000, 1965), Eldorado (El Dorado, 1966), Río Lobo (1970).

HITCHCOCK, Alfred

Sin ninguna duda fue el «mago del suspense» (Londres, 1899-Los Angeles, 1980). Uno de los grandes maestros del cine mundial, que técnicamente ha influido a muchos cineastas contemporáneos, como François Truffaut, Claude Chabrol y Brian de Palma. De formación católica, estudió Ingeniería y ejerció como dibujante publicitario antes de dedicarse al cine. En 1920 ya diseñaba intertítulos para películas mudas, hasta que se inicia como decorador, guionista y productor, accediendo a la realización en 1925.

Director de prestigio en Inglaterra con *39 escalones*, *Agente secreto* y *Alarma en el expreso*, entre otras, fue contratado por Hollywood en 1940, donde se estableció profesionalmente y alcanzó pronto el éxito internacional (*Rebeca*, *Enviado especial*, *Sospecha*). Su prolífica producción fílmica la combinaría con la edición de novelas fantásticas y producciones televisivas, relatos de suspense y series que lo mantuvieron siempre en la fama.

Alfred Hitchcock, con Tippi Hedren, durante el rodaje de Marnie

Era un autor desinteresado en buena parte por las cuestiones ideológicas; sus pretensiones estuvieron prácticamente concentradas en el arte de las imágenes: estaba más preocupado en el modo de contar una historia, con un estilo narrativo idóneo (montaje, movimientos de cámara, empleo expresivo del color), que su argumento. Prefería trabajar siempre con las mismas «estrellas»: Joan Fontaine, Cary Grant, Joseph Cotten, Grace Kelly, Gregory Peck, Ingrid Bergman, James Stewart, Tippi Hedren.

Contrario al melodrama, pues superaba el realismo con la fantasía, lo que más le importaba de sus obras de misterio eran las situaciones y la originalidad. Por tanto, la lógica de los films de Hitchcock radicaba en hacer sufrir al espectador, como se aprecia claramente en *La sombra de una duda*, *Recuerda*, *Extraños en un tren*, *Vértigo*, *Psicosis*, *Los pájaros*, *Marnie*. Él mismo había declarado: «Todo el arte del cine se basa en la identificación del público con los personajes de la pantalla. Por eso, se muestre lo que se muestre, realidad o fantasía, debe parecer verosímil.» Esto sucede en aventuras tan fantasiosas como *Pero... ¿quién mató a Harry?* y *Con la muerte en los talones*, entre otras muchas realizaciones que, por virtud de su singular narrativa cinematográfica, llegan a hacerse creíbles a un público que las vive apasionadamente. Con su personal intriga, este «mago del suspense» trata de jugar con los espectadores. Por eso su héroe es bueno, un hombre normal con el que el público se pueda identificar y sentir su ansiedad. Acaso esto es también debido a su enorme dominio de la imagen, a nivel persuasivo y sentimental.

Sin embargo, las películas de Hitchcock, incluso las más corrientes o con menos pretensiones, por ejemplo, *Cortina rasgada*, ofrecen perspectivas psicológicas de orden metafísico-existencial y valores humanos de fondo. Así, se evidencian un sentido romántico del amor, clara delimitación entre el bien y el mal, conciencia de pecado en sus personajes, como *Yo confieso*. Además, el delito es siempre castigado aunque, a veces, tenga cierta fascinación por sus divertidos malvados... Hechos que, si por un lado muestran la ideas del autor, por el otro, evitan la superficialidad o el determinismo habituales del género. Alfred Hitchcock era humanista y satírico a la vez, influido en ocasiones por las teorías freudianas, tomaba gentes normales y las ponía en situaciones anormales, pues pensaba que los espectadores quieren algo extraordinario; lo habitual ya lo viven en sus casas. Para este autor era esencial que el público supiera apreciar lo anormal y que esto se muestre con el más completo realismo, pues el público siempre sabe lo que es verdad o no. Entonces se hace preguntas... Y ahí empieza el suspense. «El cine, dijo con cierta sorna, no es un trozo de vida, sino un trozo de pastel.»

Original como creador —renovaba en cada una de sus películas la técnica de la intriga— y célebre también por su particular sentido del humor, el popular Hitchcock fue un hombre todo espectáculo, a veces sádico, otras juguetón, que siempre sería acogido con simpatía y entusiasmo por sus numerosos seguidores. En los últimos años, su sólida obra de suspense psicológico perdió el tono romántico-sentimental y de virtudes humanas para incurrir en ciertas concesiones a la galería (*Topaz, Frenesí*). Gran experimentador e inventor de formas, supo explotar como pocos las posibilidades del cine, llegando indudablemente a la verdadera creación artística.

Filmografía:

El jardín de la alegría (The Pleasure Garden, 1925), El águila de la montaña (The Mountain Eagle/Fear O'God,

1926), El enemigo de las rubias (The Lodger/A Story of London Fog, 1926), Downhill/When Boys Leave Home (1927), Easy Virtue (1927), El ring (The Ring, 1927), The Farmer's Wife (1928), Champagne (1928), Harmony Heaven (1929), The Manxman (1929), La muchacha de Londres (Blackmail, 1929), Elstree Calling (1930), Juno and the Paycock (1930), Murder/Mary (1930), The Skin Game (1931), Lo mejor es lo malo conocido (Rich and Strange/East of Shanghai, 1932), El número 17 (Number Seventeen, 1932), Valses de Viena (Waltzes from Vienna/Strauss Great Waltz, 1933), El hombre que sabía demasiado (The Man Who Knew too Much, 1934), 39 escalones (The Thirty-Nine Steps, 1935), Agente secreto (The Secret Agent, 1936), Sabotage/A Woman Alone, 1936), Inocencia y juventud (Young and Innocent/A Girl Was Young, 1937), Alarma en el expreso (The Lady Vanishes, 1938), Posada Jamaica (Jamaica Inn, 1939), Rebeca (Rebecca, 1940), Enviado especial (Foreign Correspondent, 1940), Matrimonio original (Mr. and Mrs. Smith, 1941), Sospecha (Suspicion, 1941), Sabotaje (Saboteur, 1942), La sombra de una duda (Shadow of a Doubt, 1943), Náufragos (Lifeboat, 1943), Recuerda (Spellbound, 1945), Encadenados (Notorious, 1946), El proceso Paradine (The Paradine Case, 1947), La soga (Rope, 1948), Atormentada (Under Capricorn, 1949)), Pánico en la escena (Stage Fright, 1950), Extraños en un tren (Strangers on a Train, 1951), Yo confieso (I Confess, 1952), Crimen perfecto (Dial M for Murder, 1953), La ventana indiscreta (Rear Window, 1954), Atrapa a un ladrón (To Catch a Thief, 1955), Pero... ¿quién mató a Harry? (The Trouble with Harry, 1956), El hombre que sabía demasiado (The Man Who Knew too Much, 1956; remake), Falso culpable (The Wrong Man, 1957), Vértigo/De entre los muertos (Vertigo, 1958), Con la muerte en los talones (North by Northwest, 1959), Psicosis (Psycho, 1960), Los pájaros

(The Birds, 1963), Marnie, la ladrona (Marnie, 1964), Cortina rasgada (Torn Curtain, 1966), Topaz (1969), Frenesí (Frenzy, 1972), La trama (Family Plot, 1976).

HUSTON, John

Representante de la llamada «generación perdida», fue otro de los más importantes cineastas americanos (Nevada, 1906-Newport, 1987). Renovador de los géneros de Hollywood y testigo del *status* USA de posguerra, cultivó la aventura en todos sus órdenes reflejando el espíritu yanqui. De origen irlandés —hijo del actor Walter Huston— y formación protestante, con influencias existencialistas (Sartre, Hemingway), tuvo muchos oficios antes de dedicarse al arte cinematográfico como actor y realizador: campeón de boxeo, militar —luchó en la Revolución mexicana—, periodista, pintor, novelista, autor y director escénico. Asimismo, destacó como guionista de *Jezabel*, *Juárez*, *El último refugio* y *El sargento York*.

Huston cultivó casi todos los géneros. Su obra es extensa y un tanto irregular, ya que prácticamente realizó una película al año. No obstante, el rigor y la sobriedad estilística, así como la sólida construcción dramática y brillantez formal, dan a sus films una impronta de categoría artística muy personal. Dominó también la técnica del color, siendo notable su empleo dramático-expresivo. Creó el tipo de antihéroe más célebre del cine *negro* norteamericano: el «perdedor» y hombre de acción que encarnó Humphrey Bogart. Al mismo tiempo, fue un gran director de actores y actrices de quienes supo sacar mucho partido. Así, por ejemplo, Marilyn Monroe en *Vidas rebeldes* cobró bajo sus órdenes una dimensión psicoló-

El combativo John Huston

gica no lograda por otros cineastas que sólo explotaron
frívolamente su figura.

Riguroso y consecuente en sus planteamientos, ha preferido que su filosofía determinista se desprendiera de las
imágenes a través de la actuación de los personajes, que se
explican con palabras y hechos antes que con reflexiones.
Le interesa, por tanto, la definición ética de los protagonistas por medio de sus conductas y no el estudio psicológico de un itinerario interior. De ahí que en sus films
destacara a los seres marginados, «contestatarios» de la
sociedad, rebeldes contra las normas morales y el orden
establecido. Esto se concretaba en una serie de temas-

constantes que iban desde la búsqueda al fracaso, de la aventura hasta la exaltación del vitalismo menos optimista (*El halcón maltés*, basada en la novela de Hammett), desde la no acusación a unos hombres concretos sino a la sociedad que los genera, como se ve claramente en *La jungla del asfalto*. Su antihéroe es un paria social, desarraigado, que personifica cierta forma de rebeldía: los buscadores de oro de *El tesoro de Sierra Madre*, que interpretó su padre (ambos ganaron los Oscars de Hollywood); los gángsters de *Cayo Largo*; o los marginados a la deriva de *La reina de África*. No hay personajes «positivos» en sus películas, ni «buenos» ni «malos».

Para John Huston la vida es acción, una aventura tras el éxito que suele desembocar en el vacío y el fracaso. Por esta razón, sus tipos optan por una tentativa desesperada, condenada de antemano a la frustración. Su postura fatalista se encarna así en seres que son productos de una sociedad en descomposición —de la que él es testigo—, y que se dejan arrastrar por las corrientes de la época, tal como se evidencia en *El hombre que pudo reinar*, *Bajo el volcán* y *El honor de los Prizzi*. Todo ello narrado con un humor subterráneo, agresivo y de enorme agudeza, que a veces destila cinismo, no exento en otras ocasiones de toques románticos y equívocos. Sus obras están habitualmente concebidas como historias de amor, que se concretarían en su homenaje a Toulouse-Lautrec (*Moulin Rouge*) y en idilios sentimentales dispares (*Sólo Dios lo sabe*, *La noche de la iguana*, según la pieza de Tennessee Williams, o *Paseo por el amor y la muerte*). Después de evocar el mundo del boxeo en *Fat City*, realizó un film que podría considerarse como su testamento fílmico: *El juez de la horca*, una reflexión crítica sobre el Oeste y una América que desaparece, dentro de un tono triste y nostálgico, cómico y destructor a la vez.

Sus más recientes películas manifestaron la actitud es-

céptica de este hombre sufriente, con una narrativa s\
lla de gran coherencia interna, a pesar de las variacio\
de estilo y contenidos, directa, lírica, con cierto simbolismo y, en algunos casos, excesos eróticos. Al parecer
buscaba la verdad sin llegar a descifrar la dimensión última y más profunda de la persona, aunque palpó los límites de su intento. Por eso John Huston acaso sea —por
voluntad propia y como se autodefinió— un «perdedor»,
un *frontier*. «Me encuentro siempre asfixiado por la existencia de demasiadas reglas, reglas severas... Amo la libertad. No busco, sin embargo, la libertad última del anarquista, pero no aprecio las reglas que destilan prejuicios»,
había manifestado. Se despidió del Séptimo Arte con un
relato de James Joyce: *Dublineses*, que fue interpretado
por su hija Anjelica Huston y rodada en una silla de ruedas, dando una magistral lección de Cine.

Filmografía:

*El halcón maltés (The Maltese Falcon, 1941), Como ella
sola (In This Our Life, 1942), Across de Pacific (1942), , El
tesoro de Sierra Madre (The Treasure of Sierra Madre,
1948), Cayo Largo (Key Largo, 1948), We Were Strangers
(1949), La jungla del asfalto (The Aphalt Jungle, 1950),
The Red Badge of Courage (1951), La reina de África
(The African Queen, 1952), Moulin Rouge (1953), La
burla del diablo (Beat of the Devil, 1954), Moby Dick
(1956), Sólo Dios lo sabe (Heavens Knows, Mr. Allison,
1957), El bárbaro y la geisha (The Barbarian and the
geisha, 1958), Las raíces del cielo (The Roots of Heaven,
1959), Los que no perdonan (The Unforgiven, 1960), Vidas rebeldes (The Misfits, 1961), Freud, pasión secreta
(Freud. The Secret Passion, 1962), El último de la lista
(The List of Adrian Messenger, 1963), La noche de la*

iguana (The Night of the Iguana, 1964), La Biblia... en su principio (The Bible, 1966), Casino Royale (1967; colectivo), Reflejos de un ojo dorado (Reflections in a Golden Eye, 1967), La horca puede esperar (Sinful Davey, 1969), Paseo por el amor y la muerte (A Walk With Love and Death, 1969), La carta del Kremlin (The Kremlin Letter, 1969), Fat City (1972), El juez de la horca (The Life and Times of Judge Roy Bean, 1972), El hombre de Mackintosh (The Mackintosh Man, 1973), El hombre que pudo reinar (The Man Who Would Be King, 1975), Sangre sabia (Wise Blood, 1979), Fobia (Phobia, 1980), Evasión o victoria (Escape to Victory, 1981), Annie (1982), Bajo el volcán (Under the Volcano, 1984), El honor de los Prizzi (Prizzi's Honor, 1985), Dublineses/Los muertos (The Dead, 1987).

JANCSÓ, Miklós

Este húngaro sobresale como uno de los realizadores más significafivos del Deshielo de la Europa del Este. N. en Vác, 1921. Doctor en Derecho, etnógrafo e historiador del arte. En 1950 se graduó también en la Academia de Teatro y Cinematografía de Budapest. Maestro del cine de su país, cultiva los géneros histórico y político.

Prolífico documentalista y preconizado como el Eisenstein moderno, Jancsó destaca por su rigor estilístico, la medida del tiempo y la escrupulosa disección de los personajes, utilizando los mínimos elementos narrativos. La fuerza de sus relatos nace de una perfecta adecuación entre el hombre y el universo interior, que sabe describir con singular brillantez formal. Acusado de ambigüedad, su cine épico posee sin embargo un tono de tragedia

El húngaro Miklós Jancsó

griega. De ahí que sus películas carezcan de un proceso lógico, a modo de juego estético para iniciados en la lectura fílmica. Así, el amor, la venganza, el odio y la muerte... no se presienten, sino que llegan de improviso y rompen la narración.

En los años setenta trabajó para la RAI, con *La pacifista, La tecnica e il rito*, llevado por cierto afán cosmopolita y enfoque universal, abstracto y mitológico al propio tiempo. Realiza también obras de crítica historicista algo sofisticadas, debido a su continuo simbolismo y, en ocasiones, con metáforas que inciden en elementos teatrales y revolucionarios: *Los desesperados, Rojos y blancos* y *El silencio y el grito*; así como en el folklore nacional *(Rapsodia húngara)*, con coreografías muy originales, que poseen incluso coros bailados y cuadros vivos, a modo de «misterios» místico-religiosos al estilo medieval, pero con sentido socialista. A pesar de los excesos preciosistas y del erotismo refinado y hasta pornográfico en algunas de sus obras, Jancsó acaso podría ser catalogado como líder del movimiento «angry» del cine y la cultura del Este. A nivel creativo, son famosos sus largos planos-secuencia *(Salmo rojo, Siroco de invierno)*.

Antiguo estalinista, es muy posible que la caída del comunismo le obligue a replantearse su tarea como artista comprometido. En los últimos años realizó también documentales para cine y TV *(Huzsika y Omega, Omega,* ambos en 1984; *Budapest,* 1985) y el largometraje *El vals del Danubio Azul,* que le valió el premio como mejor director en el Festival de Montreal de 1992. No obstante, en esta coproducción húngaro-franco-norteamericana, el veterano realizador sigue manifestándose marxista y considera que las vicisitudes políticas pasadas deben ayudar a ilustrar la política actual.

Filmografía:

A harangok Rómába mentek (Las campanas marchan a Roma, 1959), Három csillag (Tres estrellas, 1960; episodio), Oldás és kötes (Desatar y atar/Cantata, 1963), Igy jöttem (Así vine/Mi camino, 1964), Los desesperados (Szegénylegények, 1965), Csillagosok, Katonák (Rojos y blancos, 1967), Csend és kialtás (El silencio y el grito, 1968), Fényes szelek (Vientos brillantes, 1968), Siroco de invierno (Sirokkó, 1969), Egi bárány (Agnus Dei, 1970), La pacifista (1971), La tecnica e il rito (1971), Salmo rojo (Még kér a nép, 1972), Roma rivuole Cesare (1973), Sze-

relmen Elektra (Querida Electra, 1975), Vicios privados,
públicas virtudes (Vizi privati, pubbliche virtú, 1976),
MagyarRapszódia and Allegro Barbaro (Rapsodia húngara, 1979), Il cuore del tiranno/A zsarnok sziva avagy
bocaccio Magyarorsagon (1981), L'aube (1985), Szörnyek
evadja (1987), Jézus Krisztuz horoszkópja (1988), Isten
hátrafelé megy (1990), Waltz of Danube Blue (1991).

KAZAN, Elia

Reputado director teatral y cinematográfico. N. en Estambul, 1909. Destaca entre los intelectuales de USA que
se dedican al mundo del espectáculo. De origen greco-ar-
menio, emigró a Estados Unidos en 1913, donde pudo
cursar estudios universitarios y graduarse en Arte Dramático por la Yale University. En 1932, entra en el experimental *Group Theatre* y, en 1947, funda el famoso *Actor's Studio* de Nueva York: sus enseñanzas influirían en
la mayoría de los jóvenes actores norteamericanos y hasta
europeos, renovando el estilo de interpretación.

Demostró su inteligencia artística en las tablas como
director escénico, especialmente de aquel «teatro de vanguardia» yanqui, que fustigó a la sociedad estadounidense. Este teatro estaba formado por los dramaturgos
Tennessee Williams, Edward Albee, Arthur Miller, Eu-
gene O'Neil, Thornton Wilder, Clifford Odets, Willian
Inge. Así, siguiendo el célebre método Stanislavski, Kazan fue impulsor con Lee Strasberg de grandes figuras de
la pantalla: Marlon Brando, James Dean, Montgomery
Clift, Paul Newman, Shelley Winters, Lee Remick, Eva
Marie Saint, Rod Steiger, Carrol Baker, Karl Malden, entre otros muchos. Por eso sería llamado por Hollywood

Elia Kazan da instrucciones durante el rodaje de América, América

para incorporarse a las filas de la Fox, creando obras que pronto le encumbrarían en el Séptimo Arte, como *Pinky*, *Pánico en las calles* y *Un tranvía llamado Deseo*.

Elia Kazan fue acusado de comunista y sería muy discutido cuando en la época maccarthista denunció —como Edward Dmytryk y otros cineastas atemorizados por la «caza de brujas»— a diversos antiguos colegas del PC. A pesar del desprestigio que supuso esa traición al singular comunismo norteamericano, su categoría creadora le hizo permanecer en el estrellato, no sólo estadounidense sino mundial. De ahí que, acaso para autojustificar su criticada postura, realizara un film en el que intentó demostrar la corrupción de toda revolución, *Viva Zapata!*, con Brando como protagonista, seguido de *Fugitivos del terror rojo*, y su también magistral *La ley del silencio*, acerca de la delación. Más tarde realizaría otras películas importantes como *Al este del Edén*, que lanzó al mítico James

Dean, *Río salvaje*, con Monty Clift, y *Esplendor en la hierba*, según un duro texto de William Inge sobre la América de la Depresión, que promocionaría en el estrellato a Warren Beatty y Natalie Wood.

Adaptador cinematográfico, por tanto, de famosos dramaturgos —cuyas obras también dirigió en las tablas—, Kazan ha destacado por su sobriedad, lirismo narrativo y dominio formal, e incluso por su personal utilización del color. Por eso, en sus films de denuncia sociopolítica —no exentos de un conformismo que denota una actitud escéptica de fondo— se aprecia una espontaneidad temperamental, así como la búsqueda del efecto y la tendencia al sensacionalismo. Sus piezas, de cierto carácter nacional, reflejan el espíritu norteamericano con bastante lucidez. Y sus aplaudidas películas autobiográficas (*América, América*, su obra cumbre), o de intento de justificación conciencial (*El compromiso*, basado en su propia novela), rebosan notas de sinceridad poco corrientes en el cine de Hollywood. De ahí que Elia Kazan —siempre discutido pero apoyado por su cultura personal de excepción— haya conseguido mantenerse, a pesar de los excesos de su última y espaciada producción, con cintas como *Los visitantes*, sobre la guerra de Vietnam y *El último magnate*, según la obra de Scott Fitzgerald, entre los primeros cineastas contemporáneos. Ha influido con su espíritu «contestatario» y estilo creador en las siguientes generaciones de directores del cine americano: Nicholas Ray, Robert Aldrich, Arthur Penn, Robert Mulligan, John Frankenheimer, Ford Coppola y Martin Scorsese. En los últimos años su influencia está presente en los grandes nuevos actores Robert de Niro, Al Pacino y Dustin Hoffman.

Filmografía:

Lazos humanos (*A Tree Grows in Blooklyn*, 1945), *El justiciero* (*Boomerang*, 1946), Mar de hierba (*The Sea of Grass*, 1947), La barrera invisible (*Gentlemans's Agreement*, 1947), Pinky (1949), Pánico en las calles (*Panic in the Streets*, 1950), Un tranvía llamado Deseo (*A Streetcar named Desire*, 1951), Viva Zapata! (1952), Fugitivos del terror rojo (*Man on a Thightrope*, 1953), La ley del silencio (*On the Waterfront*, 1954), Al este del Edén (*East of Eden*, 1955), Baby Doll (1956), Un rostro en la multitud (*A Face in the Crowd*, 1957), Río salvaje (*Wild River*, 1960), Esplendor en la hierba (*Splendor in the Grass*, 1961), América, América (*America, America*, 1963), El compromiso (*The Arrangement*, 1969), Los visitantes (*The Visitors*, 1972), El último magnate (*The Last Tycoon*, 1976).

KEATON, Buster

Fue un genial actor y realizador del film burlesco norteamericano (Pickway, 1895-Los Angeles, 1966). Con Chaplin, ha sido considerado como el mejor cómico del cine mundial. Hijo de un acróbata, comenzó junto a sus padres en el *music-hall*, siendo introducido en el arte cinematográfico por Roscoe *Fatty* Arbuckle. Trabajó también como guionista e intérprete de numerosos cortos durante la época muda.

Menos comprendido que Charles Chaplin, pero de igual altura artística para muchos historiadores, su famoso personaje «contestatario» aún perdura en el universo fílmico contemporáneo, a pesar de su parcial olvido

El cómico Buster Keaton, protagonista y co-director de El maquinista de
La General

en los años del cine sonoro. Con las películas interpretadas y co-realizadas entre 1923 y 1929, Keaton alcanzó su
apogeo creador con *La ley de la hospitalidad*, *El navegante*, y *El maquinista de La General*, o *El cameraman*,
entre otros títulos no acreditados como director. Su im-
pasibilidad y benevolencia —en buena parte, plagiada por
Stan Laurel—, le darían un carácter específicamente cinematográfico, que ha sido calificado de extraterrestre. Sus
obras silentes contienen *gags* antológicos. De ahí que el
cine parlante arruinara su ingeniosa comicidad visual. En
1952, Chaplin le dio un papel mudo en *Candilejas*, donde
demostró su original maestría como creador. Sin embargo, el entrañable Buster Keaton influiría sobre toda
una generación coetánea y posterior: Laurel & Hardy, los
hermanos Marx, que tanto deben a su absurdo, Blake Edwards, Peter Sellers, Jacques Tati y Pierre Etaix, que siguieron el género tradicional.

Con todo, su cosmovisión intencionada iba más allá
del simple burlesco. Pues el entrañable *Pamplinas*, con
cara de palo, humorista y filósofo, ingenuo y absurdo,
humano y triste a la vez, era todo un símbolo social y sigue interesando a los espectadores actuales. Su rostro in-
mutable, serio, frío y tierno al mismo tiempo, ya está impreso en la memoria del público de ayer y hoy. Por eso
su personaje delgado, poético y desgarbado permanecerá
como *Charlot* entre los más característicos de la Historia
del Cine. A través de esa gran humanidad se puede observar las vicisitudes, luchas, incertidumbres y pasiones por
las que pasa el hombre de nuestros días.

Arruinado en los últimos años, tuvo que trabajar en
anuncios publicitarios para subsistir. No obstante, la figura de este genial creador sería recuperada por los especialistas, e incluso su vida fue llevada a la pantalla: *The
Buster Keaton Story* (Sidney Sheldon, 1957). En 1959, la
Academia de Hollywood le concedió un Oscar de conso-

lación «por haber realizado películas que seguirán proyectándose mientras el cine exista». Un año antes de morir aún interpretaría *Film* (Alan Schneider, 1965), que escribe especialmente para él Samuel Beckett, aparte de su simbólico papel en *Golfus de Roma* (Richard Lester, 1966).

Filmografía:

The High Sign (1920, co-dir. Edward Cline), One Week (1920, co-dir. Cline), El crimen de Pamplinas (Convict 13, 1920, co-dir. Cline), The Scarecrow (1920, co-dir. Cline), La vecinita de Pamplinas (Neighbors, 1920, co-dir. Cline), Pamplinas y los fantasmas (The Haunted House, 1921, co-dir. Cline), Pamplinas nació el día 13 (Hard Luck, 1921, co-dir. Cline), The Goat (1921, co-dir. Malcolm St. Clair), The Playhouse (1921, co-dir. Edward Cline), The Boat (1921, co-dir. Cline), The Paleface (1921, co-dir. Cline), La mudanza (Cops, 1922, co-dir. Cline), La costilla de Pamplinas (My Wife's Relations, 1922, co-dir. Cline), The Blacksmith (1922, co-dir. St. Clair), Pamplinas en el Polo Norte (The Prozen North, 1922, co-dir. Cline), La casa eléctrica (The Electric House, 1922, co-dir. Cline), Los sueños de Pamplinas (Daydreams, 1922, co-dir. Cline), The Balloonatic (1923, co-dir. Cline), Pamplinas, lobo de mar (The Love Nest, 1923, co-dir. Cline), Las tres edades (The Three Ages, 1923, co-dir. Cline), La ley de la hospitalidad (Our Hospitality, 1923, co-dir. Jack Blystone), El moderno Sherlock Holmes (Sherlock Junior, 1924), El navegante (The Navigator, 1924, co-dir. Donald Crisp), Las siete ocasiones (The Seven Chances, 1925, co-dir. Crisp), El rey de los cowboys (Go West, 1925), El boxeador (Batting Butler, 1926), El maquinista de La General (The General, 1926, co-dir. Clyde

Bruckman), El colegial (College, 1927, co-dir. James W. Horne), El héroe del río (Steamboat Jr., 1928, co-dir. Charles Reisner), El cameraman (The Cameraman, 1928, co-dir. Edward Sedgwick), El comparsa (Spite Marriage, 1929, co-dir. Sedgwick).

KUBRICK, Stanley

Sobresale como una de las revelaciones del cine norteamericano contemporáneo. N. en Nueva York, 1928. Es un autor de insólita y poderosa personalidad. Famoso fotógrafo (*Look, Life*), apasionado por el jazz y consumado jugador de ajedrez, se inició en el arte fílmico con los valiosos documentales *Day of the Fight* y *Flying Padre*, en los que resalta el valor del detalle y su gusto por la exactitud.

Realizador de dos importantes *thrillers* en la década de los 50: *El beso del asesino* y *Atraco perfecto*, cineasta y productor independiente, Kubrick ha triunfado ya en la madurez fuera de la industria de Hollywood. Sus films son ásperos y polémicos, con un tono brusco y despreocupado por la sintaxis tradicional: en el antimilitarista *Paths of Glory*, su obra maestra; *Lolita*, según la escandalosa novela de Nabokov; en los ambiciosos y espectaculares: *Espartaco* y *2001: Una odisea del espacio*. Todos ellos poseen un sello propio y unos temas constantes como la muerte y la violencia, el sexo y el humor, junto a un penetrante sentido crítico que no pone límites a ningún pudor, como sucede, por ejemplo, en *La naranja mecánica*, basado en una obra de Anthony Burgess.

Tras este durísimo film sobre la juventud y los sistemas autoritarios —enraizado con las teorías «conductistas» de

El polémico Stanley Kubrick

Skinner y Watson, así como en los «reflejos condicionados» de Pavlov—, Stanley Kubrick manifestaría en 1972:
«A pesar del mayor o menor grado de hipocresía que
existe con respecto a este tema, todos nos sentimos fasci-
nados por la violencia. Después de todo, el hombre es el
asesino con menos remordimientos de la Tierra. El atrac-
tivo que dicha violencia ejerce sobre nosotros revela en
parte que, en nuestro subsconciente, no somos tan distintos de nuestros antepasados.»

Interesado por la fábula evocadora en la pacifista *Dr.
Strangelove*, con pretensiones intelectuales un tanto eli-
tistas en la cripto-nietzschiana *2001*, magistral película

que revitalizaría el género de ciencia-ficción, el lenguaje
fílmico de Stanley Kubrick es tan directo como sugerente, y de difícil transcripción como estilo concreto.
Acaso su independencia creadora y la variación de géneros le ha llevado a una inconcreción y búsqueda constante. Conciso e imaginativo, inventor de formas e influido por el expresionismo langiano y por el violento
Samuel Fuller en los primeros tiempos, Kubrick trabaja
con guiones muy elaborados y estudia con minuciosidad
de ajedrecista los decorados, la luz y el vestuario, a la vez
que cuida la banda sonora y recurre al travelling con intencionalidad estético-ideológica. Asimismo, controla el
montaje y lanzamiento de sus películas hasta el final. Un
sentido impactante del espectáculo está presente en toda
su obra, a pesar de los continuos cambios de registro.

Por tanto, su breve y espaciada filmografía denota
cierta agudeza histórico-social, como se aprecia especialmente en la barroca *Barry Lyndon*. Por otro lado, su postura inconformista y agnóstica le han convertido en uno
de los artistas más incisivos e irónicos, más influyentes y
pesimistas del cine de nuestros días, claramente evidenciado en su film de terror *El resplandor* y en *La chaqueta
metálica*, quizás la más tremenda denuncia sobre la guerra de Vietnam.

Filmografía:

*Fear and Desire (1953), El beso del asesino (Killer's
Kiss, 1955), Atraco perfecto (The Killing, 1956), Senderos
de gloria (Paths of Glory, 1957), Espartaco (Spartacus,
1960), Lolita (1962), ¿Teléfono rojo? Volamos hacia
Moscú (Dr. Strangelove/How I learned to Stop Worrying
and Love the Bomb, 1964), 2001: Una odisea del espacio
(2001: A Space Odyssey, 1968), La naranja mecánica (A*

Clockwork Orange, 1971), Barry Lyndon (1974), El resplandor (The Shining, 1979), La chaqueta metálica (Full Metal Jacket, 1987).

KULECHOV, Lev

Fue un prestigioso teórico y realizador ruso. (Tambov, 1899-Moscú, 1970). Está considerado como uno de los fundadores de la cinematografía soviética. Estudió en la Escuela de Bellas Artes de Moscú y comenzó como decorador y actor. Formado al lado del cineasta Evgueni Bauer, termina la obra de éste, *Hacia la felicidad* (1917), cuando muere su maestro.

Documentalista del Ejército Rojo al estallar la Revolución, en 1919 ya es profesor del Instituto Técnico del Cine, que después sería famoso VGIK, y en el cual ocuparía el cargo de director a partir de 1944. Allí ya se revelan sus dotes de pedagogo, al tiempo que publica los primeros textos teóricos. Años más tarde su *Tratado de la realización Cinematográfica* servirá como manual en muchas escuelas especializadas de todo el mundo.

En el curso académico 1921-22, León Kulechov fundó en Moscú el Laboratorio Experimental, en donde desarrollaría sus experiencias sobre el montaje con una serie de fotografías fijas, los célebres *Films sin película*, con las cuales buscaba nuevas soluciones al lenguaje cinematográfico y lo apartaba de los métodos narrativos de la literatura y el teatro.

Acusado, como sus coetáneos Dovjenko y Eiseinstein, de formalista y de «tecnicismo» y de poco comprometido con los temas sociales —se le tachará incluso de «americanismo»—, sufrió cierta incomprensión por parte del

El maestro León Kouleshov

sistema. No obstante, en aquella época realizó diversas
películas significativas: *Las extraordinarias aventuras de
Míster West en el país de los bolcheviques*, original paro-
dia de los seriales norteamericanos, y su velada crítica al
Gobierno soviético *Dura Lex*, en base a un relato de Jack
London.

Racionalista e influido por las corrientes constructivis-
tas, Kulechov intentó identificar la sintaxis del film con la
del lenguaje escrito, asimilando la imagen a la palabra. A
este respecto, había escrito: «Con planos de ventanas que
se abren ampliamente, de gentes que se asoman a ellas, de
un destacamento de caballería, de niños que corren, de

aguas que rompen un dique, del paso acompasado de los soldados de infantería, se puede montar tanto la fiesta para la inauguración de una central eléctrica como la ocupación de una ciudad apacible por el ejército enemigo.»

Fue un gran experto en el dominio del ritmo, en la división de los planos y en la interpretación, sus experimentos con el actor Iván Mosjoukin —el denominado «efecto Kulechov»— son hoy históricos, pues demuestran la fuerza de la asociación de ideas y la creación de estados de ánimo por medio del montaje. Así, su obra no sólo influyó a los realizadores de su país, sino que dejó una impronta en films de distintos autores extranjeros, como Sjöström, Dreyer y Alain Resnais. En los últimos años de su actividad profesional, simultaneó la enseñanza del cine con la dirección de películas infantiles.

Filmografía:

Pesn' liubui nedopetaya (La canción inacabada del amor, 1918), Las extraordinarias aventuras de MísterWest en el país de los bolcheviques (Neobycajnye prikjucenija Mistera Westa v strane Bol'sevikov, 1924), El rayo de la muerte (Luch Smerti, 1925), Dura Lex/En nombre de la ley (Po zakonu, 1926), Zurnalistka/Vas a znakomaia (La periodista, 1927), El alegre canario (Veselaja kanarejka, 1929, co-dir. Vasiltchikov), Dva-Bul'di-Dva (¡Dos, Bouldy, dos, 1930), Horizonte (Gorizont, 1933), Velikij utesitel (Tinta rosa/El gran consolador, 1933), Sibirjaki (Los siberianos, 1940), Slucaj v vlkane (Un caso en el volcán, 1941, co-dir. E. Sneider, V. Sneiderov & A. Chochlova), Kljatva Timura (El juramento de Timur, 1942), My s Urala (Nosotros de los Urales, 1944, cor-dir. A. Chochlova).

KUROSAWA, Akira

Denominado en su propio país el *Emperador* del cine japonés, es el maestro que dio a conocer la cinematografía nipona al mundo occidental. N. en Tokio, 1910. Descendiente de samurais, estudió Bellas Artes en su ciudad natal y fue pintor. En 1936, aprobó unas oposiciones para trabajar en los estudios cinematográficos Toho; comenzó como guionista y sería ayudante de Kajiro Yamamoto. Debutó como realizador en plena II Guerra Mundial.

La crítica le ha reconocido como un gran autor por su calidad formal y hondura temático-existencial. En efecto, su obra tiene una profundidad filosófica, una sólida y original construcción dramático-expresiva, y un estilo académico ceremonioso pensado también para el público no oriental. Kurosawa se ha mantenido a la cabeza del cine de su país hasta la aparición de la «nueva ola» japonesa por la singular y valiosa búsqueda estética, a pesar de su veteranía como creador.

Tachado en ocasiones de sentimental y reaccionario, aunque fuera un poco nacionalista, el maestro nipón ha sabido sintetizar como pocos los elementos plásticos y escénicos del Nô y Kabuki con los psicológicos y sociales. Estos elementos se distinguen por ser duros encuadres y concepciones pictóricas, y de ahí su admiración por Van Gogh. Akira Kurosawa es más universal que otros «clásicos» —Mizoguchi, Hiroshi Inagaki, Kaneto Shindo, Masaki Kobayashi, Kinugasa— por ser un buen conocedor de la técnica cinematográfica, con gran dominio del sentido del ritmo, del montaje corto, de la expresividad del blanco y negro y el color y de la misma tradición teatral. Por ello, su quehacer fílmico ha influido tanto a jóvenes autores japoneses como a los cineastas americanos (Sturges, Ritt, Scorsese, Coppola, Spielberg, Lucas).

Akira Kurosawa, durante el rodaje de Los sueños

Su primera obra maestra *Rashomon* ganó el León de Oro del Festival de Venecia y tuvo un *remake* hollywoodense en 1964, *Cuatro confesiones* de Martin Ritt, revelando prácticamente la existencia del cine japonés, al que se suponía sólo dedicado a historias de samurais. A este respecto, manifestó: «Cuando recibí en 1951 el Gran Premio de Venecia me di cuenta de que hubiera sido mayor satisfacción, y para mí hubiera tenido más significado esta recompensa, si la obra hubiese enseñado algo del Japón contemporáneo, tal como había ocurrido en el caso de Italia con *Ladrón de bicicletas*. Todavía en 1959 sigo pensando lo mismo, porque en el Japón se han realizado films contemporáneos que valen tanto como los de De Sica, aunque continúen produciendo películas históricas, buenas y malas, que en su mayor parte es todo lo que Occidente ha visto, y continúan viendo, del cine japonés.» Con *Rashomon* obtuvo también el Oscar de Hollywood a la mejor cinta extranjera.

Llegarían después otros films que se hicieron populares en todo el mundo, gracias a su genio creador: *Los siete samurais*, que volvió a ganar en Venecia y asimismo tuvo un *remake* norteamericano en 1960, *Los siete magníficos* de John Sturges (como *Yojimbo* lo tuvo de *Por un puñado de dólares* de Sergio Leone, 1964); *Trono de sangre*, su adaptación de *Macbeth*; *El infierno del odio*, que relata un drama urbano... y *Barbarroja*, interpretado por el gran Toshiro Mifune; sin olvidarnos de la que quizá sería su película más magistral: *Ikiru*, una soberbia meditación sobre la vida y la muerte, que elevó a Akira Kurosawa a la altura de los humanistas de la pantalla. Esta cinta, que fue seleccionada en el referéndum de 1962 entre las Diez Mejores de la historia, ya apunta cierta desesperanza sobre la condición humana y un compromiso moral y postura existencial no muy trascendentes.

Sin embargo, el pesimismo que le atenaza como autor

—dentro de un humanismo ateo— ha conducido a Kurosawa a un callejón sin salida, amargo y que comunica angustia al espectador, en *Dodes'Ka-Den*, y cierto panteísmo en *Dersu Uzala*. Últimamente, arruinado como productor, parece haberse recuperado —también anímicamente— con sus más recientes y magistrales films: *Kagemusha*, producida por Ford Coppola y George Lucas (*La fortaleza escondida* es la base de *La guerra de las galaxias*, 1976), donde evoca el Japón del siglo XVI; *Ran*, su original adaptación del *Rey Lear* shakespeariano; y el testamento cinematográfico que representa *Los sueños*, producido por Steven Spielberg. En este prodigioso film, el maestro nipón parece aceptar la Muerte acaso como punto final, al tiempo que condena al Hombre por el Mal que ha hecho al Mundo actual en nombre del Progreso. Por eso, se aferra a la vida —«que es maravillosa», dice— sin ver la perpetuidad. Akira Kurosawa representa en buena parte el drama de muchos grandes artistas contemporáneos, que se mueven en la mera horizontalidad.

Filmografía:

Sugata Sanshiro (La leyenda del gran Judo, 1943), Ichiban utsukushiku (Lo más hermoso, 1944), Sanhiro Sugata II, Zoku Sugata Sanshiro (La nueva leyenda del Judo, 1945), Tora no o fumu otokatchi (Los hombres que pisan la cola del tigre, 1945), Asu o tsukuru hitobito (Los constructores del mañana, 1946, co-dir. Kajiro Yamamoto-Hideo Sekigawa), Waga seishun ni kui nashi (No añoro mi juventud, 1946), Subarashiki nichiyobi (Un domingo maravilloso, 1947) Yoidore tenshi (El ángel ebrio,1948), Shizukanaru ketto (El duelo silencioso, 1949), El perro rabioso (Norainu, 1949), El escándalo (Shubun, 1950), Rashomon (1950), El idiota (Hakuchi, 1951), Vivir (Ikiru,

1952), Los siete samurais (Shichinin no samurai, 1954), Ikimono no kiroku (Notas de un ser vivo/Como si los pájaros lo supieran, 1955), Trono de sangre (Kumonosu-Djo, 1957), Donzoko (Los bajos fondos, 1957), La fortaleza escondida (Kakushi toride no san akunin, 1958), Warui yatsu yoku memuru (Los canallas duermen en paz, 1960), Yojimbo (El mercenario, 1961), Tsubaki Sanjuro (Sanjuro, 1962), El infierno del odio (Tengoku to jigoku, 1963), Barbarroja (Akahige, 1965), Dodes'ka-Den (1970), Dersu Uzala/El cazador (Derzu Uzala, 1975), Kagemusha, la sombra del guerrero (Kagemusha, 1980), Ran/Caos (Ran, 1985), Los sueños (Akira Kurosawa's Dreams, 1990), Rhapsody in August (1991), Manavaya (1993).

LANG, Fritz

Este maestro del cine alemán es otro de los genios del Séptimo Arte. (Viena, 1890-Los Angeles, 1976). Está considerado como uno de los grandes del expresionismo y del cine «negro» norteamericano. De origen judío y católico como su padre, estudió Arquitectura y fue pintor. Guionista y realizador bajo la égida de Erich Pommer; debutó como director en 1919 y emigró a Estados Unidos a causa del nazismo.

Su formación arquitectónica y sentido pictórico contribuyó a que se integrara en el movimiento expresionista, del que fue uno de sus más importantes creadores junto a Murnau, Wiene, Wegener... en el campo cinematográfico, aunque más estilizado y acaso más puro que sus coétaneos. En la primera época realizó films de la categoría de *La muerte cansada*, *Dr. Mabuse*, la epopeya wagneriana

*El maestro Fritz Lang durante la entrevista con el autor, entonces crítico
del semanario* Mundo *(San Sebastián, 1970)*

Los Nibelungos y su monumental *Metrópolis*, si bien estas dos últimas tienen elementos románticos y futuristas. Antes de que la ascensión de Hitler al poder le obligara a abandonar Alemania, realizaría dos nuevas obras maestras con implicaciones políticas: *M, el vampiro de Düsseldorf* y su parábola *El testamento del doctor Mabuse*, con las que ensayó la técnica del naciente sonoro. «*M* no fue un film antinazi como afirman algunos, sino una película contra la pena de muerte», según me comentaría personalmente en 1970. «En lo que respecta a mi segundo *Mabuse*, sí pretendí hacer una cinta contra el nazismo, pues puse en boca de criminales las palabras de Hitler: la destrucción total y el mundo nuevo que él quería construir. Tanto es así que tuve que salir del país corriendo, tras ser requerido por el Führer.» Al huir de Alemania, Lang se separa de su esposa y co-guionista, Thea von Harbou, que se transformaría en una de las mayores propagandistas del régimen nazi.

Al igual que otros colegas suyos, se dirigió a la Meca del Cine para continuar su brillante carrera. Tras una adaptación en Francia (*Liliom*), Hollywood le abrió las puertas en 1936 y allí prácticamente permaneció hasta su muerte. En esos largos años realizó nada menos que 22 films, dentro de varios géneros: el bélico, los policíacos y el cine «negro», su género preferido, centrado en temas criminales y judiciales: *La mujer del cuadro*, *Perversidad*, *Gardenia azul*, *Mientras Nueva York duerme*...; así como los westerns —están hoy muy valorados *La venganza de Frank James*, *Espíritu de conquista* y *Encubridora*, que contribuiría a la renovación «intimista»—. Películas que sin llegar a la genialidad de sus mejores obras germanas, consolidarían también a Lang como un maestro del cine de USA.

El talento de Fritz Lang se abrió paso fácilmente en Hollywood, aunque el estilo del sistema de producción americano era muy distinto del que había conocido en Alemania. «No encontré dificultades; al contrario, pude imponerme enseguida. Se me abrieron las puertas. La verdad es que en Europa no existían prácticamente los productores. Sin embargo, en Estados Unidos el régimen de producción está tan metido en el sistema capitalista que resulta inhumano. Sí, los productores son inhumanos; no son personas», manifestaba asimismo en 1970.

En la obra de Lang se aprecian claramente unas constantes: el complejo de culpabilidad real o ficticio del hombre, el cerco implacable del medio social, la persecución del destino, la fatalidad, el instinto de venganza, el deseo de justicia... Constantes que desarrolló incluso en su etapa americana, con los films psicológicos y de acción. De ahí que quizá pueda calificarse la obra langiana de determinista, donde el hombre no es realmente libre y la voluntad se encuentra encadenada por un factor decisivo, interno o externo. Ante esta observación, Lang replicó en la misma entrevista: «Yo no sé si es determinista o no mi postura; para mí lo importante no es el fin, sino el combate para alcanzarlo. Lo que el hombre necesita es combatir. Aunque el sistema le oprima a uno, lo que debe hacer es luchar para llegar al fin. Para mí el hombre es lucha y creo que no puede vencer, no puede alcanzar plenamente ese fin.»

A pesar de este pesimismo latente, el realizador vienés intentó hacer reaccionar al público con su cine: «No he pretendido hacer un cine sin más —concluía en aquella ocasión—, sino expresar mi concepción del mundo. Nunca he hecho películas para ganar dinero, aunque he ganado mucho, sino para el espectador. Cada cinta influye en el público y, a su vez, el público influye en la propia película. Cuando se cierra el ciclo es cuando la obra está completa. Nunca he pretendido cambiar las cosas, la sociedad. Para ello me hubiera dedicado a la polí-

tica y no al cine. Sólo he pretendido mostrar realidades
con el fin de que quienes las contemplen tomen decisio-
nes personales.»

Son famosos su simbolismo expresivo, traducido por el
movimiento de las estructuras plásticas, y su gran sentido
espacial. Y, a nivel estético-narrativo, el denominado
«cambio langiano», por medio del cual una situación se
transforma en algo totalmente opuesto al gesto o deseo
que la han provocado, sin trampas ni abandonar la lógica,
volviendo a ceder el paso al azar, ese Destino inexorable,
según Fritz Lang, o dando un nuevo impulso a la acción.
Al propio tiempo que su puesta en imágenes va borrando
lo arbitrario y se queda en lo esencial.

Retirado en Los Angeles y dedicado a impartir cursos
en las Universidades norteamericanas, viajaría a Alemania
en 1959 para realizar cine. En la India rodó una coproducción inspirada en uno de sus guiones de juventud: *El
tigre de Esnapur* y *La tumba india*, según el relato de Joe
May, con quien había colaborado en sus inicios. Al año
siguiente, volvería a su mítico personaje con *Los crímenes
del Dr. Mabuse*; mientras Jean-Luc Godard le homenajearía en *Le mépris* y Claude Chabrol le dedicaría un insólito *Dr. M*, en 1989. En la actualidad, la obra de Lang
continúa siendo estudiada por los aficionados y especialistas.

Filmografía:

*Halbblut (Mestizo, 1919), Der Herr der Liebe (El señor
del amor, 1919), Die Spinnen (Las arañas, 1919, 1ª parte),
Harakiri (1919), Die Spinnen (Las arañas, 1920, 2ª parte),
Das wandernde Bild (La imagen vagabunda, 1920), Vier
um die Frau (Cuatro para mi mujer, 1920), La muerte
cansada/Las tres luces (Der müde Tod, 1921), Dr. Mabuse*

(Dr. Mabuse, der Spieler, 1922; dos episodios), Los Nibe-
lungos, 1ª parte: La muerte de Sigfrido (Die Nibelungen.
Siegfrieds Tod, 1923), Los Nibelungos, 2ª parte: La ven-
ganza de Krimilda (Die Nibelungen. Kriemhilds Rache,
1924), Metrópolis (Metropolis, 1926; versión sonorizada,
en 1984), Los espías (Spione, 1928), La mujer en la luna
(Frau im Mond, 1929), M, el vampiro de Düsseldorf (M,
Mürder inter uns, 1931), El testamento del doctor Mabuse
(Das Testament des Dr. Mabuse, 1933), Liliom (1934),
Furia (Fury, 1936), Sólo se vive una vez (You Only Live
Once, 1937), You and Me (1938), La venganza de Frank
James (The Return of Frank James, 1940), Espíritu de
conquista (Western Union, 1941), El hombre atrapado
(Man Hunt, 1940), Hangmen Also Die (1943), El ministe-
rio del miedo (The Ministry of Fear,1944), La mujer del
cuadro (The Woman in the Window, 1944), Perversidad
(Scarlet Street, 1945), Cloak and Dagger (1946), Secreto
tras la puerta (The Secret Beyond the Door, 1948), The
House by the River (1950), Guerrilleros en Filipinas
(American Guerrilla in the Philippines, 1950), Encubri-
dora (Rancho Notorious, 1952), Clash by Night (1952),
Gardenia azul (The Blue Gardenia, 1953), Los soborna-
dos (The Big Heat, 1953), Deseos humanos (Human De-
sire, 1954), Los contrabandistas de Moonfleet (Moonfleet,
1955), Mientras Nueva York duerme (While the City Sle-
eps, 1956), Más allá de la duda (Beyond a Reasonable
Doubt, 1956), El tigre de Esnapur (Der Tiger von Esch-
napur, 1959), La trumba india (Das indische Grabmal,
1959), Los crímenes del Dr. Mabuse (Die tausend Augen
des Dr. Mabuse, 1960).

LEAN, David

Uno de los grandes realizadores británicos (Croyton, 1908-Londres, 1988). Comenzó a trabajar en la Gaumont Pictures y allí aprendió el oficio en diversos puestos técnicos; ayudante y sobre todo como sólido montador (*Pygmalion*, *49th Parallel*), debutó como director en 1942 con el famoso film bélico-propagandístico *Sangre, sudor y lágrimas*, al lado de quien iba a ser uno de sus colaboradores de la primera época: el actor y dramaturgo Noël Coward.

En el transcurso de la II Guerra Mundial, Lean ya aparecería como cabeza de fila de la nueva escuela inglesa (Michael Powell, Carol Reed), dando a luz su primera obra maestra: *Breve encuentro*, film que marcaría el futuro del cine británico —se considera como el precursor del *Free Cinema*— y sentaría sus propias bases como director en que dominaba claramente la temática intimista. Tachado, con todo, de academicista y artesanal, realizó dos magistrales adaptaciones de Dickens: *Cadenas rotas* y la más inspirada versión de *Oliver Twist*. Seguidamente vendrían las olvidadas, pero brillantes, *Amigos apasionados* y *Madeleine*, donde explota con maestría el estudio de caracteres.

A principios de los 50, Lean se dedicó a films en que el peso lo llevaban los actores: *El déspota*, en la que se puede apreciar una de las mejores interpretaciones de Charles Laughton, y *Locuras de verano*, con Katharine Hepburn como gran protagonista.

Sin embargo, fue en 1957 cuando inicia su más famosa etapa como creador con la realización de ambiciosas superproducciones histórico-literarias: *El puente sobre el río Kwai*, *Lawrence de Arabia*, *Doctor Zhivago* y *La hija de Ryan*; en ellas David Lean no renuncia a seguir contando historias intimistas, y lo que pretende es ampliar el

David Lean (primero de la izquierda), durante la presentación de Doctor Zhivago, *con sus intérpretes Julie Christie, Geraldine Chaplin y Omar Sharif*

marco donde éstas se desarrollan y reflejar cómo el contexto influye en los comportamientos humanos. El conflicto entre la pasión y el deber es la constante de esta segunda etapa creadora. No obstante, el fracaso comercial de *La hija de Ryan* le hizo abandonar el cine durante 14 años, pero su regreso fue conmovedor con *Pasaje a la India*. Éste sería su último film, ya que cuando preparaba *Nostromo* con la colaboración de su habitual guionista de la segunda época, el también dramaturgo Robert Bolt, le sorprendió la muerte.

David Lean fue un trabajador infatigable y tremendamente minucioso como realizador, a pesar de su breve y espaciada obra. Genial en la captación de ambientes, se dijo de él que fue uno de los únicos en darle un verdadero sentido poético al espectáculo, además de un maestro en el tratamiento psicológico de sus personajes, con el soporte lírico-enfático de las partituras de Maurice Jarre, ganándose con sus películas el favor del público mundial y los Oscars de Hollywood. Autor concienzudo, honesto y paciente, su influencia ha sido importante, ya que no sólo artistas del propio país han recogido su herencia (Richard Attenborough —pero sin su lirismo—, Hugh Hudson), sino que directores foráneos como Steven Spielberg o Francis Ford Coppola deben mucho a este gran hombre de cine.

Filmografía:

Sangre, sudor y lágrimas (*In Which We Serve*, 1942, codir. Noël Coward), *La vida manda* (*This Happy Breed*, 1943, co-dir. Coward), *Un espíritu burlón* (*Blithe Sprit*, 1944, co-dir. Coward), *Breve encuentro* (*Brief Encounter*, 1945), *Cadenas rotas* (*Great Expectations*, 1946), *Oliver Twist* (1947), *Amigos apasionados* (*The Passionate Friends*, 1949), *Madeleine* (1950), *La barrera del sonido* (*The Sound Barrier*, 1952), *El déspota* (*Hobson's Choice*, 1953), *Locuras de verano* (*Summer Madness*, 1955), *El puente sobre el río Kwai* (*The Bridge on the River Kwai*, 1957), *Lawrence de Arabia* (*Lawrence of Arabia*, 1962), *Doctor Zhivago* (1965), *La hija de Ryan* (*Ryan's Daughter*, 1970), *Pasaje a la India* (*A Passage to India*, 1984).

LOSEY, Joseph

Fue de los más destacados autores contemporáneos (La Crosse, 1909-Londres, 1984). Director escénico y realiza-

El exiliado Joseph Losey

dor fílmico, se doctoró en Letras por la Dartmouth University, tras iniciar Medicina. Estuvo por los años 30 en la Graduate School of Arts and Sciences, donde desarrollaría numerosas actividades periodísticas, radiofónicas y teatrales. Losey obtuvo enorme prestigio como hombre de teatro, gracias a los diversos montajes escénicos y a su colaboración, durante un año, con el dramaturgo Bertolt Brecht.

Sus primeros contactos cinematográficos datan de 1937 con 40 cortometrajes para la Administración Pública y unos 60 films pedagógicos para la Human Relations Commission USA. Pero hasta el año 1948 no realiza su primera película hollywoodense: *El chico de los cabellos verdes*, que es una invitación al pacifismo, seguida de un film contra la discriminación racial: *The Lawless*. En éstas Joseph Losey se confirmaba como un creador de categoría, tanto en las tablas como en el plató,

En 1952, después de rodar en Italia *Imbarco a mezzanotte* por encargo de la United Artists, es acusado de desarrollar «actividades antinorteamericanas» por sus relaciones con los comunistas, pues había estudiado Teatro en Moscú, Leningrado y Kíev antes de dedicarse al cine. Y debido a las presiones del maccarthismo reinante, fue expulsado de los Estados Unidos. Su emigración le convirtió pronto en un «cineasta maldito», al verse obligado a trabajar en Inglaterra bajo varios seudónimos, pues estaba incluido en las célebres «listas negras» de Hollywood. No obstante, realizaría sus películas más reconocidas durante este largo exilio: *The Intimate Stranger*; su obra maestra *El criminal*, film moralizante en el que se advierte su protesta contra el sistema; *La clave del enigma*, *The Servant*, *Accidente* y *El mensajero*, entre otras. En todas ellas se aprecia el personal humanismo de este realizador; como ya había manifestado: «Todo ser humano aspira, al menos una vez, a la plenitud de la vida, pero si ella no la alcanza en la pareja, no se alcanzará en ninguna parte. Uno puede ser filósofo, moralista o tener éxitos, pero si no tiene amor ni deseo, si su vida es sólo una larga y confusa batalla íntima, jamás encontrará la plenitud.»

El estilo de Joseph Losey, de herencia brechtiana y expresionista, es riguroso y depurado. Es un prodigio de creación artística por su preocupación por la imagen y la perfección técnica de la narrativa, que se manifiesta en el dominio del ritmo y el decorado, del empleo de la luz y la música y, a la vez, de los objetos y el diálogo. Por eso, escribió: «El principio de mi estética es utilizar el diálogo sólo cuando da una imagen por sí mismo». Así, las relaciones entre fondo y forma se establecen únicamente por medios cinematográficos, logrando con su singular concepción ese clima inquietante y barroco, en *The Damned* y *La mujer maldita*, o trágico y amoral en *Eva* y *Ceremonia secreta*, que representan los personajes-símbolo.

A pesar de lo expresado, en su obra se capta cierta postura moralizante, bañada de un pesimismo crónico acerca de la condición humana. Es un moralismo al revés, que bebe en su anarquía interior, en ese desacuerdo con todo orden establecido: político, social, religioso. Por ello, Joseph Losey pretende incidir en el ánimo del público, a través de la miseria de los personajes —habitualmente marginados, incomprendidos, presos de un determinado *status*—, de sus víctimas, como se aprecia en *Casa de muñecas* y *La inglesa romántica*, o en los antihéroes, *King and Country* y *Caza humana*. Aunque fiel al distanciamiento aprendido en Brecht (*Galileo*), procura que la sensibilización del espectador se mantenga en su justo término a fin de no impedir la reflexión: «En el momento en que la emoción detiene el pensamiento del público, el realizador ha fallado», afirmó.

Losey fue un humanista muy peculiar, de ideología filomarxista, pero reacio a la izquierda monolítica, e influido por la educación puritana de su familia anglosajona. Todo esto aparece expresado con una negatividad que afecta al espectador de sus films; quizá su intención fuera otra, ya que él rechazaba la acusación de pesimista, como había declarado: «Para ser positivo hay que dar a conocer la fealdad y el mal que nos rodea. Cuando se presentan las cosas de otra forma, es fácil ser optimista.» Con esa actitud estético-intelectual se movió por un ámbito exclusivamente humano, cerrado a toda trascendencia.

Este director itinerante, que había rodado en los úlimos años en México, España y Francia, alcanzó cierta independencia económica como cineasta. En 1965, constituyó su propia empresa productora con uno de sus actores preferidos, Dirk Bogarde, lo cual le permitió expresar libremente su cosmovisión crítica de la sociedad de nuestro tiempo, sin abandonar nunca ese moralismo al revés que le significaría como autor.

Filmografía:

El chico de los cabellos verdes (The Boy with the Green Hair, 1948), El forajido (The Lawless, 1949), El merodeador (The Prowler, 1951), M (1951), Imbarco a mezzanotte (Stranger on the Prowl/Encounter, 1952), El tigre dormido (The Sleeping Tiger, 1954), Intimidad con un extraño (The Intimate Stranger, 1955), Time Without Pity (1956), The Gypsy and the Gentleman (1957), La clave del enigma (Blind Date/Chance Meeting, 1959), El criminal (The Criminal, 1960), Éstos son los condenados (The Damned, 1961), Eva (Eve, 1962), El sirviente (The Servant, 1963), Rey y Patria (King and Country, 1964), Modesty Blaise (1965), Accidente (Accident, 1966), La mujer maldita (Boom, 1968), Ceremonia secreta (Secret Ceremony, 1969), Caza humana (Figures in a Landscape, 1970), El mensajero (The Go-Between, 1971), El asesinato de Trotsky (The Assassination of Trostky, 1972), Chantaje a una esposa/Casa de muñecas (A Doll's House, 1973), Galileo (1974), La inglesa romántica (The Romantic Englishwoman, 1974), El otro señor Klein (Mr. Klein, 1976), Las rutas del sur (Les routes du Sud, 1978), Don Juan (Don Giovanni, 1979), La truite (1980), Steaming (1983).

LUBITSCH, Ernst

Maestro de la denominada comedia brillante norteamericana. (Berlín, 1892-Los Angeles, 1947). Pionero y renovador del cine de géneros, se iniciaría en Alemania en 1913, para emigrar a Estados Unidos en 1923. De origen judío, su obra, de doble intención crítico-satírica, influiría en otros cineastas inmigrados como Otto Preminger y Billy Wilder —su dialoguista de *La octava mujer de Barba Azul* y *Ninotchka*—, o en los también especialistas Preston Sturges y Mitchell Leisen. Antes había sido actor teatral con Max Reinhardt y cómico en varias películas.

Durante su prolífica época muda, destacaría enseguida como realizador fílmico de comedias y biografías histórico-noveladas, con las espectaculares *Madame Dubarry*, *Ana Bolena, La mujer del faraón*, y como director de grandes «estrellas» silentes: Asta Nielsen y Pola Negri. Demostró una gran originalidad como creador nada más llegar a Hollywood con su magistral versión de *El abanico de Lady Windermere*, según la pieza de Oscar Wilde. En los comienzos del sonoro, cultivó también con éxito la opereta musical con *El desfile del amor, El teniente seductor* y *La viuda alegre*, e importó a la Meca del Cine el vodevil centroeuropeo con *Un ladrón en la alcoba* y *Una mujer para dos*, creando la denominada *Sophisticated Comedy* norteamericana. A principios de los años 40, se colocó como uno de los grandes creadores del cine americano y mundial con otras piezas maestras: la citada *Ninotchka*, interpretada por Greta Garbo, y la hoy mítica *To Be or Not to Be*, no exentas ambas de una crítica política muy ingeniosa. A Ernst Lubitsch le sorprendió la muerte cuando empezaba a rodar *La dama de armiño* (1948), que realizó su discípulo Preminger.

Asimismo, en Hollywood dirigió a las mejores *stars* de la época, como Mary Pickford, Jeanette MacDonald,

El maestro Ernst Lubitsch

Claudette Colbert, Carole Lombard, Marlene Dietrich...,
aparte de la Garbo, y galanes de moda: Maurice Chevalier, Melvyn Douglas, Ronald Colman, Frederic March,
Gary Cooper, James Stewart..., a quienes sacó enorme
partido como comediantes. Considerado, por tanto, un
hombre todo espectáculo, con sus comedias lujosas y ligeras se permitió las mayores libertades sin violar las normas de elegancia que le distinguieron como autor.

Destaca también por su personal «toque Lubitsch», un
magistral empleo de la sugerencia, de la alusión mediante
la elipsis, con puertas que se cierran y abren significativa
o simbólicamente y personajes que entran y salen. El cineasta germano-yanqui ofreció un sagaz retrato de la sociedad estadounidense con su sutil y mordaz estilo, que
iba de la ironía tierna o sentimental a la sátira amable y a
veces cínica. Calificado de sarcástico y malicioso como
creador, su aguda crítica testimoniaba, de algún modo,
ciertas mentalidades del mundo contemporáneo y del
American Way of Life que acaso su cine ayudaría a popularizar.

Filmografía:

*Als ich Tot War (1916), La mamá de los perritos (Der
G.M.B.H. Tenor, 1916), Der Blusenkönig, 1917), Ossi's
Tagebuch (1917), Das Fidele Gefängnis (1917), Pasajero sin
billete (Der Rodelkavalier, 1918), Los ojos de la momia
(Die Augen der Mumie Ma, 1918), Carmen (1918), Meyer
aus Berlin (1919), Mi mujer, artista de cine (Meine Frau,
die Film Schauspielerin, 1919), La princesa de las ostras
(Die Austernprinzessin, 1919), Rausch (1919), Madame
Dubarry (Madame du Barry, 1919), La muñeca (Die
Puppe, 1919), Las hijas del cervecero/Dos hermanos (Köhl-
hiesels Töchter, 1920), Una noche en Arabia (Saumurun,*

*1920), Ana Bolena (Anna Boleyn, 1920), El gato montés
(Die Bergkatze, 1921), La mujer del faraón (Das Weib des
Pharao, 1922), Montmartre (Die Flamme, 1923), Rosita, la
cantante callejera (Rosita, 1923), Los peligros del flirt (The
Marriage Circle, 1924), Mujer, guarda tu corazón (Three
Women, 1924), La frivolidad de una dama (Forbidden Paradise, 1924), Divorciémonos (Kiss Me Again, 1925), El
abanico de Lady Windermere (Lady Windermere's Fan,
1925), La locura del charlestón (So This is Paris, 1926), El
príncipe estudiante (The Student Prince, 1927), El patriota
(The Patriot, 1928), Amor eterno (Eternal love, 1929), El
desfile del amor (The Love Parade, 1929), Galas de la Paramount (Paramount on Parade, 1930; colectivo), Monte-
carlo (Monte-Carlo, 1930), El teniente seductor (The Smi-
ling Lieutenant, 1931), Remordimiento (Broken Lullaby,
1932), Una hora contigo (One Hour With You, 1932), Un
ladrón en la alcoba (Trouble in Paradise, 1932), Si yo tuviera un millón (If I Had a Million, 1932; episodio), Una
mujer para dos (Design for Living, 1933), La viuda alegre
(The Merry Widow, 1934), Angel (1937), La octava mujer
de Barba Azul (Bluebeard's Eighth Wife, 1938), Ninotchka
(1939), El bazar de las sorpresas (The Shop Around the
Corner, 1940), Lo que piensan las mujeres (That Uncertain
Feeling, 1941), Ser o no ser (To Be or Not to Be, 1942), El
diablo dijo no (Heaven Can Wait, 1943), El pecado de
Cluny Brown (Cluny Brown, 1946).*

MALLE, Louis

Pertenece al grupo de los cineastas de las nuevas olas de
los 60. N. en Thumeries, 1932. Su obra francesa se combina, desde 1975, con su carrera en Estados Unidos,

El realizador galo Louis Malle

donde se casó con la actriz Candice Bergen. Procedente de la alta burguesía, se licenció en Ciencias Políticas por La Sorbonne, cursando Cine en el IDHEC de París. Trabajó como ayudante de Robert Bresson en *Un condenado a muerte se ha escapado*, y también colaboró con el comandante Cousteau.

Sus películas, paralelas a la *Nouvelle Vague*, no atañen del todo a la línea creadora que representó el histórico movimiento cinematográfico, cuyos autores más genuinos serían Truffaut, Godard y Chabrol. Quizás su original *Zazie dans le métro*, realizada dentro de los cánones de esa *Nouvelle Vague*, sea la obra mayor de Louis Malle.

Con su espíritu de búsqueda estética que ha renovado en cada film, cultivó la intriga policíaca, con *Ascensor para el cadalso*; el «amour fou», en *Les amants* y *Fuego fatuo*. Pero fue más allá en la inmoralidad con *Vida privada*, sobre el mito Bardot y su escandalosa película *Un soplo al corazón*, donde parece defender el incesto. Después, volvería a reunir a sus «vedettes» Jeanne Moreau y Brigitte Bardot en la fallida superproducción de aventuras *¡Viva María!* acerca de la Revolución mexicana. Tras rodar en la India dos documentales, destacando su famosa *Calcuta*, en 1974 sorprendió con su denuncia política sobre la Francia ocupada: *Lacombe Lucien*, que provocó serias polémicas durante el régimen de Giscard.

En los últimos años, Malle se lanzaría a la «aventura americana» y rodó en USA una serie de films comerciales, como *La pequeña* y *Atlantic City*, entre otros, con los que daría nuevamente que hablar. Al regresar a su país realizaría la que sería también una pieza maestra: *Au revoir, les enfants*, una visión personal de la Ocupación, con la que ganó el gran premio del Festival de Venecia y que está emparentada con *Les 400 coups* y *La piel dura* de Truffaut. Luego rodaría una penetrante y amarga sátira sobre el 68 francés: *Milou en Mayo*, con Michel Piccoli como principal protagonista; y, en Gran Bretaña, la atormentada y patológica *Damage*.

A pesar de los diversos ambientes descritos, la discutida obra de Malle presenta una serie de constantes con cierto clasicismo creador y coherencia estilística: la búsqueda de la felicidad, el erotismo casi como valor supremo, las presiones del orden social y político que atenazan al hombre moderno, así como una ácida y escéptica visión del mundo o su denonada y equívoca persecución de la libertad individual, según se aprecia en temas como suicidio, robo, sexo o traición.

Filmografía:

*El mundo del silencio (Le monde su silence, 1956, co-dir.
Yves Cousteau), Ascensor para el cadalso (Ascenseur pour
l'échafaud, 1957), Los amantes (Les amants, 1958), Zazie
en el metro (Zazie dans le métro, 1960), Vida privada (Vie
privée, 1961), Fuego fatuo (Le feu follet, 1963), ¡Viva María! (1965), Le Voleur (1966), Historias extraordinarias
(Tre passi nel delirio, 1968; episodio), Un soplo al corazón
(Le soufle au coeur, 1971), Humain, trop Humain (1974),
Lacombe Lucien/Todos no fueron héroes (Lacombe Lucien, 1974), Black Moon (1975), La pequeña (Pretty Baby,
1978), Atlantic City (1980), Mi cena con André (My Dinner with André, 1982), Crackers (1984), La bahía del odio
(Alamo Baby, 1984), God's Country (1985), And the Pur-
suit of Happiness (1986), Adiós, muchachos (Au revoir, les
enfants, 1987), Milou en Mayo (Milou en Mai, 1990), He-
rida (Damage, 1992), Vanya (1994).*

MAMOULIAN, Rouben

Otro de los más reconocidos clásicos del cine americano. (Tiflis, 1898-Los Angeles, 1987). Cultivador de los
grandes géneros, supo aprovechar y desarrollar las posibilidades técnico-estilísticas que en cada momento le
ofrecía el Séptimo Arte. De origen georgiano, pasó su infancia en París, estudió en Moscú y Londres, para dedicarse al teatro, dirigiendo incluso una compañía en su
ciudad natal según los principios de Stanislavski. Emigró
a Estados Unidos en 1923.

Considerado como un autor de gran talento y de poderosa personalidad, se le acusaba de haber abandonado la

El incomprendido Rouben Mamoulian

creación fílmico-artística para dedicarse a realizar *remakes* y teatro filmado, pues evidenció cierta falta de dinamismo alternando su labor de cineasta y la dirección escénica hasta 1966. Demostraría a lo largo de una obra innovadora su capacidad de inventiva, a nivel estético-narrativo —utilizó la cámara subjetiva—, que comenzó con su inolvidable *Applause*. Para él, la secuencia sería la unidad estética del film. Además, Rouben Mamoulian aportó soluciones creativas en los inicios del cine sonoro: desde el diálogo en contrapunto hasta la libertad de los movimientos de cámara.

Cultivó con éxito diversos géneros: el policíaco con

City Streets, el terrorífico con *Dr. Jekyll and Mr. Hyde*, la comedia con *Ámame esta noche*, el histórico-romántico con *La reina Cristina de Suecia*, o el de aventuras con *El signo del Zorro*... y llevó a la pantalla el clásico de Blasco Ibáñez *Sangre y arena*, para concluir con la versión musical de *Ninotchka*: su célebre *La bella de Moscú*, interpretada por Cyd Charisse. En los últimos años, Mamoulian entró en conflicto con los productores a causa de las presiones y el intento de mantener su independencia creadora. De ahí que rechazara la dirección de *Porgy and Bess* y la monumental y fallida *Cleopatra* (antes ya le habían retirado la realización de *Laura*).

Con una sólida formación cultural, supo combinar siempre el buen gusto y la exquisitez formal en sus brillantes realizaciones, cuidando los decorados y el vestuario. También demostró gran capacidad como director de «estrellas»: Miriam Hopkins, Jeanette MacDonald, Greta Garbo, Linda Darnell, Marlene Dietrich... Su madurez en el uso del color ya se evidenció en *La feria de la vanidad*, que sería la primera película rodada enteramente en technicolor. El aliento poético de su cine y original puesta en imágenes, a pesar de su pronta retirada de los platós, ha pasado a la Historia del arte cinematográfico y sigue llamando la atención de los entendidos.

Filmografía:

Aplauso (Applause, 1929), Las calles de la ciudad (City Streets, 1931), El hombre y el monstruo (Dr. Jekyll and Mr. Hyde, 1932), Ámame esta noche (Love Me Tonight, 1932), El cantar de los cantares (Song of Songs, 1933), La reina Cristina de Suecia (Queen Christina, 1933), Vivamos de nuevo (We Live Again, 1934), La feria de la vanidad (Becky Sharp, 1935), El alegre bandolero (The Gay

Desperado, 1936), La furia del oro negro (High, Wide and Handsome, 1937), Sueño dorado (Golden Boy, 1939), El signo del Zorro (The Mark of Zorro, 1940), Sangre y arena (Blood and Sand, 1941), Rings on Her Fingers (1942), Summer Holiday (1948), La bella de Moscú (Silk Stockings, 1957).

MANKIEWICZ, Joseph Leo

Destacó como guionista y realizador norteamericano (Wilkesbarre, 1909-Bedford, 1993). Coproductor de todos sus films, se trata de uno de los grandes escritores cinematográficos de USA, que ligaría el guión y la dirección: «Cualquier guionista merecedor de este nombre ya ha dirigido su película cuando deja escrito el guión», dijo.

Empezó como periodista —corresponsal del *Chicago Tribune* en Berlín— y redactor de subtítulos para la UFA. En 1930 se trasladó a Hollywood para seguir con esa tarea, donde su hermano, Herman J. Mankiewicz, ya trabajaba como guionista. Enseguida sobresalió como dialoguista y autor de guiones, con *El pan nuestro de cada día*, *El enemigo público nº 1*, que le valió el primer Oscar; *Furia* e *Historias de Filadelfia*. Fue productor de Paramount y Fox y, a partir de 1946, debutó como realizador en *El castillo de Dragonwyck* (algunas secuencias habían sido rodadas por Lubitsch)

Caracterizado como director literario, escribía los guiones perfectamente construidos, con densos dramas y personajes bien caracterizados; en sus películas se ha valorado por igual lo que se expresa en imágenes como lo que se dice verbalmente. Jean-Luc Godard lo calificó como «el director más inteligente del cine moderno», con

Joseph L. Mankiewicz, en el plató

un dominio absoluto de la puesta en escena y heredero de la tradición cultural norteamericana. Su sólida experiencia como dramaturgo fílmico le llevó a cultivar con la misma soltura el drama racial y psicológico, en *Un rayo de luz* y *Odio entre hermanos*; la adaptación de clásicos teatrales, en *Julio César* y *Suddenly Last Summer*; el musical, en *Ellos y ellas*; la película de espionaje, en *Operación Cicerón*; o el western paródico, en *El día de los tramposos*, con Kirk Douglas y Henry Fonda como grandes intérpretes.

Pero el nombre de Joseph L. Mankiewicz se recuerda especialmente por haber creado uno de más agudos retratos del mundo del espectáculo teatral, con su magistral *Eva al desnudo*. También sobresalen otras obras mayores como la costumbrista *Carta a tres esposas* y la épico-romántica *La condesa descalza*, con Ava Gardner como radiante protagonista. Sin embargo, la ambiciosa *Cleopatra,* con la «estrella» Elizabeth Taylor como exigente *diva*, le dejó un tanto desengañado como creador y arruinado como productor independiente.

Gran director de actores e impecable dialoguista, Mankiewicz fue calificado asimismo como el «cineasta de la feminidad», como se evidencia en *Mujeres en Venecia* que cerró su singular cultivo del *star-system*. Siguió en parte la tradición iniciada por Ernst Lubitsch, con su refinado e irónico estilo, voluntariamente discursivo y de enorme vigor dramático. Pero, igual que este maestro, quedó también un poco trasnochado con la evolución del cine hollywoodense, que tanto había ayudado a darle esplendor.

Clasicista y a veces extravagante, cerebral y preocupado por los problemas de la sociedad de su tiempo, este liberal americano aún demostraría en 1972 su fuerza como creador en una singular comedia policíaca: *La huella*, inolvidable recital interpretativo de Laurence Olivier y Michael Caine, poco antes de abandonar la Meca del

Cine. Retirado como autor, Joseph L. Mankiewicz vivía lejos de Hollywood, con su familia y rodeado de libros. En 1992, estuvo presente en el homenaje que se le tributó en los Festivales de Deauville y San Sebastián, pocos meses antes de morir.

Filmografía:

El castillo de Dragonwyck (Dragonwyck, 1946). Sólo en la noche (Somewhere in the Night, 1946), El mundo de George Apley (The Late George Apley, 1947), El fastasma y la señora Muir (The Ghost and Mrs. Muir, 1947), Escape (1948), Carta a tres esposas (A letter to Three Wives, 1949), Odio entre hermanos (House of Strangers, 1949), Un rayo de luz (No Way Out, 1950), Eva al desnudo (All About Eve, 1950), People Will Talk (1951), Operación Cicerón (Five Fingers, 1952), Julio César (Julius Caesar, 1953), La condesa descalza (The Barefoot Contessa, 1954), Ellos y ellas (Guys and Dolls, 1955), The Quiet American (1958), De repente el último verano (Suddenly Last Summer, 1959), Cleopatra (1961-63), Mujeres en Venecia (The Honey Pot, 1967), El día de los tramposos (There Was a Crooked Man, 1970), La huella (Sleuth, 1972).

MANN, Anthony

Se le considera como uno de los clásicos del cine americano. (San Diego, 1906-Berlín, 1967). Famoso realizador de films policíacos y del género western, empezó como actor en Broadway y director de obras escénicas. Ayu-

Anthony Mann hablando con Gary Cooper, en El hombre del Oeste

dante de Preston Sturges en *Los viajes de Sullivan*, estuvo al servicio de Hollywood desde 1942 .

Realizador de películas de la serie B hasta 1949, demostró su categoría de creador con *Desperate* y *La brigada suicida*, entre otros títulos que influirían en el cine «negro» tradicional. Pero pronto destacó con sus epopeyas del Oeste, que están enclavadas entre los «clásicos» del western, formando un binomio artístico con su principal protagonista, el gran James Stewart: *Winchister 73, Horizontes lejanos, Colorado Jim, El hombre de Laramie*.... Al propio tiempo realizó otras piezas magistrales de este popular género: *Cazador de forajidos, El hombre del Oeste* y *Cimarrón*.

Con James Stewart llevó a la pantalla la biografía de Glenn Miller: *Música y lágrimas*, que constituiría un gran éxito comercial; mientras creaba también nuevas películas memorables: las épico-históricas *El Cid* y *La caída del Imperio Romano*, rodadas en España para el productor Samuel Bronston, durante su exilio europeo; y la magistral parábola antibélica *La colina de los diablos de acero*, junto a otros títulos menores. Su despedida del cine, pues murió repentinamente en pleno rodaje, fue con la película de espionaje *Sentencia para un dandy*, que concluyó su protagonista, el actor británico Laurence Harvey.

Ha sido valorado como uno de los cineastas más brillantes de su generación y el mejor discípulo de John Ford. Se aprecia en la rica y prolífica obra de Mann una serie de constantes personales: un sentimiento desesperado del destino, cierta violencia física y moral, el gusto por la tragedia y la grandeza de la muerte, el miedo y la venganza. A su vez, evidenciaba un estilo sobrio y comedido relacionando la belleza y el poder de la Naturaleza con la grandeza de sus personajes-héroe, con cuidados movimientos de cámara y calculadas angulaciones.

Excelente director de actores (Gary Cooper, Henry

Fonda, Glenn Ford... además de James Stewart), renovó
la concepción del film de aventuras; pues Anthony Mann
tenía un notable sentido de la narración y del empleo de
los grandes espacios, y siempre supo conjugar la calidad
artística de su cine con las demandas de la industria hollywoodense, sin perder apenas su fuerte personalidad.

Filmografía:

Dr. Broadway (1942), Moonlight in Havana (1942),
Nobody's Darling (1943), The Best Gal (1944), Strangers
in the Night (1944), The Great Flamarion (1945), Two
O'Clock Courage (1945), Sing You Way Home (1945),
Strange Impersonation (1946), The Bamboo Blonde
(1946), Desperate (1947), Railroaded (1947) La brigada
suicida (T-Men, 1948), Raw Deal (1948), El reinado del
terror (Reign of Terror/The Black Book, 1949), Border
Incident (1949), Side Street (1950), La puerta del diablo
(Devil's Doorway, 1950), Las furias (The Furies, 1950),
Winchester 73 (1950), The Tall Target (1951), Horizontes
lejanos (Bend of the River, 1952), Colorado Jim (The Naked Spur, 1953), Bahía negra (Thunder Bay, 1953), Música y lágrimas (The Glenn Miller Story, 1954), Tierras le-
janas (The Far Country, 1955), Strategic Air Command
(1955), El hombre de Laramie (The Man from Laramie,
1955), The Last Frontier (1955), Dos pasiones y un amor
(Serenade, 1956), La colina de los diablos de acero (Men
in War, 1957), Cazador de forajidos (The Tin Star, 1957),
God's Little Acre (1958), El hombre del Oeste (Man of
the West), Cimarrón (Cimarron, 1960), El Cid (1961), La
caída del Imperio Romano (The Fall of the Roman Empire, 1963), Los héroes de Telemark (The Heroes of Telemark, 1965), Sentencia para un dandy (A Dandy in Aspic,
1968).

MÉLIÈS, Georges

Este francés es uno de los grandes genios del Séptimo
Arte. (París, 1861-Orly, 1938) Fue, además, pionero, inventor y maestro de la cinematografía mundial. Actor,
saltimbanqui e ilusionista, el mago Méliès trasladó sus espectáculos de feria, de circo, a las imágenes, filmando sus
propias representaciones y originó un género imperecedero: el film fantástico. Fue el precursor el film-espectáculo, superando la visión poco ambiciosa de los inven-
tores, sus coetáneos Louis y Auguste Lumière. De ahí
que se le considere, por encima de los hermanos Lumière,
el «padre» del cinematógrafo; pues mientras éstos conci-
bieron el cine como documental —que registra—, Méliès
concibió el cine como narrador de historias —tal como se
entiende hoy—, como espectáculo.

Georges Méliès había asistido a aquella primera sesión
pública en el Gran Café de París, el ya histórico 28 de di-
ciembre de 1895. Inspirado en un «bioscop» del inglés
William Paul y con la ayuda de Henri Joly concibe el tomavistas con el que rodará sus espectáculos, montados en
el teatro Robert-Houdin. Después, construye un estudio
para realizar sus propias películas, creando escenarios y
decorados llenos de poesía e imaginación.

Es obvio que la estética del gran Méliès estaba influida
por la técnica teatral, pues su preocupación se centra eminentemente en el espectáculo que está filmando. Gracias a
su genialidad ideó numerosos «trucos» y *gags*, sin los
cuales el lenguaje del arte cinematográfico no hubiera
progresado. Él intuye enormes posibilidades creativas en
el nuevo invento: rueda imagen por imagen, desdobla y
sustituye personajes, realiza fundidos y sobreimpresiones, ensaya la aceleración y el ralentí, y llega a realizar el
travelling con ayuda de una alfombra volante. Fue, en definitiva, un inventor.

El genial Georges Méliès

El pionero Méliès sería además un autor completo: escribiría sus argumentos, diseñaba los decorados y vestuarios, dirigiendo y produciendo sus films e incluso a veces los interpretaba. En la medida que superaba la prestidigitación, los temas eran auténticas historias populares, que «ilustraban» el pasado francés o de otros países, y también las fantasías futuristas, como se aprecia especialmente en *Viaje a la Luna* y *Viaje a través de lo imposible*. En 1912 realiza su última obra maestra: *La conquista del Polo*, título con el que supera las 1.500 películas producidas por su firma, la Star Film (según el Centre Nationale de la Cinématographie; de ahí que sólo se incluyan en la

filmografía las películas más conocidas). Pero el monopo-
lio industrial europeo, sobre todo del productor coetáneo
Charles Pathé y del norteamericano —ya que Edison, Laemmle y otros cineastas copian sus films—, y el estallido
de la Primera Guerra Mundial, arruinan a este gran fran-
cotirador.

Entonces, el maestro Méliès se verá obligado a destruir
sus películas, debido a que no tiene donde conservarlas.
Así, centenares de negativos y copias son transformados
en productos químicos destinados a la fabricación de pei-
nes y jabón. De ahí que una mayoría de los originales de
este creador se hayan perdido para siempre. No obstante,
algunas piezas-clave se han podido reconstruir en Washington, sobre el papel y por medio de la «truca». Esas
copias son las que se proyectan en los cine-clubs y filmo-
tecas de todo el mundo, en formato reducido. Sin embargo, el MOMA de Nueva York posee un centenar de
negativos de películas de Méliès, mientras otras copias
originales se hallan en diversas cinematecas.

En 1928, diez años antes de su muerte, un periodista
galo tropezó con él en la estación de Montparnasse,
donde Georges Méliès vendía juguetes y caramelos. Fue
entonces cuando empezó la reivindicación de este creador, e incluso se encontraron algunas de sus películas en
color, que pintaba coloreando a mano los fotogramas del
celuloide. Con una influencia artística incalculable —aunque identificaba un tanto la pantalla con la escena al vin-
cular el naciente cinematógrafo a la estética teatral—,
abrió nuevas perspectivas a nivel de expresión e hizo del
cine un arte popular, pero no autónomo. Poeta e idealista
como pocos, en 1953 Georges Franju le dedicaría su entrañable *Le grand Méliès*; y en 1973 su nieta, M.
Malthête-Méliès, escribió una documentada biografía,
reivindicando las aportaciones de su arruinado y famoso
abuelo: *Méliès l'enchanteur*.

Filmografía:

Partida de naipes (Une partie de cartes, 1896), Sesión de prestidigitación (Séance de pestidigitation, 1896), El regador (L'arroseur, 1996), Boulevard des Italiens (1896), Salvamento en un río (Sauvetage en rivière, 1896), Dibujante relámpago (Dessinateur express, 1896), La danza serpentina (Danse serpentine, 1896), El zar de Rusia en París (Cortége du Tzar au Bois de Boulogne, 1896), Escamoteo de una dama (Escamotage d'un dame chez Roubert-Houdin, 1896), Riña en un café (Une altercation au café, 1897), Derrière l'omnibus (1897), Alucinación de un alquimista (L'hallucination de l'alchimiste, 1897), El castillo embrujado (Château hanté, 1897), Los últimos cartuchos (Bombardement d'un maison/Les dernières cartouches, 1897), Laboratorio moderno (La gabinet de Mephistopheles, 1897), El hipnotizador (Le magnetiseur, 1897), Fausto y Margarita (Faust et Margerite, 1897), Magia diabólica (Magie diabolique de Georges Méliès, 1898), L'explosion du Maine au Port de l'Havane (1898), La catastrophe du Maine (1898), Pygmalion et Galathèe (1898), Guillermo Tell (Guillaune Tell, 1898), El mago (Le mage, 1898), La luna a un metro (Le rêve d'un astronome/La lune á un mètre, 1898), El hombre de las mil cabezas (L'homme de 1000 têtes, 1898), Las tentaciones de San Antonio (La tentation de Saint-Antoine, 1898), El robo de la tumba de Cleopatra (Le vol de la tombe de Cléopatre, 1899), El diablo en el convento (Le diable au convent, 1899), Cristo sobre las aguas (Christ marchant sur les flots, 1899), El proceso Dreyfus (L'Affaire Dreyfus, 1899), La Cenicienta (Cendrillon, 1899), Los milagros de Brahman (Les miracles du Brahmine, 1899), Ilusionista fin de siglo (Illusioniste fin de siècle, 1899), Panoramas de l'Exposition (1900), Juana de Arco (Jeanne d'Arc, 1900), Sueño de Navidad (Rêve de Noël, 1900), Los vestidos en-

cantados (Le deshabillage imposible/Un coucher difficile,
1900), Barba Azul (Barbe Bleue, 1901), El hombre de la
cabeza de goma (L'home a la tête de caoutchouc, 1901),
El miracle de la Madonne/Le diable géant, 1901), El
huevo mágico (L'oeuf magique prolifique, 1901), La
erupción del monte Pelado/La catástrofe de la Martinica
(L'éruption du Monte Pelé, 1902), Viaje a la Luna (Le voyage dans la lune, 1902), Coronación de Eduardo VII de
Inglaterra (La sacré d'Eduard VII d'Anglaterre, 1902), El
hombre mosca (L'homme mouche, 1902), Viajes de Gulliver (Voyages de Gulliver a Lilliput et chez les géants,
1902), Robinson Crusoe (1902), Cake-Walk forzado/La
cocina infernal (Le Cake Walk infernal, 1903), Posada del
descanso (L'auberge du bon repos, 1903), El melómano
(Le mélomane, 1903), El reino de las hadas (Le royaume
des fées, 1903), La condenación de Fausto (La damnation
de Faust, 1903), Fausto (Faust, 1904), El barbero de Sevi-
lla (Le barbier de Seville, 1904), Viaje a través de lo imposible (Le voyage à travers l'impossible, 1904), El judío
errante (Le Juif errant, 1904), Bazar de Navidad (L'Ange
de Noël, 1905), De París a Montecarlo en dos horas (Le
voyage automobile Paris-Montecarlo en deux hores,
1905), Las cartas animadas (Les cartes vivantes, 1905),
Fuegos artificiales inesperados (Un feu d'artifice inna-
tendu, 1905), Rip van Winckle (Le rêve de Rip, 1905), El
palacio de las Mil y una Noches (Le palais des Mille et une
Nuits, 1905), El deshollinador (Jack le ramoneur, 1906),
La magia a través de los tiempos (La magia à travers les
âges, 1906), Pompas de jabón animadas (Les bulles de sa-
von animées, 1906), Los incendiarios (Les
incendiaires/L'histoire d'un crime, 1906), Los enredos del
diablo (Les quatrecents faces du diable, 1906), El hada
Carabosse (La fée Carabosse, 1906), Robert Macario y
Beltrán (Robert Nacaire et Beltrand, 1906), 20.000 leguas
bajo el mar (Vingt mille lieus sous les mers/Le cauchemar

*d'un pécheur, 1907), El túnel bajo el canal de la Mancha
(Le tunel sous Le Manche/Le cauchemar franco-anglais,
1907), Hamlet (1907), La civilización a través de los siglos
(La civilisation à travers les âges, 1908), De Nueva York a
París en automóvil (Le raid Nova York-Paris en auto-
mobile, 1908), La profetisa de Tebas (La prophétesse de
Thébes, 1908), La curiosidad castigada (La curiosité pu-
nie, 1908), El cuento de la abuelita (Conte de la grand-
mère et rêve de l'enfant, 1908), Hidroterapia fantástica
(Hydrothérapie fantastique, 1909), El inquilino diabólico
(Le locataire diabolique, 1909), Ilusiones fantásticas (Les
Illusions fantasistes, 1910), Si yo fuera rey (Si j'étais roi,
1910), L'Homme aux mille inventions (1910), Le Mous-
quetaire de la reigne (1910), Las alucinaciones del barón
de Munchausen (Les hallucinations du Baron de Münch-
hausen, 1911), La conquista del Polo (À la conquête du
Pôle, 1912), La Cenicienta/La zapatilla prodigiosa (Cen-
drillon/La pantoufle mysterieuse, 1912), El caballero de
las nieves (Les chevalier des neiges, 1913), El viaje de la
familia Bourrichon (Le voyage de la famille Bourricon,
1913).*

MINNELLI, Vincente

Fue un maestro de la comedia y del cine musical americano. (Chicago, 1910-Los Angeles, 1986). A los tres años
ya actuaba en la «troupe» de su familia, la Minnelli Brothers Dramatic Tent Show. Apasionado por la pintura, estudió Decoración y se dedicó a la fotografía (1930-1935).
Comienza su carrera como figurinista y director escénico
de espectáculos de Broadway (1935-1940), para ser contratado por Arthur Freed el mismo año 40. En las *majors*

Vincente Minnelli, maestro del musical

Paramount y Metro-Goldwyn-Mayer aprendió bien el oficio, hasta que el referido productor le encargó la dirección de su primera película: *Cabin in the Sky*, una fantasía musical sobre las comunidades negras del Sur.

De esta manera se especializaría muy pronto en el género musical, con actores de la categoría de Fred Astaire (*Ziegfeld Follies, Melodías de Broadway 1955*) y Gene Kelly (*El pirata*, su mítica *Un americano en París, Brigadoon*). Y también en comedias sentimentales o de enredo tan memorables como *El padre de la novia* y *El padre es abuelo*, ambas con el gran Spencer Tracy como protagonista; *Mi desconfiada esposa, Mamá nos complica la vida*;

cultivando además los dramas sociales: *Como un torrente* y *Con él llegó el escándalo*. Menos original para las adaptaciones literarias, como se aprecia en *Madame Bovary*, *Los cuatro jinetes del Apocalipsis*, según la obra de Blasco Ibáñez, y *Gigi*, a pesar de los Oscars de Hollywood, sus films melodramáticos tendían al folletín. Al respecto, había manifestado: «La búsqueda de un estilo para una situación dada es tan válido para una comedia como para un film dramático. Hay que narrar las historias procurando introducir un poco de magia. Pero no es siempre fácil discernir un matiz delicado.»

Contribuyó con sus espectaculares musicales a dignificar el género, con gran sentido plástico y gusto estético en el cromatismo, mostrando un estilo barroco, a veces nervioso y brillante otras. Y demostró su delicada sensibilidad como creador con sus inspiradas comedias, excelentes y conmovedoras —dando una simbología a los objetos—. Destacó también por su capacidad de «ilustrador» y su vocación de pintor con la biografía de Van Gogh, *El loco del pelo rojo*. Un tanto preso por las exigencias comerciales del cine de Hollywood, e influido por su maestro Arthur Freed y el «estilo Metro» para quienes trabajaba, Vincente Minnelli siempre evidenció una personalidad propia, al «pintar» los escenarios y personajes. Su creatividad se basaba más en la concepción del espacio que del decorado —muy cuidado pero muy teatral—, aunque con la elección de colores y la puesta en imágenes daba la psicología del personaje y creaba el clima preciso.

Asimismo, estaba dotado de sentido crítico y caía en cierta sensualidad complaciente, tal como se observa sobre todo en *The Sandpiper*. Acusado de formalista por el esplendor visual de sus obras y la búsqueda de la perfección estética, sus films también reflejaron el drama de la condición humana, especialmente del idealista que es absorbido por el contexto social en el que pretende refugiarse. Además, se aproxima al cine sociólogico, lo que le convierte en un cineasta con voluntad de humanista, con sus agudos retratos de la clase media americana: la magistral *El noviazgo del padre de Eddie*; o del mundo hollywoodense, como se evidencia en *Cautivos del mal* y *Dos semanas en otra ciudad*. La *star* Liza Minnelli, hija de su matrimonio con Judy Garland, es de algún modo la continuadora de esta «saga» y del espíritu de su obra. En 1974, publicó su autobiografía: *I remember it well*.

Filmografía:

Cabin in the Sky *(1943)*, I Dood It *(1943)*, Cita en San Luis *(Meet Me in Saint Louis, 1944)*, The Clock *(1945)*, Yolanda and the Thief *(1945)*, Las Follies Ziegfeld *(Ziegfeld Follies, 1945; seis episodios)*, Corriente oculta *(Undercurrent, 1946)*, El pirata *(The Pirate, 1948)*, Madame Bovary *(1949)*, El padre de la novia *(Father of the Bride, 1950)*, El padre es abuelo *(Father's Little Divident, 1951)*, Un americano en París *(An American in Paris, 1951)*, Cautivos del mal *(The Bad and the Beautiful, 1952)*, Melodías de Broadway 1955 *(The Band Wagon, 1953)*, Tres amores *(The Story of Three Loves, 1953; episodio)*, The Long Long Trailer *(1954)*, Brigadoon *(1954)*, La tela de araña *(The Cobweb, 1955)*, Kismet *(1955)*, El loco del pelo rojo *(Lust for Life, 1956)*, Té y simpatía *(Tea and Sympathy, 1956)*, Mi desconfiada esposa *(Designing Woman, 1957)*, Mamá nos complica la vida *(The Reluctant Debutante, 1958)*, Gigi *(1958)*, Como un torrente *(Some Came Running, 1959)*, Con él llegó el escándalo *(Home From the Hill, 1960)*, Guerra al teléfono *(Bells Are Ringing, 1960)*, Los cuatro jinetes del Apocalipsis *(The Four Horseman of the Apocalypse, 1962)*, Dos semanas en otra *ciudad (Two Weeks in Another Town, 1962), El noviazgo del padre de Eddie (The Courtship of Eddie's Father, 1963), Adiós Charlie ((Goodbye Charlie, 1964), Castillos en la arena (The Sandpiper, 1965), Vuelve a mi lado (On a Clear Day You Can See Forever, 1970), Nina (A Matter of Time, 1976).*

MIZOGUCHI, Kenji

Gran pionero y maestro del cine nipón. Está reputado como uno de los más grandes autores de la cinematografía de su país. (Tokio, 1898-Kyoto, 1956). De familia humilde, trabajó como aprendiz de dibujante de kimonos. Con una beca, estudió Bellas Artes logrando un gran conocimiento de la plástica occidental. Como dibujante publicitario en un periódico, evidenciaría su constante compromiso social al participar en la llamada «guerra del arroz». Actor y ayudante de dirección desde 1921, debutó como realizador en la película realista *El día en que vuelve el amor*, con la que le llegarían los primeros problemas con la censura de su país.

Con una obra desigual y muy prolífica —más de un centenar de films, algunos desaparecidos—, en el período mudo tuvo un importante papel en la consolidación del arte cinematográfico japonés. Aunque se inició con numerosas películas de encargo —policíacas, adaptaciones literarias—, fue a partir de 1926 cuando se afirmó su honda personalidad como creador. Se integró en el movimiento de «cine ideológico» y en el llamado Nuevo Realismo, con *El valle del amor y del odio* y *La patria*, entre muchos otros títulos, pero tuvo que replegarse ante la dictadura militar y realizar sólo films de samurais y sobre

El prolífico Kenji Mizoguchi

la época Meiji, cuyo fondo histórico le permitía hacer una crítica solapada a la situación del Japón contemporáneo. En 1934, intenta constituirse sin éxito en productor independiente. Y desde 1940 trabaja casi siempre con la misma actriz, Kinuyo Tanaka, encarnación de la nueva mujer japonesa, con su habitual guionista Yoshikata Yoda y un equipo técnico-artístico que se transforma en familiar.

Dado su esteticismo humanista, su cine tendrá un denominador común: la crítica de la sociedad nipona, moderna y feudal a la vez. Preocupado por la condición de la mujer, pues era humillada y considerada como un simple objeto por la sociedad, manifestó una delicada sensibilidad en sus retratos femeninos, según podemos apreciar, por ejemplo, en *Cuentos de la luna pálida de agosto* y *La calle de la vergüenza*. Sin duda alguna, esta preocupación fue debida al hecho de que su hermana fue vendida como *geisha*. Con espíritu romántico, lírico en ocasiones y realista en otras, Kenji Mizoguchi desarrolló durante la etapa sonora todo un estilo ritual japonés, refinado y legendario, con temas genuinos y una precisión fílmico-narrativa difícilmente transcribibles. Su utilización del plano-secuencia es famosa en todo el mundo, así como su progresión rítmico-musical y de movimientos del actor dentro del encuadre, con una gran economía de palabras y gestos. Por eso, al abandonar la influencia del teatro kabuki crea nuevas formas en la interpretación cinematográfica, experimentando la técnica del color con la que alcanzaría una belleza expresiva y pictórica extraordinarias: *La emperatriz Yang Kwei Fei* y *El héroe sacrílego*.

Las perspectivas humanísticas de su obra, metafísica y casi mística, y con un moralismo de fondo, cabe constatarlas mejor con las manifestaciones del propio creador: «El cine se ha convertido para mí en un arte muy difícil. Hoy, como ayer, quiero que mis películas representen la vida y las costumbres de una sociedad determinada. Pero en ningún caso hay que llevar la desesperanza al espectador; para ayudarle hay que intentar un nuevo humanismo.» Creador de una escuela, no quiso colaborar con los intereses del Gobierno de la posguerra, pero aun así pudo continuar trabajando ininterrumpidamente. Artista exigente y genial, fue poco popularizado fuera de su país, hasta conseguir ser premiado en el Festival de Venecia a partir de 1952: *Vida de O-Haru, mujer galante*, *El intendente Sansho*, *Los amantes crucificados*... Sin embargo, su figura sería muy respetada en Japón y conoció, antes de morir, el reconocimiento internacional como maestro del cine. Su discípulo Kimisaburo Yoshimura rodó en 1957 el guión que preparaba cuando padecía leucemia: *Cuentos de Osaka*.

Filmografía:

Ai ni yomigaeruhi (El día en que vuelve el amor, 1922), Furusato/Kokyo (El país natal, 1923), Seishun no yumeji (Sueños de juventud (1923), Joen no chimata (La callejuela de la ardiente pasión, 1923), Haizan no uta wa Kanashi (Triste es la canción de los vencidos, 1923), 813-Rupimono (Una historia de Arsenio Lupin, 1923), Kiri no minato (El puerto de las brumas 1923), Haikyo no naka (En las ruinas, 1923), Yoru (La noche, 1923), Chi to rei (la sangre y el alma, 1923), Toge no uta (La canción del desfiladero, 1923), Kanashiki hakuchi (El pobre imbécil, 1924), Akatsuki no shi (Muerte al amanecer, 1924), Gendai no joo (Una reina de los tiempos modernos, 1924), Josei wa tsuyoshi (Las mujeres son fuertes, 1924), Jin-Kyo (Nada más que polvo, 1924), Shichimencho no yukue (En busca de una pavita, 1924), Samidare Soshi (Lluvia de mayo y papel de seda, 1924), Kanraku no onna (La mujer alegre, 1924), Kyokubadan no joo (La reina del circo, 1924), Ito junsa no shi (La muerte del policía Ito, 1925), Musen fusen (No hay guerra sin dinero, 1925), Gakuso idete (Tras los años escolares, 1925), Daichi wa hohoemu (La sombra de nuestra tierra, 1925), Shirayuri wa nageku (El llanto del crisantemo blanco, 1925), Akai yuki ni terasarete (Bajo los rayos rojos del sol poniente, 1925), Gaijo no sukechi (Escenas de la calle, 1925), Ningen (El ser humano, 1925), Furusato no uta (La canción del país natal, 1925), Nogi taisho to Kuma-san (El general Nogi y el señor Kuma, 1926), Doka-O (El rey de la perra chica, 1926), Kami-ningyo haru no sasayaki (El murmullo primaveral

*de una muñeca de papel, 1926), Shin onoga tsumi (Las
consecuencias del error, 1926), Kyoren no onna shishto (El
amor de una profesora de canto, 1926), Kaikoku danji
(Los hijos del mar, 1926), Kane (El dinero, 1926), Ko-on
(Gratitud imperial, 1927), Jihi shincho (Como el corazón
cambiante de un pájaro, 1927), Hito no issho (La vida de
un hombre, 1928; tres partes), Musume kawaiya (¡Qué
chica tan encantadora!, 1928), Ninhonbashi (El puente
Nihon, 1929), Asahi wa kagayaku (Brilla el sol al ele-
varse, 1929), Tokyo koshin kayoku (La vida en Tokio,
1929), Tokai kokyogaku (Sinfonía de la gran ciudad,
1929), Furusato (La tierra natal, 1930), Tojin Okichi
(Okichi, amante del extranjero, 1930), Shikamo karera
wa yuku (Y sin embargo avanzan, 1931), Toki no ujigami
(El dios guardián del tiempo, 1932), Manmo kenkoku no
remei (El alba de la fundación de Manchuria, 1932), Taki
no shiraito (El hijo blanco de la cascada, 1933), Gion mat-
suri (La fiesta de Gion, 1933), Jim-puren (El grupo Jimpu,
1933), Aizo-toge (El collado del amor y del odio, 1934),
Orizuru Osen (Osen, el de las cigüeñas, 1934), Maria no
Oyuki (La virgen de Oyuki, 1935), Gubijinso (Las ama-
polas, 1935), Naniwa ereji/Naniwa hiaj (Elegía de Naniwa, 1936), Gion no shimai/Gion no kydai (Las hermanas de Gion, 1936), Aien Kyo (El valle del amor y del
odio, 1937), Roei no uta (La canción del campo, 1938), Aa
furusato!/Aa kokyo (La patria, 1938), Zangiku monogatari (Cuentos de los crisantemos tardíos, 1939), Naniwa
onna (La mujer de Naniwa, 1940), Geido ichidai otoko
(La vida es un actor, 1940), Genroku Chushingura (La
venganza de los 47 samurais, 1942; dos partes), Danjuro
Sandai (Los tres Danjuro, 1944), Miyamoto Musashi (La
historia de Miyamoto, 1945), Hisso ka (El canto de la victoria, 1945), Meito bijo maru (La espada de Bijomaru,
1946), Josei no shori (La victoria de las mujeres, 1946),
Utamaro o meguru gonin no onna (Cinco mujeres en*

*torno a Utaramo, 1946), Joyu Sumako no koi (El amor de
la actriz Sumako, 1947), Yoru no onna-tachi (Mujeres en
la noche, 1948), Waha koi wa moenu (Llama de mi amor,
1949), Yuki fujin ezu (El destino de la señora Yuki, 1950),
Oyu sama (La señorita Ozu, 1951), Musashiro fujin (La
vida de Masashiro, 1951), Vida de O-Haru, mujer galante (Saikaku ichidai onna, 1952), Cuentos de la luna pálida de agosto (Ugetsu monogatari, 1953), Los músicos de
Gion/La vida de dos geishas (Gion Bayashi, 1953; remake), El intendente Sansho (Sansho dayu, 1954), Uwasa
no onna (Una mujer crucificada, 1954), Los amantes crucificados (Chikamatsu monogatari, 1955), La emperatriz
Yang Kwei Fei (Yokihi, 1955), Shin Heike monogatari
(Historia del clan Taira/El héroe sacrílego, 1955), La calle
de la vergüenza (Akasen Chitai , 1956).*

MURNAU, Friedrich Wilhelm

El célebre autor del cine germano y mundial, se cuenta
entre los más importantes creadores del expresionismo y
del *Kammerpielfilm* (Bielefeld, 1888-Santa Bárbara,
1931). De origen sueco y procedente de una familia acomodada y viajera, estudió Historia, Arte y Música, para
iniciarse en el teatro con Max Reinhardt (1911-1914), dedicándose a dirigir cine desde 1919.

Su lanzamiento internacional no tendría lugar hasta
1922 con su magistral *Nosferatu el vampiro*, basada en
Drácula de Bram Stoker, que popularizó el movimiento
expresionista junto a *El gabinete del doctor Caligari*
(Wiene, 1919), a pesar de sus elementos románticos y naturalistas. En estos años, manifestaría: «Los decoradores
que hicieron *Caligari* no se imaginaban la importancia

El maestro F. W. Murnau

que tendría su film, y sin embargo en él se habían descubierto cosas sorprendentes. Simplicidad, más y más simplicidad: he aquí cuál debe ser el carácter de los films del
futuro... Nuestro esfuerzo ha de tender hacia la abstracción de todo lo que no sea verdadero cine, hacia la exclu-
sión de todo lo que no pertenezca al verdadero patrimonio del cine, de cuanto sea trivial y proceda de otras
fuentes: recursos, moldes vulgares provenientes del guión
o del libro. Pues esto es lo que le ocurre a un film cuando
logra alcanzar el nivel del gran arte.»

Después, llegaron sus otros clásicos geniales: *El último*,
una obra maestra que interpretó el gran Emil Jannings y

que ofrecía una aguda crítica social de la República de Weimar; *Tartufo* y *Fausto*, adaptaciones de Molière y Goethe. A continuación fue contratado por la industria de Hollywood, y allí realizó una de sus películas mayores: la romántica *Amanecer*, según la obra de Hermann Sudermann *El viaje a Tilsit*, con la que obtuvo el primer Oscar concedido por la Meca del Cine. Con este film, protagonizada por los actores americanos George O'Brien y Janet Gaynor, F. W. Murnau no perdió el espíritu germano como creador, gracias también al guión escrito por el expresionista Carl Mayer. Finalmente, realizaría con Robert Flaherty la naturalista *Tabú*, rodada en las islas de Tahití y Bora-Bora.

La obra de Murnau presenta una serie de características que le singularizan como autor: angustia, fatalidad, la imposibilidad de amar o de consumar el amor, la exaltación de la naturaleza, sus obsesiones por la muerte y la maldición divina... Todo ello expresado en una atmósfera sombría y lírica, que aportó al cine innovaciones estético-narrativas. La cámara se convertiría en un personaje más reproduciendo, a través de su movilidad, todo lo que los cineastas expresionistas habían hecho mediante la deformación o juegos de luces, y dando a su vez un papel importante al decorado y a los objetos. La iluminación y los «trucos», especialmente el ralentí, conformarían un singular e influyente estilo. En este sentido, había escrito: «El drama nos entra con la imagen por la manera como han sido colocados o fotografiados los decorados. Por su relación con otros objetos o con los personajes podemos considerarlos como elementos de la sinfonía del film.»

Cuando Friedrich W. Murnau falleció a los 42 años de accidente automovilístico ya había alcanzado el culmen de su madurez artística, siendo considerado como uno de los máximos exponentes del cine mudo mundial.

Filmografía:

Der Knabe in blau/Der Dessmaradg (1919), Satanás (1920), Sehsucht/Bajazzo (1920), Die Bucklige und die Tänzerin (1920), Der Januskopt/Schreicken (1919), Abend... Nacht... Morgen (1920), Luz que mata (Der ttang in die Nacht, 1921), Marizza, gennannt die Schumugglermadonna/Ein shönes Tier (1921), Schloss Vogelöd (1921), Nosferatu el vampiro (Nosferatu, eine Symphonie des Grauens, 1922; versión sonorizada en 1930). La tierra en llamas (Der brennende Acker, 1922), El nuevo Fantomas (Phantom, 1922), Die Austreibung (1923), Die Finanzen des Grossherzogs (1923), El último (Der letzte Mann, 1924), Tartufo o el hipócrita (Tartüff, 1925), Fausto (Faust, 1926), Amanecer (Sunrise, 1927), Los cuatro diablos (Four Devils, 1928), El pan nuestro de cada día (Our Daily Bread/City Girl, 1929), Tabú (Tabu, 1931, co-dir. Robert J. Flaherty).

OPHÜLS, Max

Se puede afirmar que fue un prototipo de cineasta itinerante. (Sarrebrück, 1902-Hamburgo, 1957). De origen alemán y ascendencia judía, realizó su obra en Alemania, Austria, Suiza, Francia, Italia, Holanda y Estados Unidos. Empezó como actor y director escénico, desarrollando una amplia labor teatral con el montaje de clásicos y operetas. Interesado por el cine, debutó como realizador en 1930.

Max Ophüls destacó enseguida por su singular sentido de la puesta en imágenes, que comenzó con *Liebelei* y continuaría con *Carta de una desconocida*, *La Ronde*,

Max Ophüls comenta una escena a Joan Fontaine

Madame de..., y la magistral *Lola Montes*, primera utilización madura del cinemascope y audaz tratamiento del color. En estos y otros films memorables ha dejado una impronta en las nuevas generaciones por su barroquismo expresivo-ambiental y aportación estética.

Influido asimismo por el expresionismo alemán y la vanguardia impresionista gala, Ophüls mantuvo su personalidad a veces incomprendida, y fue rehabilitado póstumamente como autor. Fue un artista refinado y romántico, formalista y profundo, lírico y nostálgico, en continua búsqueda estética y con cierta inquietud melancólica, aunque sería tachado de superficial y picaresco, amanerado y arcaico, manierista y decadente. En la actualidad, a pesar de su poco extensa obra cinematográfica, se le considera como uno de los más cultos realizadores europeos.

Preocupado por los eternos temas del Amor y el Destino y enamorado de la *Belle Époque*, sus films manifestaban ternura y fantasía, vitalidad y humor, preciosismo y lujo, así como un gusto exquisito por el decorado. Sus grandes construcciones ornamentales, cargadas de mobiliario y objetos, parecían girar por el incesante movimiento de la cámara —grúa incluida— y los portentosos ángulos de toma. Fue un artista que alcanzó una notable unidad entre la expresión y el tema, logrando también dar gran plasticidad a las imágenes y un sentido rítmico-musical a la narración que evidenciaría su magisterio en la puesta en escena, tanto teatral como cinematográfica.

Filmografía:

Die verliebte Firma (1932), Los herederos felices (Die lachende Erben, 1932), Die verkaufte Braut (1932), Amoríos (Liebelei, 1932/versión francesa: Une histoire d'amour, 1933), Se ha robado un hombre (On a volé un homme, 1934), La signora di tutti (1934), Divina (Divine, 1935), Komedie om Geld (1936), La tendre ennemie (1936), Yoshiwara (1937), Werther (1938), Suprema decisión (Sans lendemain, 1940), De Mayerling a Sarajevo (De Mayerling à Sarajevo, 1940), La conquista de un reino (The Exile, 1947), Carta de una desconocida (Letter From An Unknown Woman, 1948), Atrapados (Caught, 1949), Almas desnudas (The Reckless Moment, 1949), La Ronde (1950), Le plaisir (1952), Madame de... (1953), Lola Montes (1955).

OZU, Yasujiro

Uno de los mejores realizadores del realismo social japonés (Tokio, 1903-1963). Forma parte junto con Kuro-

Yasujiro Ozu comprobando una toma

sawa y Mizoguchi de la tríada de clásicos más conocida
en el mundo occidental. Hijo de un comerciante, estudió
en Kyoto y en la Universidad de Waseda. Fascinado por
el cine mudo, comenzó a trabajar como ayudante en
1922. Actor cómico y guionista, debuta como realizador
en 1927.

Con una obra profundamente nipona y rodada entre
los avatares de las diversas guerras en que participó, primero cultivaría el llamado *Shimun geki*, género de dramas y comedias protagonizado por gente corriente, especialmente empleados y personas de clase media, con
ciertos paralelismos con el cine de Frank Capra y Jean
Renoir. Influido después por el movimiento neorrealista,
su cine evolucionó a temas de mayor enjundia social y
política, como *El trigo de otoño*, con el que tuvo problemas de censura, y retrató como pocos el particular *status*
del Japón en *Primavera tardía* y las también magistrales

Comienzo de verano y *Cuentos de Tokio*. Interesado por las relaciones padres-hijos, se especializó en historias de amor desarrolladas en familias burguesas como *Otoño tardío* y *El sabor del sake*, entre otras.

Un tanto opuesto al film sonoro, su estilo es tremendamente austero, con largas escenas íntimas y planos fijos, con amplios campo-contracampos. También sobresale por su sobriedad absoluta en el montaje y la dirección de actores, así como su sentido del detalle y la captación de los objetos. Perfeccionista y meticuloso como narrador, su universo es un mundo de silencio y tranquilidad, agridulce y sutil, que le aproxima al espíritu zen y que ha sido comparado con el «jansenismo» de Robert Bresson. Con tendencia a la desdramatización, manifestaría: «Ahora los films con estructura dramática acusada me cansan. Está claro que un film ha de tener una estructura, pero no es bueno que destaque demasiado el drama.»

Poco exportado debido al carácter localista de su cine, aunque muy apreciado en su país, la obra de Ozu fue reconocida en el extranjero el mismo año de su muerte, gracias a la retrospectiva organizada por el crítico Donald Richie en el Festival de Berlín, siendo valorada como una de las más importantes del Séptimo Arte.

Filmografía:

Zange no yaiba (La espada del arrepentimiento, 1927), Wakodo no yume (Sueños de juventud, 1928), Nyobo funshitsu (Mujer perdida, 1927), Kabocha (La calabaza, 1928), Hikkoshi fufu (1928), Nikutaibi (Un cuerpo magnífico, 1928) Takara no yama (La montaña del tesoro, 1929), Wakaki Hi (Días de juventud, 1929), Wasei kenka tomodachi (Amigos en la lucha, 1929), Daigaku wa detakeredo (1929), Kaishain seikatsu (Vida de un oficinista,

*1928), Tokkan kozo (Un muchacho honrado, 1928),
Kekkon-gaku nyumon (Introducción al matrimonio,
1930), Hogaraka ni ayume (Marchad alegremente, 1930),
Rakudai wa shita keredo, 1930), Sono yo no tsuma (Esposa de una noche, 1930), Erogami no onryo (El espíritu
vengativo de Eros, 1930), Ashi ni sawatta koun (La
suerte ha tocado mis piernas, 1930), Ojosan (La mujer joven 1930), Shukujo to hige (La mujer y los favoritos,
1931), Bijin Aishu (Las desgracias de la belleza, 1931),
Tokyo no gassho (El albergue de Tokio, 1931), Haru wa
gofujin kara (1932), Umarete wa mita keredo (Sin embargo hemos nacido, 1932), Seishun no yume, ima izuko
(¿Dónde están los sueños de juventud?, 1932), Mata au hi
made (Hasta nuestro próximo encuentro, 1932), Tokyo
no onna (Una mujer de Tokio, 1933), Hijosen no onna
(Mujeres en combate, 1933), Dekigokoro (Fantasía pasajera, 1933), Haha o kowayuza (Una madre debe ser querida, 1934), Ukigusa monogatari (Historias de las hierbas
flotantes, 1934), Hakoiri musume (La joven virgen,
1934), Tokyo yoitoco (1935), Tokyo no yado (1935), Daigaku yoitoko (1936), Hitori musuko (El hijo único, 1936),
Shukujo wa nani o wasuretaka (¿Qué ha olvidado la señora?, 1937), Todake no kyodai (Los hermanos de la familia Toda, 1941), Chichi ariki (Él era un padre, 1942),
Nagaya shinshiroku (Noches del suburbio, 1947), Kaze
no naka no mendori (Una gallina en el viento, 1948),
Banshun (Primavera tardía, 1949), Munakata shimai
(Las hermanas Munagaka, 1950), Bakushu (Comienzo
de verano, 1951), Ochazuke no aji (El trigo de otoño,
1952), Cuentos de Tokio/Viaje a Tokio (Tokyo monogatari, 1953), Primavera temprana (Soshun, 1956), Tokyo
boshoku (Crepúsculo en Tokio, 1957), Higanbana (Flores
de equinocio, 1958), Ohayo (Buenos días, 1959), Ukigusa
(Las hierbas flotantes, 1959), Akibiyori (Otoño tardío,
1960), Kohayagawa-ke no aki (El otoño de la familia Ko-*

hayawa/Último capricho, 1961), Samma no aji (El sabor del sake, 1962).

PABST, George Wilhelm

El máximo representante del nuevo realismo alemán (Raudnitz, 1885-Viena, 1967). De origen austríaco y familia humilde, fue obrero en una fábrica de cerveza y estudió en la Academia de Artes Decorativas. Relacionado con los movimientos vanguardistas, debutó como director escénico en Zúrich y actúa en Alemania a partir de 1907. Trabajaría también como actor y director en el Teatro Alemán de Nueva York (1910-1914). Interesado por el cine, en 1921 abandona las tablas para fundar una productora con el cameraman Carl Froelich.

Autor de gran cultura humanística, G. W. Pabst se situó enseguida a la izquierda política, entre el germanismo y el espíritu europeísta. De carácter inquieto y contradictorio, fue un creador dividido entre el racionalismo y el espíritu romántico, que, a pesar de su militancia antifascista, llegó a trabajar en el cine del nazismo. Influido por el pujante expresionismo, con *Bajo la máscara del placer* —interpretada por Werner Krauss, Asta Nielsen y Greta Garbo— inaugura el llamado realismo social alemán. Esta corriente, de origen naturalista, contiene un áspero reflejo de la vida, destacando las actitudes pesimistas y un anticonformismo a veces corrosivo, que evidenciaría el confusionismo moral e ideológico que padeció la Alemania de entreguerras.

Se dejó fascinar por la sordidez y las atmósferas cargadas, y fue atraído por los temas psicoanalíticos y eróticos, los problemas del sexo y la explotación, la miseria hu-

El discutido G. W. Pabst

mana y desesperación de ese período, así como por la polémica sociopolítica. Pabst se integró en la corriente
«Nueva Objetividad» y utilizó asimismo las teorías freudianas en algunos de sus films mudos: *El misterio de un
alma*, *El amor de Jeanne Ney*, una adaptación de Elya
Ehrenburg; *Lulú*, según *La caja de Pandora* del expresionista Franz Wedekind; *Crisis* y *Tres páginas de un diario*,
con las «estrellas» Brigitte Helm y Louise Brooks como
protagonistas. Durante la etapa sonora realizó sus obras
maestras: la pacifista *Cuatro de infantería*, la fraternal
Carbón y la militante *La comedia de la vida*, basada en
La ópera de tres peniques de Bertolt Brecht, quien le de-

mandó por no haber sido fiel a su texto. Asimismo, en su exilio francés, rodó su magistral *Don Quijote* aunque su versión fue muy discutida.

Tras una fallida estancia en Hollywood (*A Modern Hero*), este cineasta calificado de progresista e incluso como «Pabst el rojo», regresó sorprendentemente a la Alemania hitleriana para seguir realizando cine. De esos años son sus ambiciosos y poco apreciados films histórico-biográficos: *Comediantes* y el inacabado *El caso Molander*, entre otros. Después, entró en decadencia como creador. Patriota a ultranza, fue marcado por su presunta colaboración con el nazismo. Cuando llegó a su país en 1941, al parecer llamado por Hitler, devolvió la Legión de Honor que le había concedido el Gobierno francés. Concluida la II Guerra Mundial, trabajó en Austria, Italia y Alemania Federal, intentando «excursarse» ideológicamente con *El proceso*, *La conciencia acusa* y *El último acto*. Pabst se retiraría en 1956, siendo durante mucho tiempo olvidado injustamente como cineasta.

Filmografía:

Der Schatz (*El tesoro*, 1923), *Gräfin Donelli* (*La condesa Donelli*, 1924), *Bajo la máscara del placer/La calle sin alegría* (*Die freudlose Gasse*, 1925), *Geheimnisse einer Seele* (*El misterio de un alma*, 1926), *El espejo de la dicha/El príncipe del misterio* (*Man spielt nicht mit der Liebe*, 1926), *El amor de Jeanne Ney* (*Die Liebe der Jeanne Ney*, 1927), *Crisis* (*Abwege*, 1928), *Lulú/La caja de Pandora* (*Die Brüchse der Pandora*, 1929), *Tres páginas de un diario* (*Das Tagebuch einer Verlorenen*, 1929), *Prisioneros de la montaña* (*Die veisse Hölle vom Piz-Palü*, 1929, co-dir. Arnold Frank), *Cuatro de infantería* (*Westfront 1918*, 1930), *Skandal um Eve* (*Escándalo en torno a*

*Eva, 1930), La comedia de la vida/La ópera de cuatro
cuartos (Die Dreigroschenoper, 1931), Carbón/La tragedia de la mina (Kameradschaft, 1931), La Atlántida (Die
Herrin von Atlantis/L'Atlantide, 1932), Don Quijote
(Don Quichotte, 1933), Du haut en bas (1933), A Modern
Hero (1934), MademoiselleDocteu/Salonique nid d'es-
pions (1937), Le drame de Shanghai (1938), La ley sagrada (Jeunes filles en détresse, 1939), Comediantes
(Komödianten, 1941), Späte Liebe (1942), Paracelsus
(1943), Meines vier Jungen (1944), El proceso (Der Pro-
zess, 1948), Geheimnisvolle ttiefen (Profundidades miste-
riosas, 1948), La conciencia acusa/La casa del silencio (La
voce del silenzio, 1953), Cose da pazzi (1953), Das Be-
kenntnis der Ina Kahr (La confesión de Ina Kahr, 1954),
Der letzte Akt (El último acto, 1955), Es geschah am 20
Juli (Sucedió el 20 de julio, 1955), Rosas para Bettina (Ro-
sen für Bettina, 1956), Los bosques de mis sueños/Le-
yenda de los bosques (Durch die Wälder durch die Auen,
1956).*

PASOLINI, Pier Paolo

Ha sido una de las figuras más controvertidas del cine
moderno (Bolonia, 1922-Ostia, 1975). Autor solitario e
inimitable, está considerado entre los primeros realizadores italianos contemporáneos. Conocido escritor marxista, traductor y filólogo del cine, fue también poeta, novelista, dramaturgo, guionista y actor. Pasolini encontró
en el arte cinematográfico el vehículo más idóneo para la
difusión de sus ideas: «Es el lenguaje escrito de la realidad», manifestó. Apoyado por cierto sector de la izquierda, su prestigio internacional se debía más a la nota-

El polemizado Pier Paolo Pasolini

ble concepción escenográfica que a su labor estrictamente
fílmica, pues ha sido tachado de cierto tono *amateur* y de
manierista como creador.

De obra desigual e interesado por el mundo más decadente, debido a su singular sensibilidad, combinó la crudeza naturalista hasta extremos insospechados de obscenidad con el lirismo místico-mitológico más insólito: la
fábula neorrealista de *Accattone*, el melodrama freudiano
de *Mamma Roma*, los clásicos griegos *Edipo Re* y
Medea, o el canto a la homosexualidad en *Teorema*. Así,
sus aplaudidas incursiones pseudorreligiosas estaban
orientadas, dentro de la dialéctica materialista (*Il Vangelo*

secondo Matteo), a una épica popular. Su postura escéptico-desmitificadora se concretaría mediante la simbología y fabulación poética, como se evidencia en *Porcile* y *Uccellacce e Uccellini*, donde utiliza el lenguaje del bajo pueblo.

Sus films han provocado diversos escándalos y controversias, ya que mezclaba, según se ha escrito, pornografía, erotismo y escatología; especialmente en torno a las adaptaciones de clásicos: la denominada Trilogía de la vida, *El Decamerón*, *Los cuentos de Canterbury* y *Las Mil y una Noches*. De ahí que la metáfora minoritaria, la grosería más escabrosa y las pretensiones estético-intelectuales hicieran de su obra un cine de consumo para iniciados. A este propósito, había declarado: «Cuando hice *Il Vangelo* quise hacer una obra nacional-popular, según la definición de Gramsci; lo mismo pasó con *Il Decamerone*. Si miramos el *Evangelio* y el *Decamerón* con ojo crítico nos daremos cuenta de que ambos films se parecen mucho, que el estilo y la idea son los mismos: el sexo ha tomado el lugar de Cristo, eso es todo. Pero no hay una gran diferencia.»

No obstante, Pasolini fue un artista sufriente, como había expresado él mismo con estas palabras: «Conscientemente he buscado la muerte después de una breve juventud, que a mí me parece eterna, siendo la única, la insustituible que me correspondió en suerte... Conscientemente he renunciado a la inenarrable alegría de estar en el mundo, pero he pagado esta renuncia con un desgarro total que sólo un vivo puede comprender.» Considerado, en suma, como un auténtico *marginal* con tantos detractores como partidarios, antes de ser asesinado en extrañas y sórdidas circunstancias realizó su también decadente *Saló*, versión moderna de *Los 120 días de Sodoma*, del marqués de Sade.

Filmografía:

*Accattone (1961), Mamma Roma (1962), Rogopag
(1963; episodio), La rabbia (1963; episodio), Comizi
d'amore (1964), El Evangelio según San Mateo (Il Vangelo secondo Matteo, 1964), Pajarracos y pajaritos (Ucce-
llaci e Uccellini, 1966), Las brujas (Le streghe, 1967; episodio), Edipo, el hijo de la fortuna (Edipo Re/Edipo, il figlio
della fortuna, 1967), Capriccio all'italiana (1968; episodio), Amore e Rabbia (1968; episodio), Teorema (1968),
Pocilga (Porcile, 1970), Blasfemia (1970), Appunti per un
Orestiade africana (1970), Medea (1970), El Decamerón
(Il Decamerone, 1971), Los cuentos de Canterbury (I rac-
conti di Canterbury/The Canterbury Tales, 1972), Las
Mil y una Noches (Il fiori delle mille e una notte, 1973),
Saló o los 120 días de Sodoma (Salo o le centoventi gior-
nate di Sodoma, 1976).*

PECKINPAH, Sam

Fue una figura muy representativa del Nuevo Cine
americano (Peckinpah Mountain, 1926-Ingelwood, 1984).
Destaca por ser uno de los directores más capaces y «contestatarios» de la industria hollywoodense. Nieto de un
jefe indio, estudió Derecho y después se enroló en el ejército. Diplomado en Arte Dramático, trabajó como ayudante de Don Siegel en *Invasion of the Body Snatchers*
(1956) y fue guionista y realizador de diversas series televisivas, como las populares *Rifleman* y *The Westerner*.
Cineasta «maldito» en los inicios, a causa del control
tácito de sus películas —algunas fueron mutiladas o alte-
radas en el montaje—, sería uno de los renovadores del

El rostro de Sam Peckinpah evidencia su origen piel roja

género western, al que dio un cariz intelectual, violento y
subjetivo lejos de los tópicos reinantes: *Duelo en la Alta
Sierra, Mayor Dundee* y *Grupo salvaje*, especialmente. Al
desmitificar el Far West y consolidar el western intelectual, tras la crisis ocasionada por el *spaghetti-western* europeo, se reafirmó con estas declaraciones: «No me interesa el mito; sólo me interesa la verdad. Y el mito del
Oeste se encuentra en la explotación de la gente que iba a
conseguir tierra. Si se quiere hacer una película sobre el
Oeste hay que hacerla sobre esta gente que iba y tenía tierra. Y que robaron y mataron a los "malditos" indios.
Pero eso lo cambié, o al menos espero haberlo conse-

guido, en mi *Grupo salvaje*. Uno de mis propósitos al hacer esta película era romper el mito del Far West.»

Es obvio que, a nivel de creación fílmico-estética, su pulso cinematográfico y originalidad narrativa son notables, así como su empleo del color y el clima interno que concebía en sus films. Por ello son célebres sus sangrientos *ralenti*, a modo de ballet, también a través de escenarios naturales auténticos. No obstante, en su aplaudida obra incurrió en excesos eróticos y violentos o cínicos y humorísticos, que, quizá, le proporcionarían más fama que sus meros valores artísticos.

Sam Peckinpah sacaba temas del Oeste, afirmando que nunca había realizado westerns, para pronunciarse acerca del «héroe» tradicional, sobre la sociedad de ayer y hoy; al propio tiempo, ponía en la picota los defectos de la idiosincrasia americana y del hombre contemporáneo inmerso en un contexto con el que no está de acuerdo o le parece corrompido. Así, aparecen claramente el puritanismo, la hipocresía, el orgullo, la explotación, el triunfalismo, la miseria, el paternalismo, la ambición, los convencionalismos, el sentido del amor y la violencia... Y, para ello, se sirvió de unos tipos muy característicos y de situaciones-límite llenas de «claves» difíciles de aprehender por el gran público, debido a su agudeza crítica —entre líneas— e insinuaciones simbólicas, como sucede, por ejemplo, en *Junior Bonner*, con Steve McQueen como el legendario *cowboy* protagonista.

Algo obstinado e individualista, el universo peckinpahiano es un tanto escéptico, patético y atormentado: un mundo sufriente, donde el hombre —antihéroe y «perdedor»— se encuentra irremisiblemente atrapado, como se puede observar en *Perros de paja*; o bien está condenado por el progreso tecnológico, como también se evidencia en *La balada de Cable Hogue*. De ahí que su obra ofrezca un mosaico de desesperación individual y colectiva acerca de una sociedad que se destruye y que sólo considera «superable» por medio de una violencia aún mayor, como se demuestra, por ejemplo, en *Pat Garret y Billy the Kid* y *La huida*. La violencia, en definitiva, como liberación; el mismo Peckinpah manifestaría: «Todo es confuso y no sé bien qué es lo que hay que hacer. Estoy aprendiendo porque no tengo respuestas, sólo preguntas que hacer.»

Tras realizar los *thrillers* nihilistas *Quiero la cabeza de Alfredo García* y *Los aristócratas del crimen*, la brechtiana cinta antibélica *La Cruz de Hierro*, y su amarga parodia *Convoy*, película testimonial que demostró su maestría como narrador, acaso se sentiría cansado de luchar contra el sistema, porque estuvo cinco años sin trabajo como realizador. Cuando acababa de cumplir los 58 años, se despidió del cine con el fallido film de espionaje *Clave Omega*. Posiblemente, su temprana muerte haya sido, como en sus antepasados pieles rojas, la desaparición del último guerrero.

Filmografía:

The Deadly Companions (1961), Duelo en la Alta Sierra (Ride the High Country, 1962), Mayor Dundee (Major Dundee, 1965), Grupo salvaje (The Wild Bunch, 1969), La balada de Cable Hogue (The Ballad of Cable Hogue, 1970), Perros de paja (Straw Dogs, 1971), Junior Bonner (1972), La huida (The Getaway, 1972), Pat Garret y Billy the Kid (Pat Garret and Billy the Kid, 1973), Quiero la cabeza de Alfredo García (Bring me the Head of Alfredo García, 1974), Los aristócratas del crimen (The Killer Elite, 1975), La Cruz de Hierro (Cross of Iron, 1977), Convoy (1978), Clave Omega (The Osterman Weekend, 1983).

PENN, Arthur

Otro de los realizadores norteamericanos más discuti-
dos y uno de los pioneros del cine «contestatario» en
USA. N. en Filadelfia, 1922. Escritor y filósofo, logra
pronto un destacado lugar en el mundo de la escena estadounidense, desarrollando una amplia actividad en Broadway, además de una continuada labor como guionista y
director televisivo. Requerido por Hollywood en 1957, a
partir de entonces combinaría la dirección escénica con su
carrera cinematográfica.

Obtuvo un sonado triunfo en su debut como realizador con el film *El Zurdo*, donde un prodigioso Paul
Newman interpretaría a Billy el Niño. Esta película llamó
la atención del público y de la crítica internacional; pero
no de la americana, que la rechazó, y no tuvo aceptación
en taquilla, por lo que tenía de ruptura. En cambio, la siguiente película, rodada tres años más tarde, *El milagro
de Ana Sullivan*, que anteriormente la había puesto en escena, incluso para televisión, constituyó un gran éxito comercial. Sin embargo, Penn volvió a ensayar su nueva narrativa al cabo de otros tres años con *Acosado* (*Mickey
One*). En ésta, su visión se hizo más crítica, más compro-
metida intelectual y políticamente, aunque con influencias de Federico Fellini (*Otto e Mezzo*) y Alain Resnais
(*Marienbad*), sin que por ello perdiera su fuerte personalidad. *Mickey One*, presentado en el Festival de Venecia,
desconcertó al público y a la crítica, mientras el realizador declaraba: «En América hay una especie de temor
que impulsa a los hombres a vivir libremente... Esto les
obliga a elegir una libertad que desemboca en la destrucción.» Poco después, «acosado» él mismo por el engranaje industrial hollywoodense, realiza su brutal e irregular *The Chase* (*La jauría humana*), con Marlon Brando,
Jane Fonda, Robert Redford y Angie Dickinson como

Arthur Penn, pensativo

principales protagonistas. Pero el gran rendimiento económico de esta cinta le devolvería la confianza de los productores.

Penn fue consolidando su estética personal —hondamente enraizada con la crisis de identidad de la sociedad estadounidense— con un estilo efectivo y brillante, empleando el blanco y negro y también el color de forma magistral. Un tanto cerebral y complejo como autor, su quehacer artístico está emparentado con una tradición literaria algo desarraigada, que muestra las contradicciones de un mundo consumista y materialista hasta la médula, pero que paradójicamente no deja de ser humano, por ejemplo, en *Alice's Restaurant*, insólita visión del movimiento *hippy*.

Así, la postura crítica de Arthur Penn, al igual que su coetáneo Sam Peckinpah, se concreta en la violencia, que sería la principal característica de su obra. Interna, en la concepción de la puesta en imágenes y en la narración, como en *Pequeño gran hombre*; o externa, en la actitud de los personajes, sus castigados «héroes», como se aprecia en *Bonnie y Clyde*. A este respecto, intentaría justificarse con un largo discurso: «Vivimos en una época de violencia y durante toda nuestra vida transcurrimos y seguimos adelante a través de una especie de contrato secreto con la violencia. Debo precisar que cuando hablo de "época de violencia" no me refiero a la violencia en un sentido meramente peyorativo, aludiendo únicamente a aspectos negativos, sino lo que tiene ella de agresión a los sentidos. Tomar un avión, conducir un coche es una experiencia violenta... Así, casi todo lo que hacemos es una agresión a los sentidos. Es la marca del mundo moderno. Estados Unidos es un país en el que la gente realiza sus ideas por medios violentos. Carecemos de una tradición de persuasión, de ideación y de legalidad. Vivimos —insiste— en una sociedad montada sobre la violencia. Por eso no veo ninguna razón para no hacer películas sobre la violencia.»

Sin embargo, el cine agresivo y a veces desequilibrado de este autor, desmitificador pero siempre dentro del sistema capitalista que lo produce, llega en ocasiones a extremos insospechados, no exento de concesiones eróticas y de un cinismo demoledor. Esto se hace palpable, especialmente, en *Georgia*, un desgarrador retrato de la Norteamérica de su generación, que intentará, de algún modo, equilibrar con un ritmo perfectamente medido y la enorme riqueza de sus encuadres. Con una obra irregular y desigual (*La noche se mueve*, *Missouri*, *Agente doble en Berlín*, *Muerte en invierno*), de claras reminiscencias freudianas, este innovador ha mantenido cierta originalidad creativa, una aguda dirección de actores y un ánimo intelectual que parece sincero en sus convicciones: «De hecho mi carácter es pacifista, pero hay algo que me arrastra a intentar explicar la violencia, a ocuparme de ella», manifestó. Un tanto olvidado como autor, Penn se plantea la vida como un eterno combate por la libertad, en la que nada está decidido de antemano.

Filmografía:

El Zurdo (The Left-Handed Gun, 1958), El milagro de Ana Sullivan (The Miracle Worker, 1961), Acosado (Mickey One, 1964), La jauría humana (The Chase, 1965), Bonnie y Clyde (Bonnie and Clyde, 1967), El restaurante de Alicia (Alice's Restaurant, 1969), Pequeño gran hombre (Little Big Man, 1970), La noche se mueve (Night Moves, 1975), Missouri (Missouri Breaks, 1976), Georgia (Four Friends, 1981), Agente doble en Berlín (Target, 1985), Muerte en invierno (Dead of Winter, 1987), Penn & Teller Get Killed (1989).

POLANSKI, Roman

Es un autor cosmopolita del cine moderno y un maestro de la nueva ola polaca. N. en París, 1933. De ascendencia judía, fue a vivir con sus padres en Polonia, ya que eran originarios de ese país. Tuvo una infancia difícil y traumática: su madre murió en un campo de concentración nazi y él sobrevivió durante la Segunda Guerra Mundial en el *ghetto* de Cracovia. Tras estudiar Electrónica y Bellas Artes, destacaría como actor teatral en varias compañías ambulantes. Cursó cine en la famosa Escuela de Lodz, para seguir como actor en films de Wadja y Munk. Ayudante de dirección y realizador de cortos desde 1957: *Dos hombres y un armario, Cuando los ángeles caen* y *Los mamíferos,* entre otros, debutaría como director de largometrajes con su innovador *El cuchillo en el agua*.

Tras contribuir con Jerzy Skolimowski al lanzamiento del nuevo cine de su país, emigró a Europa occidental: París, Londres, Amsterdam, y después a los Estados Unidos, donde actualmente tiene prohibida la entrada. Realizó diversos films en el seno de la industria, pero sin abandonar su espíritu polaco ni su particular sentido del humor y descripción sociopolítica, y no exento, a veces, de cierto lirismo y agudeza crítica. Sus producciones comerciales van desde la superación del cine terrorífico y el género fantástico tradicional, con toques desmitificadores macabro-violentos y erótico-cómicos que le hicieron popular: *Repulsión* y *El baile de los vampiros*; hasta la relectura del clásico shakespeariano *Macbeth*, o la transposición evocadora del cine «negro» americano con *Chinatown*.

Su *Rosemary's Baby* quizá influyó en el bárbaro asesinato de su mujer por parte de la «familia Manson», por la tendencia agnóstica e intereses demonológicos manifesta-

Roman Polanski, con Jack Nicholson, durante el rodaje de Chinatown

dos en esta sonada película sobre las sectas de adoradores del diablo. Su esposa, a punto de dar a luz, era la actriz Sharon Tate. Marcado por el horror, sus personajes, habitualmente inmaduros, se debaten entre el absurdo de Ionesco y Beckett, como en *Callejón sin salida*, o la superación de la fatalidad: presos a menudo por la angustia, el pesimismo, la alienación social y la frustración.

Polanski está dominado por un temperamento romántico y barroco, expuesto en su fiel adaptación de la novela de Thomas Hardy *Tess*, que está interpretada por la también enigmática Nastassja Kinski. Identificado asimismo con cierta corriente irónico-simbolista de la literatura polaca, destaca por su rigor expresivo y un lenguaje fílmico penetrante y lineal; así como por la fantasía arrebatadora y sarcástica de su cine, como se aprecia en *El quimérico inquilino*, donde se evidencia una de sus constantes: la claustrofobia. Pero a su obra —influida por las experiencias vividas degradantes— parece faltarle medida y equilibrio personal como creador. Son un ejemplo la surrealista y obscena *Che?* y la escandalosa *Bitter Moon*. Gran enamorado del arte fílmico, ha declarado: «El cine es el medio de expresión del porvenir; es una profesión apasionante, pero al mismo tiempo una profesión de locos...». De ahí su ambiciosa y deficitaria película de aventuras *Piratas*, y el poco exitoso *thriller* interpretado por Harrison Ford *Frenético*. En la actualidad, aunque lejos de los hallazgos estéticos de sus primeras obras, y a pesar de su espaciada e itinerante producción, continúa siendo un cineasta controvertido y con numerosos seguidores.

Filmografía:

El cuchillo en el agua (Noz w wodzie, 1962), Las mejores estafas del mundo (Les plus belles excroqueries du monde, 1963; episodio), Repulsión (Repulsion, 1965), Callejón sin salida (Cul-de-sac, 1966), El baile de los vampiros (The Fearless Vampire Killers/Pardon me But You Teeth Are in My Neck, 1967), La semilla del diablo (Rosemary's Baby, 1968), Macbeth (1971), ¿Qué? (Che?/Quoi?, 1973), Chinatown (1974), El quimérico inquilino (Le locataire, 1976), Tess (1979), Piratas (Pirates, 1986), Frenético (Frantic, 1989), Lunas de hiel (Bitter Moon, 1992).

POWELL, Michael

Destaca por ser uno de los directores británicos más innovadores. (Bekesbourne, 1905-Londres, 1990). Incomprendido en su tiempo, es hoy una figura que empieza a ser reconocida, sobre todo por los nuevos directores norteamericanos, como Coppola, Scorsese o Spielberg, del que en gran parte son deudores.

Hijo de un hotelero, tuvo una esmerada educación en Canterbury y Londres. De carácter individualista, se inició en el mundo del cine en 1922, al lado de Léonce Perret, Jacques Feyder e Iván Mosjoukin. Ayudante de Rex Ingram (*Mare Nostrum*, 1925), su aprendizaje en la profesión sería largo: primero como colaborador de Hitchcock, montador y guionista de diversos directores a principios del sonoro; luego, como realizador de ya olvidadas películas de segunda fila, las llamadas «Quotas Quickies». Pero es con *The Edge of the World* cuando Powell puede acceder a objetivos más ambiciosos. Esto ocurre cuando se asocia con Alexander Korda, quien le ayudó enormemente, ya que no sólo financiaría a Powell varios films, sino porque le presentó al que sería su estimable colaborador Emeric Pressburger que, entre otros, había trabajado con Max Ophüls. Durante más de 15 años este culto autor húngaro le construiría las historias y los guiones, firmados conjuntamente.

Pero lo que impulsó la carrera de Michael Powell fue la II Guerra Mundial, ya que le convertiría en un director prestigioso y además consiguió su independencia artística, a partir de la creación de su propia productora, The Archers, también asociado con Pressburger. Así, este importante binomio creador encontró en el film bélico-propagandístico (*Contraband*, y sobre todo *49th Parallel*) la forma adecuada para manifestar sus primeras inquietudes. Se trataba de mostrar actitudes humanas ante una situación límite, como la confrontación de ideas antagónicas

Michael Powell, estilista de la imagen

—nazismo y pacifismo—; o reflejar las reacciones exteriores de obsesiones personales, normalmente violentas y justificadas por la guerra,.

Sin embargo, la paz no limitó su imaginación, ya que alternó historias fantásticas, como *A Canterbury Tale* y *A vida o muerte,* con muestras de un irracional romanticismo: sus magistrales *Black Narcissus* y *Las zapatillas rojas,* donde la utilización del color como elemento expresivo de la acción hacen de Powell un verdadero experimentador visual. En este período cultivó varios géneros, pero siempre con un marcado toque personal, como son el melodrama (*Gone to Earth*), el género de aventuras (El *Libertador*) o el musical (*Tales of Hoffman*).

En los años 50 entra en un bache profesional, pero todavía consigue sobresalir con nuevos films bélicos: *La Batalla del Río de la Plata* y *I'll Met by Moonlight.* Entonces, Michael Powell abandonó a Emeric Pressburger, y, a finales de la década, realizó su mítica *Peeping Tom*. Este gran clásico del cine de terror es un cuento dramáticamente personal. Powell, con guiños pretendidamente autobiográficos, describe el placer de un artista visual al lograr sus deseos sin importarle los fines para conseguirlo. Esta película es una reflexión moral entre la exaltación y la autoculpación del artista sobre su obra. Postura que le valió el rechazo del público y, prácticamente, el fin de su carrera cinematográfica. Powell fue, en definitiva, uno de los más valientes directores del cine moderno, pues logró satisfacer sus obsesiones llevado siempre por la intuición y sin seguir ninguna regla, y es así como hay que valorarlo.

FIlmografia:

Two Crowded Hours (1931), My Friend the King (1931), Rynox (1931), The Rasp (1931), The Star Reporter (1931), Hotel Splendide (1932), C.O.D (1932), His Lordship (1932), Born Lucky (1932), The Fire Raisers (1933), Red Ensign (1933), The Night of the Party (1934), Something Always Happens (1934), The Girl in the Crowd (1934), Lazybones (1935), Experimento de Amor (The Love Test, 1935), The Phantom Light (1935), The Price of a Song (1935), Someday (1935), The Man Behind the Mask (1936), Crown Versus Stevens (1936), Her Last Affair (1936), The Brown Wallet (1936), El Ángel del Mundo (The Edge of the World, 1937), El Espía Negro (The Spy in Black 1939), The Lion Has Wings (1939, co-dir. Brian Desmond Hurst & Adrian Brunel), Contraband (1940), El Ladrón de Bagdad (The Thief of Bagdad, 1940; co-dir. Ludwig Berger & Tim Whelan), Los Invasores (49th Parallel, 1941), One of Our Aircraft is Missing

(1942, co-dir. Emeric Pressburger), El Coronel Blimp (The Life and Death of Colonel Blimp, 1943, co-dir. Pressburger), The Volunteer (1943, co-dir. Pressburger), A Canterbury Tale (1944, co-dir. Pressburger), I Know Where I'm Going (1945, co-dir. Pressburger), A Vida o Muerte (A Matter of Life and Death, 1946, co-dir. Pressburger), Narciso Negro (Black Narcissus, 1946, co-dir. Pressburger), Las zapatillas rojas (The Red Shoes, 1948, co-dir. Pressburger), The Small Back Room (1948, co-dir. Pressburger), Corazón salvaje (Gone To Earth, 1950, co-dir. Pressburger), El Libertador (The Elusive Pimpernel, 1950, co-dir. Pressburger), Los Cuentos de Hoffman (Tales of Hoffman, 1951, co-dir. Pressburger), Oh Rosalinda! (1955, co-dir. Pressburger), La Batalla del Río de la Plata (The Battle of the River Plate, 1956, co-dir. Pressburger), I'll Met by Moonlight (1957, co-dir. Pressburger), Luna de Miel/Honeymoon (1959), El Fotógrafo del Pánico (Peeping Tom, 1960), The Queen's Guard (1961), They're a Weird Mob (1966), Age of Consent (1968), The Boy Who Turned Yellow (1972).

PREMINGER, Otto

Un maestro del tradicional cine americano. (Viena, 1906-Nueva York, 1986). De origen austríaco, su padre fue un importante abogado judío. Después de licenciarse en Derecho y Filosofía, decidió dedicarse al arte escénico. Actor y director teatral, colaboró con Max Reinhardt, y le sucedió al frente del *Josefstadf Theater* durante los años 30. En esa época, también hizo sus primeras incursiones como realizador fílmico, pero con poco éxito. Instalado en Estados Unidos, pronto se consolidó como un

Otto Preminger examina el guión con Joan Crawford

director escénico de prestigio, siendo llamado por los magnates de Hollywood.

Como su maestro Ernst Lubitsch, cultivó diversos géneros y tuvo problemas con la censura del Código Hays, con *The Moon is Blue*. Pero antes ya había demostrado su categoría como cineasta con el magistral film «negro» *Laura*, una de las obras mayores del género. No obstante, su popularidad mundial la alcanzaría mejor con una serie de adaptaciones de *best-sellers* referentes a temas históricos y sociopolíticos: la judicial *Anatomía de un asesinato*, con el gran protagonista James Stewart; la superproducción *Éxodo*, según la novela de Leon Uris sobre la formación del Estado de Israel; su crónica sobre la política norteamericana *Tempestad sobre Washington*; y su película de religión-ficción *El cardenal*, basada en la polémica novela de Robinson. También fueron notables sus dos musicales con temática racial *Carmen Jones* y *Porgy and Bess*, y la puesta en imágenes de la novela de François Sagan *Bonjour, tristesse*.

Interesado por la autenticidad de los caracteres especialmente femeninos, «heroínas» víctimas a veces de sus obsesiones, destacaría por su gran sentido de la dirección de actrices, como hiciera su coetáneo George Cukor: Gene Tierney, Jean Simmons, Linda Darnell, Jeanne Crain, Kim Novak, Eleanor Parker, Marilyn Monroe, Jean Seberg, Lee Remick..., que ofrecieron un mosaico humano de primer orden.

Con un estilo brillante, justo y sutil en el tono, jugando con el equívoco o la ambigüedad y logrando una cierta finura ambiental, tendía a la descripción de los acontecimientos y a evitar el juicio personal sobre las situaciones planteadas, a fin de que el espectador sacara sus propias conclusiones. En este sentido, había manifestado: «Me gusta tener una base, que generalmente me procura una novela o una obra de teatro... Los problemas no los busco, sino que, según mi manera de ser, los hallo en mi camino. Y esos problemas son complejos. De ahí la ambigüedad de mis films».

Otto Preminger dominaba tanto el lenguaje fílmico como el teatral. De ahí que utilizara el plano-secuencia y los travelling aéreos con el propósito de lograr la continuidad espacio-temporal y de integrar personajes y decorados en la narración. El poder de fascinación y el frío acercamiento analítico de su cine estaba impregnado de un espíritu entre escéptico y cínico, irónico y lírico a veces, realista y crudo otras, como se evidencia en su magistral *El hombre del brazo de oro*, con Frank Sinatra como el drogadicto protagonista; y sólo en ocasiones incurría en fáciles concesiones, como en *La noche deseada*, *Dime que me amas, Junie Moon* o *Rosebud*.

Calificado por el referido Cukor como «un hombre de negocios muy hábil y perspicaz», Preminger se había constituido como productor independiente en 1953, cuidando sus títulos de crédito el especialista Saul Bass. De ahí que también dijera de aquél el crítico Andrew Sarris: «Sus enemigos no le perdonarán jamás que fuera un director con mentalidad de productor.» Un tanto en decadencia a partir del film bélico *Primera victoria*, se despidió del cine en 1980 con una discreta adaptación de la novela de Graham Greene *El factor humano*. Pero en sus últimas obras mantuvo siempre esa inspiración que le había situado entre los grandes directores de la escena y del Séptimo Arte euronorteamericanos.

Filmografía:

Die grosse Liebe (1931), Under Your Spell (1936), Danger, Love at Work (1937), Margin for Error (1943), In the Meantime, Darling (1944), Laura (1944), La Zarina (A

Royal Scandal, 1945), Ángel o diablo (Fallen Angel, 1945), Centennial Summer (1946), Ambiciosa (Forever Amber, 1947), Daisy Kenyon (1947), La dama del armiño (That Lady of Ermine, 1948), The Fan/Lady Windermere's Fan (1949), Vorágine (Whirlpool, 1950), Al borde del peligro (Where the Sidewalk Ends, 1950), Cartas envenenadas (The Thirteenth Letter, 1951), Cara de ángel (Angel Face, 1953), The Moon is Blue/Die Jungfrau auf dem Dach (1953), Río sin retorno (River of No Return, 1954), Carmen Jones (1954), El proceso de Billy Mitchell (The Court Martial of Billy Mitchell, 1955), El hombre del brazo de oro (The Man with the Golden Arm, 1955), Saint Joan (1957), Buenos días, tristeza (Bonjour, tristesse, 1958), Porgy y Bess (Porgy and Bess (1959), Anatomía de un asesinato (Anatomy of a Murder, 1959), Éxodo (Exodus, 1960), Tempestad sobre Washington (Advise and Consent, 1962), El cardenal (The Cardinal, 1963), Primera victoria (In Harm's Way, 1965), El rapto de Bunny Lake (Bunny Lake is Missing, 1965), La noche deseada (Hurry Sundown, 1967), Skidoo! (1968), Dime que me amas, Junie Moon (Tell Me That You Love Me, Junie Moon, 1970), Extraña amistad (Such Good Friends, 1971), Rosebud, desafío al mundo (Rosebud, 1975), El factor humano (The Human Factor, 1980).

PUDOVKIN, Vsevolod

Despuntó como maestro del cine mudo ruso (Penza, 1893-Riga, 1953). Con los autores ya estudiados Eiseinstein y Dovjenko, el tercer gran realizador y teórico del arte cinematográfico de la antigua Unión Soviética. Estudió en la Universidad de Moscú y abandonó la Ingeniería

Vsevolod I. Pudovkin concibiendo un plano

Química para formarse en el famoso Laboratorio Experimental de Kulechov, que sería su maestro.

Actor, decorador, guionista, ayudante de dirección y realizador de cortos desde 1920, fue célebre con su film experimental para Pavlov, sobre los «reflejos condicionados». Co-dirigió varias películas revolucionarias (*La hoz y el martillo*, y el cortometraje *Hambre, hambre, hambre*) antes de dar a luz su reconocida obra maestra: *La madre*, según la obra de Máximo Gorki. Este film sería el primero de su mítica trilogía sobre la toma de conciencia comunista: *El fin de San Petersburgo* y *Tempestad sobre Asia*, con la que pasaría a la Historia del Cine.

Gran teórico del montaje, al que consideraba —como sus referidos coetáneos— la esencia del arte fílmico y el elemento creador de una nueva realidad, desarrolló una serie de principios básicos que sintetizaría así el especialista Léon Moussinac: «El espacio y el tiempo cinematográficos, que no tienen nada que ver con el espacio real de la acción, vienen determinados por las tomas y el montaje. No se rueda un film, se le construye con imágenes. El plano aislado tiene sólo una significación análoga a la de la palabra para el poeta... Una toma de imagen no es el simple registro de un acontecimiento, sino la representación de una forma particular. De ahí la diferencia entre el acontecimiento en sí y la forma que se le da en la pantalla, diferencia que es la que hace que el cine sea un arte. En cuanto a los métodos de base del trabajo del montaje, pueden tomarse como referencia, por ejemplo, el contraste, las acciones paralelas, la asociación, la simultaneidad.»

Pudovkin entró en cierta crisis creadora al llegar el sonoro, debido a su dominio de la estética del film mudo, como se aprecia en *La vida es bella*. En esos años había firmado con S. M. Eisenstein y Grigori Alexandrov un célebre Manifiesto, que declaraba: «El cine sonoro es un arma de doble filo y, probablemente, será utilizada según la ley del mínimo esfuerzo; o sea, satisfaciendo simplemente la curiosidad del público. El sonido tratado como elemento nuevo del montaje —y como elemento independiente de la imagen visual— introducirá un medio nuevo y muy adecuado para expresar y resolver los complejos problemas con los que hemos tropezado hasta el presente y que no habíamos podido resolver por la imposibilidad de encontrar la solución sólo con la ayuda de los elementos usuales». Luego este maestro ruso, lírico y profundo a la vez e influido por el también comentado Griffith (sobre todo con *Intolerancia*), siguió investigando sobre la teoría del «contrapunto audiovisual» con la fallida *El desertor*.

Tras padecer una larga enfermedad (1934-1938), tuvo que trabajar como sus colegas para el «realismo socialista» de Stalin, con biografías histórico-propagandísticas, como *Mínimo y Pojarsky*, *Suvarov* y el corto *Festín en Girmunka*, las tres co-dirigidas con Doller, realizando también el documental *20 años de cine soviético* y *El almirante Nakhimov*. Acusado por el PCUS de «haber deformado la realidad histórica», al final de su vida artística se recuperó sólo en parte con *El regreso de Vassili Bortnikov*, ensayando con éxito la estética del color.

Al contrario de Eisenstein, para quien interpretó *Iván el Terrible*, no apoyaba el drama de sus films en la colectividad, sino en la psicología de los personajes individualizados. De ahí que fuera un gran investigador en la dirección de actores. Profesor durante años en el Instituto de Cine de Moscú, sus libros han sido traducidos a varios idiomas

Filmografía:

Serp i Molot (*La hoz y el martillo*, 1921), *La madre* (*Mat'*, 1926), *El fin de San Petersburgo* (*Konyets Sankt-Peterburga*, 1927), *Tempestad sobre Asia/El descendiente de Genghis Khan* (*Potomok Cingishana*, 1929), *Prostoj slucaj/Ocei koroscio givetsia*(*La vida es bella/Un simple incidente*, 1932). *Dezertir* (*El desertor*, 1933), *Pobeda* (*La victoria*, 1938, co-dir. Mikhail Doller), *Mimin i Pozarskij* (*Mínimo y Pojarsky*, 1939, co-dir. Doller), *Sovorov* (*Suvarov*, 1941, co-dir. Doller), *Ubijcy vyhodjat na dorogu/Lizo fascisma* (*Los asesinos de la libertad/La vuelta del fascismo*, 1942, co-dir. Yuri Taritch), *Vo imja rodiny* (*En nombre de la patria*, 1943, co-dir. Dimitri Vassiliev), *Admiral Nakhimov* (*El almirante Nakhimov*, 1946), *Tri vstreci* (*Tres encuentros*, 1948; episodio), *Zukovskij* (*Jucovsky, el dominador del aire*, 1950, co-dir. Vassiliev), *Vozvrascenie Vasilija Bortnikova* (*El regreso de Vasili Bortnikov*, 1953).

RAY, Nicholas

Está considerado como uno de los grandes realizadores de la «generación perdida». (Galesville, 1911-Nueva York, 1979). Fue otro de los maestros del cine americano, cuya estética y postura creadora han dejado su impronta en autores actuales. Tras estudiar Arquitectura en la Universidad de Chicago y seguir cursos especializados con Frank Lloyd Wright —quien «me enseñó a mirar las cosas de un modo distinto», dijo—, se iniciaría en la radio y como director escénico y televisivo. Guionista y realizador cinematográfico desde 1944, fue ayudante de Elia Kazan en *Lazos humanos*, con quien ya había colaborado en el teatro.

Creó un estilo propio con su obra inspirada e irregular, en continua búsqueda artística y despreciando la dramática tradicional, con su sentido del ritmo y cuidada dirección de actores, que captaba las miradas, actitudes y gestos más pequeños, y también a través del formato de cinemascope, que él dominó como pocos. De este modo evidenciaría una gran sensibilidad dramática, la preocupación por la composición de la imagen y el empleo expresivo-virtuosista del color, como se puede observar en *Chicago, años 30*.

Obsesionado por el sentido de la vida, la soledad y la violencia, dentro de un clima lírico no exento de cierta amargura, y por el enfrentamiento del individuo con la colectividad, sobresalió con dos famosos films magistrales: el romántico *Rebelde sin causa*, que consolidó al mítico James Dean y donde supo expresar las inquietudes de cierta juventud americana de los 50; y el western intelectual *Johnny Guitar*, parábola maccarthista que resume su estilo y universo personales. Por otro lado, entre las películas de encargo cabe destacar su colaboración con Humphrey Bogart, que fue coproductor e intérprete de

El maestro Nicholas Ray, con James Dean, en Rebelde sin causa

Llamad a cualquier puerta y *En un lugar solitario*, así como sus significativas cintas del Oeste *Busca tu refugio* y *La verdadera historia de Jessy James*, o el horror a la guerra constatado en su antimilitarista *Amarga victoria*.

Calificado, asimismo, como el «cineasta de la mirada» y poeta «maldito» de Hollywood, su independencia e inconformismo le llevó a chocar con los productores de la Meca del Cine. Por eso en la década de los 60 emigró a Europa, tras dirigir su ambiciosa *Los dientes del diablo*, canto a la Naturaleza y emocionada visión del mundo de los esquimales, con Anthony Quinn como protagonista, donde rompía una lanza en favor del «buen salvaje» y realizó otras dos superproducciones del también «soñador» Samuel Bronston: *Rey de reyes*, un discutido y personal *remake*; y su magistral *55 días en Pekín*, con una prodigiosa Ava Gardner como heroína. Después, cayó gravemente enfermo y fue agonizando como autor. Retirado «forzoso» por la industria hollywoodense y su situación personal, Nicholas Ray fue homenajeado por su discípulo Wim Wenders en *El amigo americano*. Todavía co-dirigió de algún modo con éste su obra póstuma *Relámpago sobre agua (Nick's Movie)*, a modo de testamento. Había manifestado: «Toda mi vida está integrada en la aventura del cine, en esa aventura que no está limitada por el tiempo ni por el espacio, sino tan sólo por nuestra imaginación.»

Filmografía:

Los amantes de la noche (They Live By Night, 1948), Un secreto de mujer (A Woman's Secret, 1949), Llamad a cualquier puerta (Knock on Any Door, 1949), En un lugar solitario (In a Lonely Place, 1949), Nacida para el mal (Born to Be Bad, 1950), La casa de las sombras (On Dangerous Ground, 1950), Infierno en las nubes (Flying Leathernecks, 1951), Hombres indomables (The Lusty Men, 1952), Johnny Guitar (1954), Busca tu refugio (Run for Cover, 1955), Rebelde sin causa (Rebel Without a Cause, 1955), Sangre caliente (Hot Blood, 1956), Más poderoso que la vida (Bigger than Life, 1956), La verdadera historia de Jessy James (The True Story of Jessy James, 1957), Amarga victoria (Bitter Victory, 1957), Wind Across the Everglades (1958), Chicago, año 30 (Party Girl, 1958), Los dientes del diablo (The Savage Innocents, 1959), Rey de reyes (King of Kings, 1960), 55 días en Pekín (55 Days in Peking, 1962), Sueños húmedos (Wet Dreams, 1974; episodio), Relámpago sobre agua (Lightning Over Water, 1979; co-dir. Wim Wenders).

RAY, Satyajit

Fue el más representativo de los realizadores de la India. (Calcuta, 1921-1992). Hijo del prestigioso escritor bengalí Sekumar Ray, se educó en el Presidency College y, en 1940, se licenciaba en Ciencias Económicas por la Universidad de Calcuta. Pintor y dibujante publicitario, fundó el primer cine-club de su país (1947) y decidió dedicarse profesionalmente al Séptimo Arte por sus contactos con Jean Renoir, cuando este cineasta fue a la India para rodar *El río* (1950). Fue guionista y músico de sus propias películas.

Influido por Robert Flaherty, con un estilo realista y poético, delicado y profundo a la vez, acometió la llamada trilogía de Apu —joven que va creciendo en la India actual—, que le daría a conocer en todo el mundo, basada en la novela autobiográfica de Bandopadhaya. Así, realiza primero *Pather Panchali*, que sería premiado en el Festival de Cannes de 1956, seguido de *Aparajito*, asimismo galardonado en la Mostra de Venecia de 1958, y finalmente concluye con *Apur sansar*. Estos films están reconocidos como unas de las obras maestras del arte cinematográfico, no sólo oriental sino occidental.

Siguiendo la tradición del cine bengalí, el maestro Ray unió su sentido plástico a los valores humanos en un nuevo film magistral: *La diosa* (*Devi*), inspirado en un relato de Rabindranath Tagore, que planteó una controversia en torno a las supersticiones religiosas. Considerado por algunos historiadores como superior a la referida trilogía, su clasicismo narrativo y la integración de los personajes en su ambiente están impregnados de la belleza y sobriedad que caracteriza a este autor minoritario incluso en su propio país.

Tras estos grandes clásicos hindúes, Satyajit Ray continuó haciendo cine: desde su también famoso *La mujer*

El indio Satyajit Ray

sola (*Charulata*) hasta *El mundo de Bimala*, basado en otra conocida novela de Tagore. Al propio tiempo realizaría diversos documentales, medio y cortometrajes e incluso producciones para la TV francesa, cerrando así su brillante carrera con el Oscar especial que le concedió Hollywood pocas semanas antes de morir. Su libro *Escritos sobre el cine* se publicó en 1976 (traducido en 1982).

Más racionalista que humanista, pues rechazaba esta última calificación, así como toda manifestación religiosa pública, su obra estuvo influida por el referido Tagore. Satyajit Ray era un *marginal* que había conseguido una áurea artística y un público fiel. Muy educado e imperturbable como persona, se interesó por los problemas sociales y políticos de su país, realizando un cine contra corriente y lleno a veces de claves críticas de difícil intelección, que chocaba con la producción convencional de la prolífica cinematografía india.

Filmografía:

Pather Panchali (La canción del camino/El lamento del sendero, 1955), Aparajito (El invencible, 1956), Paras Pathar (La piedra filosofal, 1957), Jalsaghar (El salón de música, 1958), El mundo de Apu (Apur sansar, 1959), Devi (La diosa, 1960), Rabindranath Tagore (1961), Teen Kanya (Las tres muchachas, 1961; 3 episodios), Kachenjungha (1962), Abhijan (Expedición, 1962), Mahanagar (1963, La gran ciudad), Charulata (La mujer sola, 1964), Kapurush -o- Mahapurush (El cobarde, 1965), Nayak (El héroe, 1966), Chiriakhana (El zoo, 1967), Goopy Gyne Bagha byne (Las aventuras de Goopy y Bagha, 1968), Aranyer din ratri (Los días y las noches en el bosque, 1970), Pratidwandi (El adversario, 1970), Seemabaddha (1971), Asani sanket (Un trueno lejano, 1973), Sonar kella (La fortaleza de oro, 1974), Jana aranya (La jungla humana/El intermediario, 1975), Shatranj ke khilari (Los jugadores de ajedrez, 1977), Joi baba Felunath (El dios elefante, 1979), Hirok rajar deshe (El reino de los diamantes, 1980), Sadgati (1981), El mundo de Bimala (Ghare Baire, 1984), Ganastru (1989).

RENOIR, Jean

Gran «clásico» del cine francés y mundial, fue también maestro de la vanguardia del realismo poético. (París, 1894-Los Angeles, 1979). Ha sido considerado, al igual que Orson Welles, como el «padre» del film moderno, ya que su obra influiría en las corrientes renovadoras del cinema: Neorrealismo italiano y *Nouvelle Vague* francesa. Hijo del pintor impresionista Auguste Renoir y hermano del actor Pierre Renoir, es autor completo de sus películas, las cuales expresan su singular personalidad.

Sin éxito en los estudios, fue soldado de Infantería y aviador en la Gran Guerra. Empezó a trabajar como ceramista en 1920, cuando se casó con una de las modelos de su padre, conocida como Catherine Heslling, quien le introdujo en el mundo cinematográfico y para la cual escribió su primer guión: *Une vie sans joie*, que interpretaría ella misma y dirigió Albert Dieudonné. Atraído por los «seriales» americanos y el cine de Charles Chaplin, e impresionado por las películas de Iván Mosjoukin (*Le brasier ardent*) y Eric von Stroheim (*Esposas frívolas*, que manifestó haber visto al menos diez veces), decidió entonces dedicarse al Séptimo Arte.

Así, en 1924 se integró de la primera vanguardia francesa, la denominada impresionista, realizando sus famosas *La fille de l'eau*, *Nana*, *Charleston*, *La petite marchande d'allumettes* y *Tire au flanc*, reflejando en estos films la idiosincrasia gala. Sobre aquellos años, había escrito: «Con ingenuidad y trabajo me esforzaba por imitar a los maestros norteamericanos, y es que no había entendido que un francés que vive en Francia, bebe vino tinto y come queso de Brie, con las grisáceas perspectivas parisinas de fondo, no puede hacer obra de calidad si no es fundándose en las tradiciones de la gente que vive como él.»

En la década de los 30, influido asimismo por la obra

Jean Renoir, maestro del cine moderno

de Zola, contribuyó al naturalismo social, consolidando junto a René Clair, Carné y Feyder el llamado realismo poético. Films-clave de esos primeros años son *La golfa*; *Boudu sauvé des eaux*; *Toni*, el gran precursor del movimiento neorrealista; su mediometraje *Un partie de campagne*, emocionado homenaje al Impresionismo, y *Los bajos fondos*.

Jean Renoir fue un sutil pintor del hombre, con su amor y su fealdad. Evocador del drama personal y social, obligaría al espectador a meterse en los personajes e intentó mantener una postura objetiva ante los problemas que se debatían en sus películas, no carentes de humor y cierta amargura, como se aprecia, por ejemplo, en *Memorias de una doncella*. Por otra parte, su sentido visual revolucionaría la narrativa clásica; él, como hiciera Bertolt Brecht en el teatro, rompe la «cuarta pared» de la pantalla, para que la cámara y el público se comuniquen directamente. Amante del plano largo y de la profundidad de campo, trata cada escena como un film aparte. De ahí que algunas de sus obras sean imperecederas, las cuales evidencian una nueva óptica del arte de las imágenes.

Éste sería el caso también de sus películas del período del Frente Popular, cuya problemática social contribuyó a tocar temas más comprometidos a partir de 1936: *La Vie est à nous*, exaltación entusiasta del «populismo»; *La gran ilusión*, film pacifista que enfrenta a personas de distintos estratos en el drama común de la I Guerra Mundial, quizás con ánimo de evitar la segunda; *La Marsellesa*, brillante episodio de la Revolución francesa pagado por suscripción popular; y *La regla del juego*, sátira sobre las clases dirigentes galas, llena de fantasía, humor del absurdo o amargura, y también de *chauvinismo*. En este orden de cosas, manifestó: «Es ahora cuando empiezo a saber cómo hay que trabajar. Sé que soy francés y que debo trabajar en un sentido absolutamente nacional. Y al hacerlo así, sé también que tengo que entrar en relación con la gente de otras naciones y hacer una labor de internacionalismo.» Sin embargo, un tanto incomprendido en su época, Jean Renoir tendría que emigrar, como sus referidos coetáneos, para continuar su carrera artística.

De su corta etapa americana cabe constatar, de manera especial, *This Land is mine*, sobre la Resistencia francesa y con el gran Charles Laughton como protagonista; y *The Southerner*, donde retrató el mundo campesino del *New Deal* USA sin perder su estilo creador. De regreso a Francia, tras rodar en la India *El río*, el film panteísta que impresionó a Satyajit Ray, Renoir volvió a demostrar su categoría como autor en una serie de películas llamadas de *qualité*: *La carrosse d'or*, *French Can-Can*, *Elena y los hombres*, todas en maravilloso color; y con el entrañable homenaje a su padre, titulado *Le déjeneur sur l'herbe*, realizado precisamente el mismo año en que se daba a conocer esa Nueva Ola (1959) que tanto le admiraba.

Finalmente, a falta del respaldo de los productores, y después de dirigir por encargo de la TV francesa *El testamento del doctor Cordelier* —que no cejó en su búsqueda artística—, y *Le caporal épinglé*, sobre la vida de los prisioneros franceses en los campos de concentración nazis, se retiró prácticamente del cine. A partir de entonces, Jean Renoir se dedicaría a escribir teatro, novelas y sus memorias. Nacionalizado norteamericano, desde 1970 viviría en su finca de Beverly Hills, realizando este año *Le petit théâtre de Jean Renoir*. También había manifestado: «Un director sólo hace una película en su vida. Luego, la rompe a trocitos y la vuelve a hacer. La gracia salvadora del cine es que con paciencia y un poco de amor, podemos llegar a esa criatura tan maravillosamente compleja que llamamos hombre».

Filmografía:

La fille de l'eau (1924), Nana (1926), Charleston (1927), Marquitta (1927), La cerillerita (La petite marchande d'allumettes, 1928), Tire au flanc (1929), Le Tournoi/Le Tournoi dans le cité (1929), Le bled (1929), On purge bébé (1931), La golfa (La chienne, 1931), La nuit du carrefour (1932), Boudu sauvé des eaux (1932), Chotard et Cie (1933), Madame Bovary (1934), Toni/Les amours de Toni (1934), Le crime de Monsieur Lange (1935), La Vie est à nous (1936), Los bajos fondos (Les bas fonds, 1936), Une partie de campagne (1936), La gran ilusión (La grande illusion, 1937), La Marsellesa (La Marsellaise, 1938), La Bête Humaine (1938), La regla del juego (La règle du jeu, 1939), Aguas pantanosas (Swamp Water, 1941), Esta tierra es mía (This Land is mine, 1943), The

Southerner (1945), Memorias de una doncella (The Diary of a Chambermaid, 1946), The Woman on the Beach (1946), El río (The River, 1950), La carrosse d'or/La carozza d'oro (1953), French Can-Can (1955), Elena y los hombres (Eléna et les hommes, 1956), El testamento del doctor Cordelier (Le testament du docteur Cordelier, 1959), Comida en la hierba (Le déjeuner sur l'herbe, 1959), Le caporal épinglé (1961).

RESNAIS, Alain

Reconocido realizador francés y un maestro del lenguaje fílmico. Es otro innovador de la narrativa tradicional. N. en Vannes, 1922. Cinéfilo desde los trece años, formó parte de la primera promoción del famoso ID-HEC de París. Tras cultivar la fotografía, rodó una serie de películas en 16 mm sobre el surrealismo. Famoso documentalista (*Nuit et brouillard, Tout la mémoire du monde*) y renovador asimismo del cortometraje de arte (son muy célebres los dedicados a Van Gogh —Oscar de Hollywood al mejor documental—, Gauguin y el Guernica), ha contribuido enormemente al progreso de la sintaxis del arte de las imágenes, también como montador. Se inició en el largometraje paralelamente a la *Nouvelle Vague* y a la denominada *La Rivière Gauche*: Agnes Vardà, Alain Robbe-Grillet, Marguerite Duras, Chris Marker..., que estaba formada por intelectuales de izquierda que añadían a la vanguardia la literatura y la experimentación.

Conocido como el «cineasta del tiempo», Resnais ha llevado los problemas de la memoria y del recuerdo a límites metafísicos bastante originales, como se observa en

Alain Resnais dando indicaciones a Delphine Seyrig, la protagonista de
El año pasado en Marienbad

su célebre *El año pasado en Marienbad*, según el texto de Robbe-Grillet. Sus films experimentales, sobre la mezcla del pasado y el presente con la propia imaginación proyectiva de los personajes, le han hecho un realizador singular, cuya coherencia interna es inimitable, como sucede en el citado *Marienbad* y con *Hiroshima, mon amour*, basado en un duro relato de la Duras. En este sentido, comentó: «Mis películas son un intento, aún muy tosco y primitivo, de acercamiento a la complejidad del pensamiento, de su mecanismo... Todos tenemos dentro imágenes, cosas que nos determinan y que no son una sucesión lógica de actos perfectamente encadenados. Me parece interesante explorar ese mundo del subconsciente, desde el punto de vista de la verdad, si no de la moral.»

Cultiva el montaje dialéctico del cine soviético, influido a nivel estético por el marxismo; y también por el surrealismo, como se hace patente en el «automatismo psíquico» de André Breton. Para Resnais el arte cinematográfico es montaje: selección y ordenación de los planos, ritmo y organización del contrapunto audiovisual y combinatoria espacio-temporal, trabajando con extrema meticulosidad y rigor los guiones técnicos. Dentro de su habitual sobriedad, incurre, a veces, en un erotismo demasiado explícito que quiere ser simbólico (especialmente en el referido *Hiroshima*), insistiendo en un tema que viene a ser una constante de su cine: el combate denodado de los protagonistas contra la muerte. Al respecto, también había manifestado: «la muerte es el país al que se llega cuando se ha perdido la memoria».

Su postura política inconformista y anticolonialista, apreciada mejor en *Muriel*, le llevaron a una crisis ideológica tras el Mayo francés. De ahí que la espaciada obra de Resnais, perfectamente construida y reflexiva, resulte amoral no pocas veces en su tratamiento: *La guerre est finie* y *Stavisky*, con guiones de Jorge Semprún. Su cine es, pues, un motivo para aproximarse al mecanismo del pensamiento humano (*Je t'aime, Je t'aime*) y para exponer su particular visión del mundo, siempre polémica, como sucede en la conductista *Mon oncle d'Amérique*. Cosmovisión que parece desvelar un fondo existencialista claramente ateo: *Providence*.

No obstante, su poética personal, con reminiscencias de Marcel Proust y la *nouvelle roman*, ha abierto nuevas posibilidades a la narrativa fílmica, cuya influencia se ha dejado notar en otros autores. En la década de los ochenta, Alain Resnais aún seguiría trabajando en la experimentación semántica e iconográfica, rompiendo con la lógica espacio-temporal.

Filmografía:

Hiroshima, mon amour (1959), El año pasado en Marienbad (L'année dernière à Marienbad, 1961), Muriel (Muriel ou le temps d'un retour, 1963), La guerra ha terminado (La guerre est finie, 1966), Loin du Viêt-nam (1967; episodio), Te amo, te amo (Je t'aime, je t'aime, 1968), Stavisky (1974), Providence (1976), Mi tío de América (Mon oncle d'Amérique, 1980), La vie est un roman (1983), L'amour à mort (1984), Mélo (1986), I Want to Go Home (1989), Smoking/No Smoking (1993).

RICHARDSON, Tony

Reputado director teatral y cinematográfico británico. (Shipley, 1928-Los Angeles, 1991). Famoso pionero con Karel Reisz y Lindsay Anderson del *Free Cinema* inglés.

Tony Richardson, en la época del Free Cinema

Junto a estos coetáneos, también fue el fundador de la revista especializada *Sequence*, donde preconizó los principios del referido movimiento fílmico, para escribir luego en *Sight & Sound*.

Influido por la escuela documentalista de Grierson, comienza rodando el cortometraje *Momma Don't Allow* (1955, co-dir. K. Reisz), para dedicarse enseguida al teatro. En 1956 crearía el *Royal Court Theatre*, de Londres, y alcanzaría prestigio como director escénico de las obras de John Osborne *Mirando hacia atrás con ira* y *The Entertainer*, que luego llevó a la pantalla. Con Osborne —que tanto influiría en estos «jóvenes airados»—, montó la firma Woodfall Films y produjo, además de los títulos anteriores citados, el emblemático film de Karel Reisz *Saturday night and Sunday morning* (1960).

Tras una primera experiencia en Estados Unidos poco afortunada, con *Sanctuary*, regresó a su país y realizó dos películas magistrales: *A Taste of Honey*, que ofrecía un retrato intimista de la vida de los suburbios de una ciudad inglesa, no exenta de lirismo y melancolía; y *La soledad del corredor de fondo*, un film mítico, interpretado por Tom Courtenay, que resumiría los principios de los *angry young men* británicos. Después llegó su brillante y un tanto cínico *Tom Jones*, basado en la novela libertina de Fielding y con Albert Finney como protagonista. Esta película le llevaría a la fama internacional, batiendo récords de taquilla y alcanzando el Oscar de Hollywood de 1963.

Contratado de nuevo por la Meca del Cine, realizó su sátira negra *Los seres queridos* (*The Loved One*) sobre el mercantilismo mortuorio en USA, estableciéndose prácticamente en Hollywood. De ahí que poco a poco fuera abandonando la estética y la ética del *Free Cinema* inglés que había contribuido a crear. Pero Richardson hizo una excepción con su impresionante y desmitificadora cinta histórica *La última carga*, que provocó una enorme polémica en Gran Bretaña, arremetiendo personalmente en el *Times* contra la crítica en una célebre carta abierta.

Su obra fue, por tanto, desigual, inteligente y oportunista, culta y a veces desmedida, como se ve especialmente en *Hotel New Hampshire*, tachada de excesivamente académica, a pesar de su aliento poético y cierta sensibilidad. Prácticamente no se hablaba de Tony Richardson cuando saltó a los periódicos la noticia de su fallecimiento. No obstante, en los Estados Unidos, había seguido montando obras escénicas.

Filmografía:

Mirando hacia atrás con ira (Look Back in Anger, 1959), El animador (The Entertainer, 1960), Réquiem por una mujer (Sanctuary, 1961), Un sabor a miel (A Taste of Honey, 1961), La soledad del corredor de fondo (The Loneliness of the Long Distance Runner, 1962), Tom Jones (1963), Los seres queridos (The Loved One, 1965), Mademoiselle (1966), The Sailor from Gibraltar (1967), La última carga (The Charge of the Light Brigade, 1968), Risa en la oscuridad (Laughter in the Dark, 1969), Hamlet (1969), Ned Nelly (1970), A Delicate Balance (1973), Dead Cert (1974), Joseph Andrews (1977), La frontera (The Border, 1981), Hotel New Hampshire (1984), Blue Skies (1989).

ROCHA, Glauber

Es la figura más representativa del *Cinema Nôvo* brasileño. (Victoria da Conquita, 1938-Río de Janeiro, 1981). Fue el autor que incorporó la cultura popular de su país y la mitología del Tercer Mundo al espectáculo cinematográfico. Abandonó los estudios de Derecho para dedicarse al cine. Al principio ejerció el periodismo y en 1959 debutó como realizador de cortos experimentales: *O Patio* y *A Cruz na Praça*.

Escritor de tendencia marxista y director combativo (*Barravento*), dio a conocer la amplia problemática de Latinoamérica, especialmente del campesinado del nordeste, al público occidental con sus magistrales *Dios y el diablo en la tierra del sol* y *Antonio das Mortes*. Polemista y téorico de la denominada «estética de la violencia», de

Glauder Rocha, durante el rodaje de Antonio das Mortes

denuncia al colonialismo, gestó una poética rebelde y tremendamente genuina, pese a ciertas influencias de Eisenstein, Godard, Buñuel, del western y el cine de samurais. También se le reconoce por haber aplicado al cine el método Stanislavski y el «distanciamiento» brechtiano.

Con un estilo barroco y desordenado, tumultuoso y delirante a veces, había manifestado: «Queremos hacer películas de autor, cuando el cineasta pasa a ser un artista comprometido con los grandes problemas de su tiempo; queremos hacer películas de combate en la hora del combate y películas para construir en el Brasil un patrimonio cultural... En nuestros países neuróticos, los únicos films que podemos hacer son también neuróticos. Pero esta neurosis la afrontamos dialécticamente, intentando comprenderla y destruirla a través del análisis de nosotros mismos. Nuestra neurosis —concluía su discurso— es el hambre y la violencia.»

Posteriormente, el discutido Rocha chocó contra la estructura gubernamental e incluso con los jóvenes cineastas del postcinema nuevo, exiliándose a Europa y África para seguir haciendo cine. Un tanto en crisis creadora por el trasplante y cierto desarraigo, su obra de esa época cabe situarla más dentro de la línea didáctico-política y estructuralista, como sucede en *El león de siete cabezas* y *Cabezas cortadas*, que en el mero testimonio socio-revolucionario (su corrosiva *Terra em transe*) que le hiciera famoso. Obsesionado por la desconstrucción del lenguaje, termina *O Cancer* —iniciada en 16 mm, en 1968, y que montó en Cuba, en 1972— y rueda *Claro*, también en el exilio.

Alejado, por tanto, de los principios del *Cinema Nôvo* que ayudara a fundar, así como preocupado por la problemática de su país y por su situación personal como autor, e influido además por el cine didáctico de Rossellini, realiza desde una perspectiva nacionalista y reformista la cinta *Historia del Brasil*. De regreso a su tierra, sus últimas películas, llenas de claves difícilmente comprensibles para el público occidental, no fueron bien acogidas; incluso fue criticado por la prensa liberal brasileña que le acusó de haberse vendido al Gobierno. Antes de fallecer prematuramente, a la edad de 43 años, había fracasado en el Festival de Venecia con su *A idade da Terra*, un poema épico sobre las contradicciones sociales y místico-sincretistas del mundo contemporáneo.

Filmografía:

Barravento (1962), Dios y el diablo en la tierra del sol (Deus e o Diabo na Terra do Sol, 1964), Tierra en trance (Terra em transe, 1967), Antonio das Mortes (Antonio das Mortes/O Dragao da Maldade contra o Santo Guerrerio,

1968), El león de siete cabezas (Der Leone Have Sept Ca-
beças, 1969), Cabezas cortadas (Cabeças cortadas, 1970),
O Cancer (1972), História do Brasil (1974, co-dir. Marcos
Madeira), Claro (1975), A Idade da terra (1980).

ROHMER, Eric

Un cineasta francés que ha ido contra corriente y reconocido como uno de los autores más insólitos del cine
contemporáneo. N. en Nancy, 1920. Fue, además, el
«ideólogo» de la *Nouvelle Vague*. Licenciado en Letras,
se dio a conocer como crítico de cine en *La Revue du cinéma*, *Les Temps Modernes*, *Arts* y fue redactor-jefe de la
famosa *Cahiers du Cinéma* desde 1957 a 1963.

Discípulo de André Bazin y de formación católica como
su maestro, sus artículos teóricos fueron muy celebrados y
algunos de ellos figuran en la antología de la crítica especializada mundial. Entre los trabajos más recordados y polémicos, destaca su ensayo sobre Hitchcock escrito con
Claude Chabrol (1957). Profesor universitario de Cine,
publicó su tesis doctoral sobre *L'Organisation de l'espace
dans le «Faust» de F. W. Murnau* (1977). Asimismo ha sido
director escénico, autor de la pieza teatral *Trío en Mi Be-
mol* (1991) y guionista de todas sus películas.

Rohmer es, ante todo, un escritor fílmico, de imágenes
en movimiento: «Quería escribir y no encontré mi estilo.
Por ello me he expresado con una cámara...», dijo. Tanto
es así que en esos primeros años realiza numerosos cortos
en 16 y 35 mm, algunos formando parte de series televisivas, y el largometraje comercial *Le signe du lion*, producido por su colega Chabrol, films que le destacarían como
autor y preludian la Nueva Ola francesa.

Eric Rohmer, ideólogo de la Nouvelle Vague

Sin embargo, su verdadera fama internacional como creador cinematográfico llegaría con la realización de un singular proyecto: sus «seis cuentos morales», original intento de recrear el espíritu de los moralistas galos del siglo XIX, pero con total libertad estético-expresiva. En todos estos *contes moraux* hay un mismo tipo de hombre, en la misma situación. Enamorado, prometido, casado, se deja seducir, pero, en el último momento, se niega. Así, los dos primeros —el corto *Le boulangère de Monceau* (1962) y el mediometraje *La carrière de Suzanne*— evidenciaron una compleja dialéctica y un estilo harto singular que, con todo, denotaba cierta influencia de Bresson.

Después realizaría la amoral *La coleccionista*, donde sus personajes correspondían a seres reales, los cuales como manifestaba el autor eran «seres cinematográficos» que, incluso, colaboraron en la redacción del guión. En el siguiente «cuento moral», el célebre *Ma nuit chez Maud*, consolidó su estilo, cuya escritura en imágenes provocaría una polémica teórica con Pasolini acerca del lenguaje: cine-poesía contra cine-verdad.

La estética de Eric Rohmer es poética, muy explícita y enormemente sencilla, desnuda y rica en matices. La simplicidad de sus originales relatos descansan en una construcción rigurosa sobre cierta unidad de lugar, aunque sin salirse de la realidad para él cotidiana, como manifestaría: «Estoy muy apegado a la verdad del detalle, al realismo del comportamiento». Preocupado, pues, por captar la vida cotidiana con espontaneidad pero sin mucha improvisación, se sirve de actores jóvenes (de teatro) desconocidos, para aportar mayor frescura. Con una formación muy intelectual, su obra se presenta casi sin concesiones, ausente de tópicos y efectismos y con unos diálogos austeros —desprovistos de fondo musical— que convienen a su personal ascetismo creador.

Defensor de la libertad interior de sus personajes, afirma que tales «no son puros seres estéticos; poseen una realidad moral que interesa tanto como la realidad física». De ahí su empeño por ir más allá de las apariencias. «Me gusta —dice también— que el hombre sea libre y responsable. En la mayoría de los films es prisionero de las circunstancias, de la sociedad. No se le ve en el ejercicio de su libertad.» Pero dentro de esta valiosa actitud, se echa de menos un hálito de espiritualidad: los «héroes» cotidianos de Rohmer apenas trascienden el nivel humano, luchan contra las modas reinantes, pero difícilmente aportan valores perennes. Por otra parte, las ideas y posturas íntimas de sus personajes quedan un tanto en tela de juicio: no son alabadas ni criticadas, sino meramente expuestas, como se aprecia en *Le genou de Claire* y *L'amour l'après-midi*, los films que cerraron la serie.

Sus famosos «cuentos morales» (1962-1972), tras un paréntesis en que realizó su magistrales *La marquise d'O* y *Perceval le Gallois*, fueron continuados con una nueva serie titulada «Comedias y proverbios» (1980-1987), centrada en la figura femenina joven de la Francia contemporánea. Está compuesta por otros seis títulos: *La mujer del aviador*, *La buena boda*, *Pauline en la playa*, *Las noches de luna llena*, *El rayo verde* y *El amigo de mi amiga*, donde depuraría su estilo, pero incurriendo en un exhibicionismo erótico y amoralidad mayores. Éstos y aquéllos serían narrados a modo de fábulas fílmico-literarias más adecuadas para iniciados. Pero, mientras los *six contes moraux* resultaron un tanto ambiguos en su moraleja y estaban rodeados de un aire de misterio que el realizador galo no quería desvelar, sus *comédies et proverbes* plantean cuestiones sobre la sustitución de una moral por un sistema de normas sociales, y parece aceptar la modernidad sin apenas referencias éticas y religiosas.

En la actualidad, este veterano cineasta con vocación de etnólogo, ha iniciado su última serie como autor: «Cuentos de las cuatro estaciones», con sólo dos realizaciones estrenadas: *Cuento de primavera* y *Cuento de invierno*, donde vuelve a demostrar su maestría creadora y apunta cierta búsqueda religioso-espiritual (desde Platón a Pascal, otra vez). Obviamente, en todas sus películas se aprecia un agudo retrato de ciertas mentalidades pequeñoburguesas y de jóvenes intelectuales franceses contemporáneos. Por eso su obra, como testimonio histórico que también es —se esté o no de acuerdo con su fondo—, ha despertado no sólo admiración, sino casi tantos detractores como seguidores.

Filmografía:

Le signe du lion (1959), La carrière de Suzanne (1963), París visto por... (Paris vu par..., 1964; episodio), La coleccionista (La collectioneuse, 1966), Mi noche con Maud (Ma nuit chez Maud, 1969), La rodilla de Clara (Le genou de Claire, 1970), El amor después del mediodía (L'amour l'après-midi, 1972), La marquesa de O (La marquise d'O/Die marquese von O, 1976), Perceval le Gallois (1978), La mujer del aviador (La femme de l'aviateur/On ne saurait penser à rien, 1980), La buena boda (La beau marriage, 1981), Pauline en la playa (Pauline à la plage, 1983), Las noches de luna llena (Les nuits de la pleine lune, 1984), El rayo verde (Le rayon vert, 1986), Cuatro aventuras de Reinette y Mirabelle (Quatre aventures de Reinette et Mirabelle, 1987), El amigo de mi amiga (L'ami de mon amie, 1987), Cuento de primavera (Conte du printemps, 1989), Cuento de invierno (Conte d'hiver, 1991), El árbol, el alcalde y la mediateca (L'arble, le maire et la médiathèque, 1992).

ROSI, Francesco

Es un maestro del cine político italiano. N. en Nápoles, 1922. Heredero del movimiento neorrealista, fue uno de los pioneros del Nuevo Cine de su país. Estudia Derecho en su ciudad natal y empieza a trabajar en la radio y como dibujante de ilustraciones. Actor y director escénico, destacó como ayudante de Visconti en *La terra trema*, *Bellísima* y *Senso*. Además de colaborar en numerosos guiones, en 1952 tuvo que terminar la realización de *Anita Garibaldi* y, en 1956, corralizó la versión fílmica del

El cineasta político Francesco Rosi, en plena acción

Kean de Vittorio Gassmann. Influido por los films «negros» de Huston, cuando llegó a la dirección cinematográfica ya era un experto como creador.

Su ópera prima *El desafío* ya expresaba una de las constantes de su cine: la denuncia social. En esta película comenzaría su colaboración con el productor Franco Cristaldi, «mecenas» de la mayoría de sus cintas. Sin embargo, hasta 1961 no alcanzaría el estrellato internacional. Fue con *Salvatore Giuliano*, sobre un «caso» mafioso que motivó la creación de una comisión gubernamental anti-Mafia.

Célebre por su cine-encuesta, los films de Francesco Rosi están narrados a modo de crónica documental y tratan de *affaires* famosos: *La mani sulla città*, acerca de la especulación del suelo; *Il caso Mattei*, sobre la desaparición del rey de petróleo; *Lucky Luciano*, biografía del «capo» neoyorquino. Con éstos intenta clarificar y denunciar la realidad sociopolítica de Italia, haciendo partícipe al espectador de su apasionante investigación. De ahí que declarara al respecto: «Pretendo tratar al público como adulto, como entidad pensante y viva, que quiere reflexionar por sí misma sobre las cosas sin que se vea obligado a ver la realidad en una sola dirección.»

Con una voluntad de expresión más próxima al «distanciamiento» brechtiano que al neorrealismo ortodoxo, las películas de Rosi no son meros documentos críticos, pues el autor italiano selecciona e interpreta los datos. En este sentido, también manifestó: «Cuento historias a través de las imágenes, porque para un artista el cine es el medio de expresión más libre. El cineasta es un privilegiado de la cultura y tiene el deber de contar la realidad de su país sin falsearla ni manipularla. Así se puede entender por qué hago cine-encuesta, cine documentado en cuanto me sirve para participar en la realidad civil y ponerla en medio del público a través de la pantalla. Yo selecciono los datos, los interpreto. La objetividad de mi cine es pura apariencia.»

Considerado hasta hace algo más de una década como comunista militante aunque no tuviera carnet, su análisis materialista de la sociedad se constató sobre todo en *Uomini contro*, que plantea un episodio de la Primera Guerra Mundial con esquemas de lucha de clases. No obstante, poco a poco fue apartándose de los presupuestos marxistas. Francesco Rosi criticó el terrorismo e incluso el «compromiso histórico» del PCI en *Excelentísimos cadáveres*, otra de sus obras claves, para entrar claramente en la «disidencia» política con *Cristo se paró en Eboli*, considerado por un sector de la crítica como el testamento fílmico-ideológico de este autor.

Fue acusado de ambiguo —«soy ambiguo en la medida que es ambigua la realidad», ha afirmado— y también de colaborador del capitalismo por parte de la crítica más radical y de sus antiguos correligionarios. La causa de ello se debió a que su trabajo se realizaba dentro de la industria, subvencionada por los bancos o la RAI, y proporcionaba al sistema fuertes beneficios. Pero Rosi parece estar por encima de los intereses de grupo: su acción es individual, provocativa, racionalista y, a veces, lúcida y honesta. A este propósito, comentaría: «Mis películas tienen una proyección civil, que no significa que siempre adopten puntos de vista concretos. Mi única pretensión es hacer buen cine, pedagógico, con contenido ético y con valor estético. Mi cine es de izquierdas y va en la dirección del progreso. Me conformo con descubrir qué pasa en la vida cotidiana de mi país, ofrecer al público elementos de concienciación.» Por tanto, debido a su postura honrada y coherente, Francesco Rosi se ha pronunciado en favor del hombre, abandonando el comunismo y vaciándose incluso de las teorías y premisas que ayer mantuvo como autor, como se aprecia claramente en su magistral *Tri fratelli*.

Su estilo narrativo es denso, riguroso en la composición interna y con una armonía plástica que imprime a su obra un alto valor artístico y social. Asimismo, su obra posee una simbología un tanto cerrada en ocasiones y, a veces, con toques eróticos, anticlericales y surrealistas. Pero sus últimas y espaciadas películas, un tanto menores, han sido adaptaciones literarias en las que apenas se ha evidenciado su maestría como creador, como sucede en *Carmen*, operística visión del mito que interpretó Plácido Domingo; o en *Crónica de una muerte anunciada*, fiel traducción de la novela de García Márquez.

Filmografía:

Anita Garibaldi (Camicie rosse, 1952, co-dir. Goffredo Alessandrini), Kean (1956, co-dir. Vittorio Gassman), El desafío (*La sfida, 1958*), *I magliari* (*1960*), *Salvatore Giuliano* (*1961*), *Le mani sulla città* (*1963*), *El momento de la verdad* (*Il momento della verità, 1964*) *Siempre hay una mujer* (*C'era una volta, 1967*), *Lassú sull'altipiano* (*1969*), *Hombres contra la guerra* (*Uomini contro, 1970*), *El caso Mattei* (*Il caso Mattei, 1972*), *Lucky Luciano* (*1973*), *Excelentísimos cadáveres* (*Cadaveri eccellenti, 1975*), *Cristo se paró en Eboli* (*Cristo si e fermato a Eboli, 1979*), *Tres hermanos* (*Tri fratelli, 1981*), *Carmen* (*1984*), *Crónica de una muerte anunciada* (*Chronique d'une mort annoncée 1987*), *Dimenticare Palermo* (*1991*), *Diario napoletano* (*1992*).

ROSSELLINI, Roberto

Se distingue por ser una de las figuras-clave del cine mundial y pionero del movimiento neorrealista. (Roma, 1906-1977). Fue además otro gran impulsor del film moderno y un autor que sintetizaría el cambio actual: «El cine ha muerto. ¡Viva la televisión!», afirmó. Hijo de un famoso arquitecto, abandona sus estudios universitarios de Literatura y Filosofía para dedicarse al arte cinematográfico. Se inició en el corto documental con *Fantasia sotto-marina* y *Il tachino prepotente*, trabajando más tarde como ayudante y guionista, y debutaría como realizador de largometrajes en 1941.

Con el nacimiento del Neorrealismo italiano, del que sería su mejor exponente, fue el renovador de la estructura del lenguaje fílmico en los años cuarenta. Ese cambio en la dramática tradicional: rodaje en escenarios naturales, unión de seres y cosas por la luz, utilización de actores no profesionales, interés por la filmación pseudo-documental..., supondría una revolución artística e influyó

Roberto Rossellini, durante su manifiesto ante TV

enormemente en otros cineastas posteriores. Para él, la estética era fruto de un posicionamiento ético.

Su valiosa obra cinematográfica puede resumirse en seis etapas creadoras bien diferenciadas: la pre-neorrealista (con toques del género de «teléfonos blancos», como *La nave bianca)*; el Neorrealismo —ese «cine del hombre», como lo definiría el especialista Mario Verdone—, con impresionantes documentos humanos de posguerra y de compromiso moral con la realidad (*Roma, città aperta, Paisà, Germania, anno zero*). La Espiritualista, que evidencia valores cristianos (su episodio *Il miracolo, Francesco, Giovanna d'Arco*) y cuasi autobiográfica (*Stromboli, Europa 51, Te querré siempre*). La de Transición, un tanto confusa y con adelantos técnicos notorios en la narrativa fílmica, como la utilización del travelling óptico con efectos de progresión dramática (*El general de la Rovere, Era notte a Roma*). La Histórica, precursora de la postrera (*Viva l'Italia!* y *Vanina Vanini*, en expresivo color). Y la Didáctica —en TV—, a la cual dedicó sus últimos esfuerzos e ideas como autor. Rossellini pretendía con esta última verter la historia de la Humanidad en imágenes para el pueblo: la lucha del hombre por la suvervivencia, el progreso de la ciencia y el pensamiento, como se aprecia en *La Prise du pouvoir par Louis XIV, Gli Atti degli Apostoli, Sócrates, Pascal, Agustín de Hipona...* En esta serie de películas, manifiesta una postura racionalista y tremendamente respetuosa y poética a la vez.

Había declarado: «Lo importante para mí es el hombre. He tratado de expresar —se refería también entonces a su documental *India* (1958)— el alma, la luz interior del ser humano, su realidad, realidad absolutamente íntima, única, pegada a un individuo junto al sentido de las cosas que le rodean. Cosas éstas que tienen un sentido, puesto que alguien las mira.»

Así, las esperanzas de Roberto Rossellini sobre el futuro del mundo estaban puestas simplemente en el Hombre, para él único eje de la creación e impulsor de la Historia. Por tanto, en su postura ideológica se evidenció la influencia del marxismo, aunque no militaría nunca en tal doctrina ni recibió el total parabién o el apoyo de la extrema izquierda. A pesar de su formación católica, estuvo más cerca del humanismo ateo, pues tenía una visión horizontalista de la condición humana, como se constató en su libro *Un espíritu libre no debe aprender como esclavo* y en la versión de *El Mesías*. Por otro lado, su actitud independiente, con continuos problemas para encontrar productor para sus minoritarios proyectos, le transformaron en un autor algo sufriente e incomprendido. Aun así, su complicado discurso intelectual contrastó con su sencillez como persona.

Este autor, que se planteaba la creación cinematográfica como una «cuestión moral», había escrito poco antes de iniciar su singular labor didáctico-televisiva: «La historia, a través de la enseñanza visual, puede moverse en su terreno y no volatilizarse en fechas y nombres. Puede abandonar el cuadro historia-batalla, para constituirse en sus dominantes socio-económico-políticas. Puede construir no en la vertiente de la fantasía, sino en la de la ciencia histórica, climas, costumbres, ambientes, hombres que tuvieron un relieve histórico y promovieron los avances sociales en los que hoy vivimos. Algunos personajes, repensados psicológicamente, pueden convertirse, por sus cualidades humanas, en módulos de acción.» Acusado de cierta ingenuidad e idealista —sus detractores acaso eran más numerosos que los admiradores—, Rossellini ha sido calificado como un cineasta de su tiempo, que no sólo testimonió una época, sino que supo reflexionar y obligó a pensar sobre ella.

Filmografía:

La nave bianca (1941), Un pilota ritorna (1942), L'uomo dalla croce (1943; co-dir. Nini Giannini), Desiderio (1943; co-dir. Marcello Pagliero), Roma, ciudad abierta (Roma, città aperta, 1945), Paisà (1946), Amore (1947; 2 episodios), Germania, anno zero (1947), La macchina ammazzacattivi (1948), Stromboli (Stromboli, terra di Dio, 1949), Francesco, giullare di Dio (1950), El diablo siempre pierde (I sette peccati capitali/Les sept pechés capitaux, 1951; episodio), Europa 51 (1952), Dov'è la libertà? (1953), Nosotras, las mujeres (Siamo donne, 1953; episodio), Te querré siempre (Viaggio in Italia, 1954), Amori di mezzo secolo (1954; episodio), Giovanna d'Arco al rogo (1954), La paura/Angst/Non credo più all'amore/Incubo (1955), El general de la Rovere (Il Generale Della Rovere, 1959, Fugitivos en la noche (Era notte a Roma, 1960), Viva l'Italia! (1961), Vanina Vanini (1961), Alma negra (Anima nera, 1962), RoGoPaG (1962; episodio), La toma del poder de Luis XIV (La Prise du pouvoir par Louis XIV, 1966), Los Hechos de los Apóstoles (Gli Atti degli Apostoli, 1968), Sócrates (Socrate, 1970), Pascal (Blaise Pascal, 1971), Agustín de Hipona (Agostino di Ippona, 1972), L'età di Cosimo (1972; 3 partes), Cartesius (1973), Año uno (Italia, anno uno, 1974), Il Messia (1976).

SAURA, Carlos

Pionero del Nuevo Cine español y cultivador del film político. N. en Huesca, 1932. Después de Buñuel y junto a Berlanga, Bardem y Almodóvar, forma parte de los realizadores más conocidos fuera del país. Procedente de

Carlos Saura, en su etapa de cine político

una familia burguesa, durante la Guerra Civil española —
que le dejaría una profunda huella— vivió en Barcelona,
Valencia y Madrid. Inició estudios de Ingeniería Industrial y fue un famoso fotógrafo antes de dedicarse al cine;
su hermano Antonio es también un reconocido pintor.
Cursó dirección en la Escuela Oficial de Cinematografía,
de Madrid, de la que fue profesor. Debutó como documentalista en *Cuenca*.

Cabeza de fila de la «nueva ola» española de los años
60, con *Los golfos*, después sería premiado en festivales
extranjeros que le llevarían al estrellato internacional.
Acusado de «posibilista» por cierto sector de la crítica

(sus películas las produjo Elías Querejeta con subvenciones del Gobierno al que criticaba), su estilo cinematográfico presenta una coherencia fílmico-creadora notoria a nivel estético: original empleo del tiempo, idónea evocación de ambientes, meditada concepción interna de las escenas. Es también un gran director de actores: José Luis López Vázquez, por ejemplo, se reveló con él como un buen actor dramático. Cada film es, además, como una continuación del anterior. Domina asimismo la utilización expresiva del color, apoyado por la labor de excelentes operadores, como Luis Cuadrado y Teo Escamilla, y del eficiente equipo técnico que trabaja en todas sus películas. Saura se considera en parte discípulo de Luis Buñuel y, por tanto, se le aprecian algunos toques surrealistas menores (*Peppermint frappé*, con su habitual Geraldine Chaplin asimismo como protagonista).

Carlos Saura es un cineasta que parte de su propia existencia y del contexto que le rodea para realizar sus películas. Su obra, pues, salvo alguna excepción, forma un todo que le define como cineasta de acusada personalidad, angustiada a veces, preocupada e inquieta otras, con clara tendencia al aislamiento. De ahí el tono autobiográfico que posee su cine y el aire personal que imprime a todos sus films, evidenciando a la vez su postura ideológica como autor y su particular visión de la condición humana, especialmente española.

El contenido crítico de las películas de Saura parte de una actitud algo anárquica e inconformista, e incluso con un fondo materialista-freudiano. Una de las premisas que más sobresalen en su obra es el ataque casi sistemático a la sociedad burguesa. En este sentido, con su magistral *La caza* puso en tela de juicio la mentalidad de diversos tipos de españoles, a modo de fábula original sobre las viejas rencillas escondidas en los dos bandos de la posguerra civil. Luego decantó sus críticas a la institución matrimo-

nial con *Stress es tres, tres* y *La madriguera*, pero sin salirse del contexto burgués español.

En la década de los 70, Saura se dedicaría más directamente a un cine de carácter político, que cuestionaba el
sistema del franquismo (*El jardín de las delicias*, *Ana y los
lobos*), y que parece servirle como liberación de los fantasmas del pasado histórico y de sus omnipresentes traumas (*La prima Angélica*). Había declarado: «Todavía me
obsesionan los fantasmas, pero lo que pretendo es que éstos sean españoles de carne y hueso.» Pero sus personajes
resultan un tanto irreales, apenas idóneos a nivel de símbolo para exponer subrepticiamente su cosmovisión intencionada y expresar así su singular postura interno-crea-
dora, por medio de unos seres patológicos que le sirven
al autor para decir ciertas cosas que, de una forma más
explícita, quizá no se podrían haber dicho en la España de
Franco.

Por otra parte, su crítica e ironía, a modo de burlas o
denuncia a la sociedad española, resultó un tanto superficial y de fácil efecto demagógico, hasta incurrir en ocasiones en tópicos y simplificaciones que fueron aplaudidos
por un público más bien predispuesto a aceptar sus atre-
vidos films, con toques freudianos y políticos que no eran
nada habituales en las carteleras españolas. Sin embargo,
la mixtificación apreciada en su cine del franquismo, la
justifica así: «Lo que hay de juego en mis películas, en los
personajes, puede entrañar un peligro y es el llegar a un
cierto manierismo. Los juegos te pueden llevar a inventar
un mundo distinto, a la ciencia-ficción total, que sigue teniendo mucho que ver con el mundo que nos rodea, pero
para entenderlo es preciso conocer un tipo de claves.»

Al llegar la democracia a España, este cineasta —como
los comentados Bardem y Berlanga— tendría pocos momentos creadores verdaderamente inspirados. A excepción de su intimista *Elisa, vida mía* y la también magistral

Antonieta rodada en México, sus películas se volvieron menos combativas. Al mismo tiempo, ensayó las relaciones entre cine y ballet en su famosa trilogía con Antonio Gades (*Bodas de sangre, Carmen* y *El amor brujo*) y se interesó por temas históricos en la superproducción *El Dorado* y la intimista *La noche oscura,* pero con escasa aceptación popular. Saura parece haber caído en un cierto manierismo estilístico —como él mismo comentó— de difícil salida como creador. En 1992 realizó dos documentales institucionales: *Sevillanas* y *Marathon.*

Filmografía:

Los golfos (1959), Llanto por un bandido (1963), La caza (1965), Peppermint frappé (1967), Stress es tres, tres (1968), La madriguera (1969), El jardín de las delicias (1970), Ana y los lobos (1972), La prima Angélica (1974), Cría cuervos (1975), Elisa, vida mía (1977), Los ojos vendados (1978), Mamá cumple cien años (1979), Deprisa, deprisa (1980), Bodas de sangre (1980), Dulces horas (1981), Antonieta (1982), Carmen (1983), Los zancos (1984), El amor brujo (1986), El Dorado (1987), La noche oscura (1988), ¡Ay, Carmela! (1989), Dispara (1993).

SCHLÖNDORFF, Volker

Destaca por ser pionero del Joven Cine alemán y uno de los más relevantes directores europeos contemporáneos. N. en Wiesbaden, 1939. Procedente de una familia de médicos, estudió en París y se licenció en Economía Política. Tras cursar Cine en el IDHEC, en los años 50 se

Volker Schlöndorff examina su guión

inició como realizador de reportajes de actualidad sobre las guerras de Argelia y Vietnam para la TV. Sin embargo, el oficio profesional lo aprendió junto a Louis Malle y Alain Resnais, y también como ayudante de dirección de Jean-Pierre Melville. Luego, unido al Manifiesto de Oberhausen, se lanzó a realizar películas en su Alemania natal.

Con sus coetáneos Alexander Kluge, Peter Schamoni, Edgar Reitz, Jean-Marie Straub, entre otros, realizó films que renovaron el cine germano, tal como proponía el citado Manifiesto de 1962: «Nosotros pretendemos crear un nuevo cine alemán. Este nuevo cine necesita nuevas libertades: libertad frente a los convencionalismos usuales del ramo, libertad con respecto a la tutela de ciertos intereses. Nosotros tenemos, en relación a la producción del nuevo cine alemán, ideas concretas de tipo intelectual, formal y económico. El viejo cine ha muerto. Creemos en el nuevo.» Fue cabeza de fila, por tanto, de esa Nueva Ola que ofreció en las pantallas la otra cara del «milagro económico», con su primer largometraje *El joven Törless*, una magistral adaptación de la obra de Robert Musil y que se le reconoció con premios internacionales. A pesar de ser discutido por sus siguientes films, *Asesinato y homicidio* y *Michael Kolhaas*, se consolidaría entre los mejores autores de su país y Europa. Asociado con sus colegas Peter Fleischmann y Reinhard Hauff incluso se constituyó en productor independiente, con las firmas Halleluyah y Biokop.

El cine de Volker Schlöndorff presenta ciertas características creadoras: la lucha del hombre contra el sistema, la resistencia a la opresión y al régimen coercitivo o veladamente autoritario, como se aprecia en *El honor perdido de Katharina Blum*, escrita y dirigida en colaboración con su esposa, Margarethe von Trotta, que es también realizadora. Asimismo, la denuncia contra cualquier totalitarismo viene a ser el fondo latente de su obra fílmica, pero sin trascender del ámbito materialista. Influenciado por Brecht (*La repentina riqueza de los pobres de Kombach*), es un hondo conocedor del lenguaje del arte cinematográfico y posee una refinada caligrafía, con gran dominio del blanco y negro. Sus novedosos films, pues, tienden a un clasicismo que está inserto en la cultura y tradición germanas.

De temperamento romántico, su riguroso y austero estilo (*Tiro de gracia*) resulta tremendamente conceptual, a nivel ético y estético, no carente de frialdad, sencillez, crudeza expositiva y violencia interna, pero se le ha acu-

sado de incurrir, a veces, en ciertas concesiones. Así, en
su posterior intento de combinar el cine popular con el
comercial, nuevamente trabajó para la televisión, sin
abandonar la dialéctica marxista, poniendo en entredicho
el pasado de su país (*El candidato*), con clara analogía a la
situación política actual, como se evidencia en el film colectivo *Alemania en Otoño*, o en su dura *Círculo de engaños*, que, en algunas latitudes, toma visos bastante universales. Esto sucede especialmente en *El tambor de
hojalata*, según la novela de Günter Grass, con la que
ganó el Oscar de Hollywood.

Últimamente, Schlöndorff abandonaría su país para realizar dos adaptaciones literarias: en Francia la obra de
Marcel Proust *El amor de Swann*, y en Estados Unidos la
pieza de Arthur Miller *Muerte de un viajante*, pero con
escaso éxito. Sus ultimas realizaciones denotan un autor
que se encuentra en un cierto *impasse* como cineasta.

Filmografía:

*El joven Törless (Der junge Törless, 1965), Mord und
Totschlag (1967), Paukenspieler (1967; episodio), El rebelde (Michael Kolhaas, der Rebell, 1969), La Repentina
riqueza de los pobres de Kombach (Der plötzliche Reich-
tum der armen Leute von Kombach, 1970), Die Moral
der Ruth Halbfass (1971), Fuego de paja (Strohfeuer,
1972), El honor perdido de Katharina Blum (Die verlo-
rene Ehre der Katharina Blum, 1975), Tiro de gracia (Der
Fangschuss, 1976), Alemania en Otoño (Deutschland im
Herbst, 1978; colectivo), El tambor de hojalata (Die
Blechtrommel, 1979), Der Kandidat (1980, co-dir. A.
Kluge-Stefan Aust), Círculo de engaños (Die Fälschung,
1981), Krieg und Frieden (1983, co-dir. Kluge, Aust, Esch-
wege & H. Böll), El amor de Swann (Un amour de*

Swann, 1983), Muerte de un viajante (Death of a Sales-
man, 1985), Viejos recuerdos de Lousiana (A Gathering of
Old Men, 1987), El cuento de la doncella (The hand-
maid's Tale, 1989), The Voyager (1991).

SCOLA, Ettore

Es un reconocido guionista y realizador italiano contemporáneo. N. en Trevico, 1931. Tras estudiar Derecho,
se dedicó al periodismo humorístico en revistas como
Marc'Aurelio, Settimana Illustrata y *Otto,* y también en
la radio. En 1954 comenzó a trabajar en el cine, partici-
pando en la redacción de guiones para films cómicos.
Asociado primero con Ruggero Maccari, en una decena
de años Scola se transformó en uno de los escritores fílmicos más cotizados, con *La escapada, Monstruos de hoy,*
La chica de Parma, Celos a la italiana..., cintas dirigidas
por Dino Risi y Antonio Pietrangeli. En 1965, con *Io la*
conoscevo bene, ganó el gran premio italiano al mejor
guión.

Sin embargo, su debut como director cinematográfico
data de un año antes, con *Se permettete parliamo di*
donne, comedia a la que seguiría otro film de tono agridulce, su farsa *El millón de dólares.* Fórmula que continuó explotando con éxito en sus siguientes films: *El dia-*
blo enamorado, Il commissario Pepe y *El demonio de los*
celos, gracias a que contó con los populares Vittorio
Gassmann, Nino Manfredi, Marcello Mastroianni, Alberto Sordi y Ugo Tognazzi como protagonistas. Pero a
partir de los años 70, quizás cansado de realizar tanta comedia ligera, Ettore Scola se torna más ambicioso, manifestando un marcado sentido social y político en cada

Ettore Scola mirando un plano

nueva película. Su interés crítico se centra en temas de actualidad o del pasado histórico y en acciones que evidencian conflictos clasistas. Por ejemplo, en su pieza *Trevico-Torino: Viaggio nel Fiat-Nam* se expone con profundidad la problemática de la emigración meridional en la zona industrializada del Norte de Italia.

Su fama de cineasta «comprometido» data de 1974, cuando realizó su magistral *C'eravamo tanto amati*, un homenaje al Neorrealismo que rememora la evolución sociopolítica y psicológica de su país, mediante la historia de tres «soñadores» que luchan juntos en la Resistencia y están enamorados de la misma chica, la notable Stefania

Sandrelli. En esta película ofrece un sugerente estudio de las mentalidades del hombre del siglo XX y anuncia su estilo posterior. Tres años más tarde, Scola sorprende con otro film político-intimista, *Una jornada particular*, interpretado por Sofía Loren y Mastroianni, en el que evoca un día tristemente célebre en la Italia fascista, el 6 de mayo de 1938, la mañana en que desfilaron las tropas de Benito Mussolini para rendir tributo y conmemorar la visita de Adolf Hitler, en vísperas del Eje Roma-Berlín y muy próximos a la II Guerra Mundial. Aquí, pese al aire poético-neorrealista, subrayado con momentos humorísticos y pleno de humanidad, incide en el pesimismo y se aprecia un intento comedido de reivindicación de la homosexualidad.

En la década de los 80 se confirma como un creador de primera fila con nuevas evocaciones históricas: *La nuit de Varennes*, sobre un episodio de la Revolución francesa; *Le Bal*, acerca de la evolución europea a través de melodías, bailes y canciones. Éstas tendrían su culmen artístico con su sátira *La familia*, otra aguda introspección social de la Italia del siglo XX, de nuevo con el gran Vittorio Gassman como principal intérprete. Para brindar un entrañable homenaje al cine tradicional y a las salas de espectáculos realizaría *Splendor*, coetánea de la análoga y la «oscarizada» obra de Giuseppe Tornatore *Cinema Paradiso* (ambas fueron presentadas en el mismo Festival de Cannes).

Tres temas parecen obsesionarle como autor: el tiempo, la soledad y la historia. Al respecto ha declarado: «El tiempo, primero, el tiempo que pasa, con sus ruinas, sus infartos, sus esperanzas desvanecidas, sus ilusiones que mueren y cada día que nace, una ilusión nueva... Luego, la soledad. El cine se ocupa con más atención y ternura de las personas solas que de la gente alegre. Finalmente, la historia, no la Historia oficial que no se ve, como un tapiz desarrollado detrás de nosotros, sino la historia individual que nutre la historia oficial. La que vive con gestos humildes la gente humilde.» Con un estilo fílmico brillante y gran sentido del espectáculo, a la vez que expresa un discurso crítico-ideológico nada ambiguo, lleno de toques humanos pero no exento de algunas concesiones, el satírico Scola está considerado como uno de los mejores realizadores de su generación.

Filmografía:

Se permettete parliamo di donne (1964), *El millón de dólares* (*La congiuntura*, 1965), *Thrilling* (1965; episodio), *El diablo enamorado* (*L'arcidiavolo*, 1966), *Riusciranno i nostri eroi a ritrovare l'amico misteriosamente scomparso in Africa?* (1968), *El comisario y la dolce vita* (*Il commissario Pepe*, 1969), *El demonio de los celos* (*Dramma della gelosia: tutti i particolari in cronaca*, 1969), *Un italiano en Chicago* (*Permette? Rocco Papaleo*, 1971), *La piú bella serata della mia vita*, 1972), *Trevico-Torino: Viaggio nel Fiat-Nam* (1972), *Nos habíamos querido tanto/Una mujer y tres hombres* (*C'eravamo tanto amati*, 1974), *Brutos, sucios y malos* (*Brutti, sporchi e cattivi*, 1976), *Buenas noches, señoras y señores* (*Signore e signori, buonanotte*, 1976, co-dir. L. Comencini, N. Loy, L. Magni & M. Monicelli), *Que viva Italia* (1977; episodio), *Una jornada particular* (*Una giornata particolare*, 1977), *La terraza* (*La terrazza*, 1979), *Entre el amor y la muerte* (*Passione d'amore*, 1980), *La noche de Varennes* (*La nuit de Varennes/Il mondo nuovo*, 1981), *La sala de baile* (*Le Bal*, 1983), *Macarroni* (1985), *La familia* (*La famiglia*, 1987), *Splendor* (1988), *¿Qué hora es?* (*Che ora è*, 1989), *Capitán Fracassa* (*Il viaggio di Capitan Fracassa*, 1991).

SCORSESE, Martin

Polémico cineasta americano contemporáneo. N. en Flushing, 1942. Nieto de inmigrantes sicilianos, fue educado en el popular *Little Italy* neoyorquino. Interesado por el rock and roll y gran cinéfilo, desvió su posible vocación religiosa para dedicarse a estudiar Cine en la Universidad de Nueva York, donde asimismo ejerció como profesor ayudante. Allí realizaría sus primeros ensayos fílmicos antes de crear su primer largometraje: el autobiográfico *Who's That Knocking at My Door*. Colabora en 1970 como montador y ayudante de dirección del célebre documental sobre los hippies *Woodstock* y supervisó el reportaje en torno a la invasión de Camboya *Street Scenes*. Luego se establecería en Hollywood para trabajar al lado de Roger Corman, que le confió un film de la serie B, *Boxcar Bertha*, donde ya se evidenciaron sus preocupaciones espirituales.

Con su primer film importante, *Malas calles*, un *thriller* del que fue co-autor del guión, Scorsese iniciaría su continuada colaboración artística con el actor Robert de Niro, que tuvo su punto álgido con su magistral *Toro salvaje (Raging Bull*, con guión de Paul Schrader) sobre la vida del ex campeón mundial de boxeo Jake La Motta. Este film resume las contradicciones y la estética de su obra anterior: *Alicia ya no vive aquí*, una *road movie* que bebe en las fuentes de Frank Capra y Douglas Sirk; y el brutal *Taxi Driver*, sobre una «víctima» de la guerra de Vietnam, otra vez con la colaboración de Schrader en el guión. Al propio tiempo, en el referido *Raging Bull* ofreció una aguda introspección psicológica y crítica de una sociedad decadente, evocando en un prodigioso blanco y negro el ambiente de los años 40, incluso imitando los *flous* del estilo del cine americano de aquella época. Además, obliga a reflexionar seriamente al espectador y evi-

Martin Scorsese (izquierda), preocupado junto la cámara

dencia con creces la honda preocupación religiosa de este autor, con su referencia final al pasaje evangélico del ciego de nacimiento. De ahí que años más tarde insistiera en el tema bíblico con su polémica *La última tentación de Cristo*, basada en una novela herética. Su confusionismo doctrinal ya lo había manifestado así: «No nos liberamos de nuestros pecados en la iglesia, sino en la calle o en casa.»

Antes y después, con el mismo Robert de Niro, sorprendería con su musical «negro» *New York, New York* y su fallida *El rey de la comedia*, insólito homenaje a Jerry Lewis, co-protagonista de este amargo film cómico. Para continuar con *After Hours* y el famoso *El color del dinero*, que reveló a Tom Cruise y que fue la continuación de *El buscavidas* (Robert Rossen, 1961), film interpretado Paul Newman, quien volvió a encarnar 25 años después su mítico personaje.

Con un estilo violento y a veces exagerado pero de gran brillantez formal (*Uno de los nuestros*), intenta impactar y herir la sensibilidad del público (*El cabo del terror*). Martin Scorsese demuestra su rara genialidad como creador: por ejemplo, en su episodio de *Historias de Nueva York*, que es mejor que los realizados por sus colegas Ford Coppola y Woody Allen. También se aprecia en su obra un singular dominio de la sintaxis fílmica y de la concepción escenográfica —pues sabe contar y ambientar bien una historia (*La edad de la inocencia*)—, pero parece faltarle cierto equilibrio artístico-personal.

Filmografía:

I Call First/Who That Knocking at My Door (1968), *Boxcar Bertha (1972)*, *Malas calles (Mean Streets, 1973)*, *Alicia ya no vive aquí (Alice Doesn't Live Here Anymore, 1974)*, *Taxi Driver (1976)*, *New York, New York (1977)*, *El último vals (The Last Waltz, 1978)*, *Toro salvaje (Raging Bull, 1979)*, *El rey de la comedia (The King of Comedy, 1983)*, *¡Jo, qué noche! (After Hours, 1985)*, *El color del dinero (The Color of Money, 1986)*, *La última tentación de Cristo (The Last Temptation of Christ, 1988)*, *Historias de Nueva York (New York Stories, 1989; episodio)*, *Uno de los nuestros (Goodfellas, 1990)*, *El cabo del terror (Cape Fear, 1991)*, *La edad de la inocencia (The Age of Innocence, 1992)*.

SCOTT, Ridley

Destacado autor del nuevo cine americano. N. en South Shields, 1939. Cineasta británico afincado en

Ridley Scott, durante el rodaje de 1492: La conquista del paraíso

Hollywood. Estudió Pintura en el Royal College of Arts de Londres, trabajó como escenógrafo y realizador para la BBC, constituyendo con su hermano Tony Scott y el cineasta Hugh Hudson una compañía de *spots* publicitarios (es muy célebre el que realizó para Coca-Cola, utilizando el personaje televisivo Max Headroom). Descubierto por el productor David Puttnam, debuta en 1977 como director de cine profesional con *Los duelistas*, basada en un relato corto de Joseph Conrad, en la que demostraría su dominio de la cámara y gusto por la composición de los encuadres. Esta película «de época» sería comparada con *Barry Lyndon*, de Stanley Kubrick.

No obstante, su siguiente film sorprendió de nuevo a la crítica y al público mundial: *Alien, el octavo pasajero*, donde combina el cine de terror con el género de cienciaficción, a modo de cuento de horror gótico en el mundo sideral. En este film se evidencia un claro homenaje al referido Conrad en *Nostromo*, nombre que puso a la astronave de su película, lanzando asimismo a la actriz Sigourney Weaver. Su éxito comercial dio lugar a una serie, que Ridley Scott se negó dirigir. Pero en su famosa *Blade Runner* reafirmaría su maestría como creador. Basada en la novela de Philip K. Dick *¿Sueñan los androides con corderos eléctricos?*, Ridley Scott ofrece un *thriller* ambientado en un futuro próximo, inspirándose en el diseño del cómic, en la estética publicitaria y el cine expresionista, a la vez que se apoya con los mejores técnicos en efectos especiales y decorados: Douglas Trumbull y Syd Mead. Como en el anterior film, el espectador se encuentra con una visión pesimista del porvenir —un tema que parece preocuparle sobremanera—, donde al final se vislumbra cierta esperanza en la condición humana.

En su siguiente realización, la irregular *Legend*, se aprecia otra de las características del cine de este autor: su afán por un moralismo que está lejos de las vulgares mo-

ralejas del cine americano tradicional. Este incomprendido «cuento de hadas» narra el clásico combate entre las
fuerzas del Bien y el Mal, con una estética inspirada en la
pintura prerrafaelita.

Con un estilo frío y formalista, como se aprecia en
Black Rain, de gran imaginación plástica y también un
tanto preciosista, Scott consigue en sus films un *look* visual muy sugestivo y brillante. Parece obsesionarle también la ruina moral y espiritual originada por la crisis creciente que sufre cierta sociedad actual. En este sentido, en
1991 realizó su impresionante *Thelma y Louise*, una *road
movie* interpretada por Susan Sarandon y Geena Davis
que viene a ser una fábula nihilista feminista. Es obvio
que la postura de los autores de este film —la debutante
Callie Khouri obtuvo el Oscar de Hollywood al mejor
guión original— es ácrata y rompe una lanza en favor del
Women's Lib con descarnadas escenas eróticas, actitudes
amorales y violencia extrema. La reconocida calidad cinematográfica de *Thelma & Louise* posee un radicalismo
ideológico bastante corrosivo que, con una forma fílmica
hiperrealista envolvente, manipula los sentimientos del
espectador y le deja apenas sin respiro en su clara voluntad de persuasión.

Con motivo del V Centenario del Descubrimiento de
América, ha realizado una versión espectacular, mitificadora y reivindicativa de la hazaña de Cristobal Colón:
1492-La conquista del paraíso, con Gérard Depardieu
como «héroe»-protagonista.

Filmografía:

*Los duelistas (The Duellists, 1977), Alien, el octavo pasajero (Alien, 1979), Blade Runner (1982), Legend (1985),
La sombra del testigo (Someone to Watch Over Me,*

1987), Black Rain (1989), Thelma & Louise (1991), 1492-
La conquista del paraíso (1492-The Conquest of Paradise,
1992).

SJÖSTRÖM, Viktor

Fue actor, pionero y uno de los grandes clásicos del
cine sueco (Silbodal, 1879-Estocolmo, 1960). Con Mauritz Stiller, se le considera el fundador de la escuela escandinava. De infancia difícil, comenzó como actor y director teatral en Göteborg y Estocolmo (1899-1917), pero
trabajaría en el cine desde 1912.

Tachado de torpe e inhábil, este maestro del film mudo
contribuyó —como su coetáneo Griffith— a desarrollar
el arte de la expresión cinematográfica; con escasos medios supo integrar personajes, decorado y paisaje en la
dramaturgia fílmica, cuya estética le debe algunos de sus
rudimentos y técnicas narrativas después institucionaliza-
dos: por ejemplo, en *La extraña aventura del ingeniero*
Lebel donde empleó sistemáticamente el *flash-back*.
Luego, en *Huelga*, desarrollaría una temática social desconocida para aquella época, y adaptaría también el
poema de Ibsen *Terje Vigen*, entre otros muchos títulos;
que empezaría una saga de leyendas nórdicas en las que la
Naturaleza era el principal personaje del drama: el bello y
provocador *Los proscritos*; sus famosas adaptaciones de
novelas de Selga Lagerlöf como *La muchacha de la tur-*
bera, *La voz de los antepasados* y que culminó con *La ca-*
rreta fantasma, un relato sobre la muerte donde, en medio de paisajes brumosos, utiliza la sobreimpresión con
fines poéticos y una maestría no conseguida hasta entonces.

El actor y director Victor Sjöström

La prolífica obra de este creador evidenció una serie de constantes temáticas, con un estilo realista y lírico a la vez, de fuerte personalidad y profunda humanidad: la culpa y la redención; la pureza de corazón, habitualmente expresada por medio del simbolismo de la nieve, el fuego y el viento; la lucha del individuo sostenido por su amor o su fe contra un universo hostil..., características que hicieron de Viktor Sjöström un cineasta singular. Después de descubrir y formar a numerosos actores de su país, impulsó también un cine nacional a través de la Svenka, cuyo productor, Charles Magnusson, quiso compaginar con películas de carácter más universal y que hicieron sucumbir el cine sueco ante el poderío del norteamericano. De ahí que, en 1923, Sjöström se viera obligado a emigrar a Hollywood, realizando allí nuevas obras importantes: *El que recibe las bofetadas*, con Lon Chaney, Norma Shearer y John Gilbert; *Confessions of a Queen*, con Alice Terry y Lewis Stone; *La mujer marcada*, con Lillian Gish, *La mujer divina*, con Greta Garbo; y su última obra maestra, *El viento*, otra vez con la griffithiana Lillian Gish como gran protagonista.

Sin embargo, desilusionado por el poco éxito comercial de este film y la falta de libertad que sufrió en la Meca del Cine (incluso le cambiaron el nombre por Victor Seastrom), no se adaptaría bien al sonoro (*La mujer que amamos*) y regresó a su país para reemprender su trabajo como actor, labor que le proporcionó mayor fama. Todavía, durante los años 30 dirigió dos films más: uno en Suecia (*Markurells i wadköping*) y el postrero en Inglaterra (*Under the Red Robe*), para despedirse a los 78 años como intérprete con el inolvidable profesor Isak Borg de *Fresas salvajes*, la pieza maestra de Ingmar Bergman, que era asimismo el «heredero» y, en cierto modo, discípulo de Sjöström. Su obra de director, que no era muy conocida, fue reivindicada y empezó a ser estudiada a partir de 1966.

Filmografía:

Trädgardsmästaren (El jardinero, 1912), Ett hemligt giftermal (Un matrimonio secreto, 1912), Aktenskapsbyran (Oficina de matrimonios, 1912), Löjen och tarar (Risas y lágrimas, 1912), Lady marions sommarflirt (1912), Blodets röst (La voz de la sangre, 1913), Livets konflikter (Los conflictos de la existencia, 1913), Ingeborg holm (1913), Miraklet (El milagro, 1913), Kärlet starkare än hat (El amor más fuerte que el odio, 1913), Halvblod (Sangre mezclada, 1913), Prästen (El pastor, 1913), Strejken (Huelga, 1913), Högfjällets dotter (La muchacha de las nieves, 1914), Dömen icke (No juzgarás, 1914), Bra flicka reder sig själv (Una buena chica tiene que arreglárselas sola, 1914), Gatans barn (Los niños de la calle, 1914), Hjärtan som motas (Los corazones a la moda, 1914), En av de manga (Uno entre tantos, 1914), Sonad skuld (La rendición de una culpa, 1914), Der var i maj (Era en mayo, 1914), Landshövingens döttrar (La hija del gobernador, 1915), Skomakare bliv vid din läst (A cada uno según su oficio, 1915), Judaspengar (El precio de la traición, 1915), I prövningens stund (La hora de la prueba, 1915), Skepp son motas (Encuentro de barcos, 1915), Havsgamar (El águila de los mares, 1915), Hon segrade (Ella triunfó, 1915), Therese (1916), Dödskyssen (La extraña aventura del ingeniero Lebel, 1916), Terje Vigen (Érase una vez un hombre, 1916), Tösen fran stormyrtorpet (La muchacha de la turbera, 1917), Los proscritos (Berg-Ejvind och hans hustru, 1917), Ingmarssönerna (La voz de los antepasados, 1918), Hans nadns testamente (El testamento de su señoría, 1919), El monasterio de Sendomir (Klostret i sendomir, 1919), Karin Ingmarsdotter (La hija de Karim Ingmar/El reloj roto, 1919), Maestro Samuel (Mästerman, 1920), Körkarlen (La carreta fantasma/La carreta fantástica, 1920), Juicio de Dios (Vern dömer?, 1921), Det omringade huset (La casa cercada, 1922), El barco trágico (Eld ombord, 1922), Nombre al culpable (Name the Man, 1923), El que recibe las bofetadas (He Who Gets Slapped, 1924), El trono vacante (Confessions of a Queen, 1924), Amor de padre (The Tower of Lies, 1925), La mujer marcada (The Scarlet Letter, 1926), La mujer divina (The Divine Woman, 1927), El viento (The wind, 1928), La máscara del diablo (The Masks of the Devil, 1928), La mujer que amamos (A Lady To Love/Die sehnsucht jeder frau,

1929), Markurells i wadköping/Väter und söhne (1930),
Bajo el manto escarlata (Under the Red Robe, 1936).

SPIELBERG, Steven

Maestro del cine americano contemporáneo. N. en
Cincinnati, 1947. Es un famoso director, guionista y productor independiente, y está considerado como el nuevo
Rey Midas de Hollywood. De origen judío, su clara vocación de cinéfilo (en su adolescencia ya realizó una quin-
cena de films en 16 mm.) le llevó a abandonar los estudios
de Filología y cursar Cine en el California State College.
En 1969 dirige el corto *Amblin*, cuyo nombre pondría
después a su compañía, y fue premiado en los festivales
de Atlanta y Venecia. Tras realizar varios episodios para
series televisivas, como *Marcus Welby*, *Colombo* y *Galería nocturna*, triunfa con su telefilm *El diablo sobre ruedas*, que sería exhibido en la pantalla grande en todo el
mundo. A partir de ahí inició una carrera fulgurante
como cineasta comercial.

Dedicado, por tanto, al film-espectáculo, comentaría:
«Preconizamos un cine bien hecho e inteligente, suscepti-
ble de gustar a millones de espectadores. No nos interesa
realizar películas que gusten sólo a la crítica y que nadie
quiera ver.» Por eso, siguiendo la moda del cine catastro-
fista de los años 70, sorprendió con el impresionante *Tiburón*, batiendo récords taquilleros que no se habían
dado desde *Lo que el viento se llevó*. Éxito que repetiría
dos años más tarde con la original película de ciencia-ficción *Encuentros en la Tercera Fase*. Luego, tras su sátira
antimilitarista *1941*, unido con el productor George Lucas realizaría la más célebre saga de aventuras del mo-

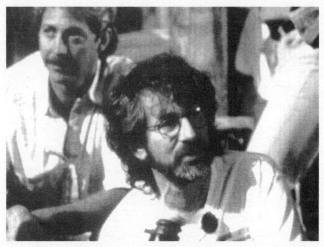

El mago *Steven Spielberg, en pleno rodaje*

derno cine americano: *En busca del Arca Perdida, Indiana Jones y el Templo maldito* e *Indiana Jones y la última Cruzada*, con Harrison Ford como gran protagonista. Esta trilogía no sólo es un homenaje a los géneros tradicionales, que los superaba por su genialidad de cinéfilo, sino un «boom» comercial que incluyó el registro de patentes, publicaciones y juguetes. Asimismo, se haría extensible a otro popular film dirigido en el interín: el familiar *E.T., El extraterrestre*, récord de recaudación absoluto de taquilla de todos los tiempos.

Junto a estas películas, Spielberg se dedicó también a lanzar producciones de otros autores y, en cierto modo, sus discípulos: *Gremlins* (Joe Dante, 1984), *Regreso al futuro* (Robert Zemeckis, 1985), *El secreto de la pirámide* (Barry Levinson, 1985)..., hasta decidirse él mismo a realizar cine «comprometido» con *El color púrpura*, película que demostraría sus cualidades como autor dramático;

pues este magistral film refleja las minorías desheredadas de Estados Unidos dentro de la mejor tradición narrativa de Hollywood. Sin embargo, a pesar de las 11 nominaciones para el Oscar, la Academia —hasta ayer reticente con este cineasta independiente y ambicioso— no le premió con estatuilla alguna.

Considerado un fabricante de sueños y fantasías (*Hook*, el nuevo Peter Pan) e impulsor de una «escuela», que protege a los alumnos de la School of Cinema-Television de la Universidad del Sur de California, el éxito de Steven Spielberg se debe al hecho de que el cineasta se pone en el lugar del espectador y crea lo que él desearía ver. Aparte de la brillantez formal de toda su obra, posee gran dominio del ritmo y de los efectos especiales, una prodigiosa imaginación y creatividad, como se aprecia en su personal serie de cuentos *Fantasías prodigiosas* y en la producción de dibujos animados *¿Quién engañó a Roger Rabbit?* (1988). Por otra parte, destaca su sencilla humanidad y sentido del humor, lleno de *gags* tan antológicos como increíbles, un perfeccionismo en el acabado de producción y la música de John Williams.

Así, el «mago» Spielberg ha sabido compaginar el arte con la industria, como Ford y Hitchcock, conciliando los intereses estéticos con el rendimiento económico. Por ello, cada producción es esperada por multitud de aficionados, el público infantil y los mayores con espíritu joven o capacidad de «soñar despiertos». En este sentido, manifestó: «Todas mis películas, de una manera u otra son una recreación de mi infancia, están inspiradas en sensaciones que tuve o en cosas que me ocurrieron... Mi objetivo es al mismo tiempo florecer como director, madurar como artista y obtener el reconocimiento de los adultos, y a la vez seguir disfrutando de los derechos exclusivos para divertir a los niños y adolescentes.» En 1994, tras el taquillero *Parque Jurásico*, acaparó todos los

Oscars con *La lista de Schindler*, el más sentido homenaje al holocauto judío.

Filmografía:

*El diablo sobre ruedas (Duel, 1971), Loca evasión (The
Sugarland Express, 1974), Tiburón (Jaws, 1975), Encuentros en la Tercera Fase (Close Encounters of the Third
Kind, 1977; versión ampliada en 1980), 1941 (1979), En
busca del Arca Perdida (Raiders of the Lost Ark, 1981),
E.T., El extraterrestre (E.T., the Extra-Terrestrial, 1982),
En los límites de la realidad (Twilight Zone-The Movie,
1983; episodio), Indiana Jones y el templo maldito (Indiana Jones and the Temple of Doom, 1984), El color púrpura (The Color Purple, 1986), El imperio del sol (Empire
of the Sun, 1987), Indiana Jones y la última Cruzada (Indiana Jones and the Last Cruzade, 1989), Para siempre
(Always, 1989), Hook-El capitán Garfio (Hook, 1991),
Parque Jurásico (Jurassic Park, 1993), La lista de Schindler (Schindler's List, 1993)*

STERNBERG, Josef von

Figura entre los clásicos del cine americano y mundial.
(Viena, 1894-Los Angeles, 1969). Fue maestro de la luz,
técnico, productor y realizador de prestigio en la época
muda y principios del sonoro. De origen judío y familia
humilde, emigró a Nueva York a los siete años, donde
desempeñaría múltiples oficios hasta concluir sus estudios de Filosofía, doctorándose en Viena. Sin embargo,
dejaría las Letras por el Séptimo Arte; primero como ac-

El maestro Joseph von Sternberg

tor, guionista y ayudante de dirección, después como autor del film experimental *The Salvation Hunters*.

Su obra presenta diversas influencias: del Expresionismo y *Kammerspiel* germanos, de la escuela impresionista gala y de la estética de su coetáneo Stroheim. Así se evidenciaría principalmente en sus dos primeras obras maestras: *La ley del hampa* y *Los muelles de Nueva York*, en las que hace un retrato de cierto *status* USA del momento y que abrieron el género de gángsters americano. En estos films ya se concretaría su personal estilo: gusto por las atmósferas brumosas y cargadas, barroquismo romántico, refinada composición plástica, expresividad artística basada en la sensación, cuidado de los objetos y su integración escenográfica con los personajes, ritmo pausado y extraña belleza.

Considerado, por tanto, como un gran maestro de la imagen, durante los años 30 contribuyó a formar operadores célebres: Lee Garmes, Bert Glennon, Harold Rosson y Gregg Toland (*Ciudadano Kane*). Había escrito al respecto: «El artista que trabaja en el cine debe aprender a elegir y crear no con la cámara, sino con el ojo... El viaje de los rayos de luz representa la aventura y el drama de la luz. La historia de la luz es la historia de la vida.»

Pero su fama internacional vino con el descubrimiento de la *vamp* Marlene Dietrich, mito erótico y «mujer fatal» que lanzó en Alemania con *El ángel azul*, magistral adaptación de la novela de Heinrich Mann. De regreso a Estados Unidos, ambos formaron un tándem artístico-sentimental, con *Marruecos*, *Fatalidad*, *El expreso de Shanghai*, *La Venus rubia*, *Capricho imperial* y *The Devil is a Woman*, que competirían en taquilla con los films de la «Divina» Greta Garbo. No obstante, su carrera personal declinaría cuando los productores pasaron su *star* a otros directores. Von Sternberg manifestó: «Viendo cómo los seres humanos se oponen a las mejores intenciones de un cineasta, estoy a punto de vacilar en la utilización del cine, medio de expresión que se vale de las personas y no de los colores empleados por el pintor del lienzo; los materiales del realizador a veces no son maleables, sino incluso a menudo rebeldes. Procedo de un mundo totalmente diferente del de los films: el de la literatura y de las artes plásticas, que he tratado de traspasar a mi trabajo.»

Por eso, sus espaciadas y siguientes obras, protagonizadas por nuevas «estrellas» que no llegaron a funcionar a su lado (Gene Tierney, Janet Leigh, Jane Russell), concluyó con una realización sobre un tema histórico en Japón: *The Saga of Anatahan*. Luego, tras su inacabada *Yo, Claudio*, en Londres, y la producción de *Duelo al sol* (King Vidor, 1952), se dedicaría a enseñar Estética del Cine en la Universidad de Los Angeles.

Apasionado por la Antropología y el Arte oriental, el universo sternbergiano evidencia asimismo una serie de constantes y símbolos: el lirismo del mar y los pájaros, la frustración del deseo y la esperanza en la redención de los seres caídos, la magia y la Fatalidad, o cierta fascinación por la decadencia... Todo ello, expresado con un estilo que se ha venido a denominar «realismo fantástico», pues casi siempre rodó en estudio. También había manifestado: «No me importa lo más mínimo la historia; tan sólo como está fotografiada y presentada.»

Filmografía:

The Salvation Hunters (1925), La elegante pecadora (The Exquisite Sinner, 1925), The Masked Bride (1925), The Sea Gull/Woman of the Sea (1926), La ley del hampa (Underworld, 1927), La última orden (The Last Command, 1928), Los muelles de Nueva York (The Docks of New York, 1928), La redada (The Dragnet, 1928), El mundo contra ella (The Case of Lena Smith, 1929), Thunderbolt (1929), El ángel azul (Der blaue Engel/The Blue Angel, 1930), Marruecos (Morocco, 1930), Fatalidad (Dishonored, 1931), Una tragedia humana (An American Tragedy, 1931), El expreso de Shanghai (Shanghai Express, 1932), La Venus rubia (Blonde Venus, 1932), Capricho imperial/Catalina la Grande (The Scarlet Empress, 1934), The Devil is a Woman (1935), Crimen y castigo (Crime and Punishment, 1935), La princesa encantadora (The King Steps Out, 1936), Sergeant Madden (1939), El embrujo de Shanghai (The Shanghai Gesture, 1941),

Amor a reacción (Jet Pilot, 1950), Una aventurera en Macao (Macao, 1952), The Saga of Anatahan (1953).

STILLER, Mauritz

Se le consideró como un maestro del cine sueco y fue con Viktor Sjöström el pionero del film mudo escandinavo. (Helsinki, 1883-Estocolmo, 1928). De origen judío y de una vasta cultura, tuvo una infancia difícil; trabajó como periodista y crítico teatral, destacando enseguida como actor y director escénico (en 1909 llegó a dirigir la sala vanguardista *Lila Teatern*, fundada por August Strindberg), para dedicarse al arte cinematográfico de manos del citado pionero Magnusson.

Poeta de la pantalla silente, descubrió la importancia del paisaje característico de la luminosa tierra escandinava, convirtiéndolo en un personaje más. Enamorado de la Naturaleza y riguroso en la creación de tipos y decorados, desarrolló su estilo lírico y refinado como su coetáneo Sjöström, que también había interpretado algunos de sus films primitivos, con la adaptación de las grandes sagas de Selma Lagerlöf. Su obra maestra, *El tesoro de Arne*, en la que narra una historia nacional enclavada en el siglo XVI, contiene secuencias antológicas y un avance narrativo encomiable para aquella época: travelling lateral, *flash-back*, encadenados. Después realizaría *El viejo castillo* y *La leyenda de Gösta Berling*, película que encumbró a Greta Garbo. Años antes, con su escandalosa *Erotikon*, ya había creado la denominada comedia brillante, influyendo en el cine de Hollywood.

Obviamente, la industria norteamericana reclamaría pronto a Mauritz Stiller. Así, en 1925 emigró con su mí-

El sueco Mauritz Stiller

tica *star*, pero no pudo dirigir ningún film interpretado por la Garbo; pues al igual que Viktor Sjöström tampoco encajó en la Meca del Cine. Dado su carácter inestable y algo excéntrico, chocaría con los inflexibles productores hollywoodenses y sólo pudo realizar completos *Hotel Imperial* y *Confesión*, con la también importada «estrella» Pola Negri. Tras iniciar *La calle del pecado*, regresó a Suecia en 1928, desilusionado y gravemente enfermo, para volver a triunfar en el teatro poco antes de fallecer a los 45 años.

Su obra se distingue por ser muy prolífica, sutil en la expresión de sentimientos, de gran belleza plástica y deli-

cada en las situaciones dramáticas. Stiller ha llegado a in-
fluir en la estética cinematográfica de otros autores, como
Lubitsch, Eisenstein o Pudovkin. Muchas películas de
este sensible creador desaparecieron debido a un incendio
en la productora Svenka, con lo cual no se conoce su filmografía completa.

Filmografía:

*Mor och dotter (Madre e hija, 1912), De svarta mar-
kerna (Las máscaras negras, 1912), När larmklockan lju-
der (Cuando replica la campana de alarma, 1912), När
svärmor regerar (Cuando manda la suegra o cómo se ma-
neja a los maridos, 1912), När kärleken dödar (Cuando el
amor mata, 1912), Den tyranniske fästmannen (La novia
tiránica, 1912), Vampyren/En kvinnas slav (El
vampiro/El esclavo de una mujer, 1912), Barnet (El niño,
1912), Livets konflikter (Los conflictos de la existencia,
1913), Den moderna suffragatten (Sufragistas modernas,
1913), Bröderna (Los hermanos, 1913), Gränsfolken (Los
fronterizos, 1913), För sin kärleks skull (Por su amor,
1913), Pä livets ödevägar (En los caminos de la vida,
1913), Männekängen (El maniquí, 1913), Kammarjunka-
ren (El gentilhombre de cámara, 1913), Den ökanda (La
desconocida, 1913), När konstnärer älska (Cuando aman
los artistas, 1914), Lekkamraterna (Los compañeros de
juegos, 1914), Det röda tornet (La espina roja, 1914),
Skottet (El disparo, 1914), Stormfagelen (El pájaro de la
tormenta, 1914), Dolken (El puñal, 1914), Mästertjuven
(El maestro ladrón, 1915), Minlotsen (El piloto, 1915),
Hans hustrus förflutna (El pasado de una mujer, 1915),
Madame de Thèbes (1915), Hämnaren (El vengador,
1915), Hans bröllopsnatt (Su noche de bodas, 1915), Lyc-
konnalen (El amuleto, 1915), Kampen om hans hjärta (El*

combate por su corazón, 1916), Vingarna (Las alas, 1916),
Kärlek och journalistik (Amor y periodismo, 1916), Ba-
lettprimadonna (La bailarina estrella/El sueño de Wolo,
1916), La mejor película de Thomas Graal (Thomas Gra-
als bästa film, 1917), Alexander den Store (Alejandro el
Grande, 1917), Thomas Graals bästa barn (El mejor hijo
de Thomas Graal, 1918), Sangen om den eldröda blom-
man (El canto de la flor escarlata, 1918), El tesoro de
Arne (Herr Arnes pengar, 1919), Fiskebyn (El pueblo de
los pescadores, 1919), Erotikon (1920), A través de los rá-
pidos (Johan, 1921), Los emigrados (Des landsflyktige,
1921), Gunnar hendes saga (La leyenda de Gunnar
Hedde/El viejo castillo, 1923), La leyenda de Gösta Ber-
ling/La expiación de Gosta Berling (Gösta Berlings saga,
1924), Hotel Imperial (1927), Confesión (The Woman of
Trial, 1927).

STONE, Oliver

Destaca por ser una de las figuras más controvertidas
del último cine americano. N. en Nueva York, 1947. Hijo
de un agente de cambio y bolsa (*dealer* de Wall Street),
estudió en la Universidad de Yale, pero abandonó sus estudios por dos veces y se hizo marino mercante. Establecido en México, donde pretendió ser escritor, se inició en
el cine como guionista de películas de éxito: *El expreso de
medianoche, Conan el bárbaro, Scarface* y *Manhattan
Sur.* Su dedicación como director data de 1974, cuando
debutó en *Seizure.*

Tras un apasionado testimonio sobre la tragedia cen-
troamericana (*Salvador*), triunfaría con *Platoon*, que narra su experiencia personal en la guerra de Vietnam. Pese

Oliver Stone, en un momento del rodaje de JFK

a las dos medallas que le concedieron, declaró: «Fui a Vietnam de derechas y volví de izquierdas.» Rodada prácticamente en la jungla filipina, relata la odisea de un joven yanqui (el propio Stone) que, por idealismo y para huir de la monotonía, se enrola como voluntario en un conflicto que le descubriría aspectos inesperados de la conducta humana y la bajeza moral de los contendientes. El horror y la violencia presiden *Platoon*, perfectamente concebido en imágenes, lo que provocaría el malestar anímico del espectador, al tiempo que obtuvo cuatro Oscars de Hollywood. Cuando recogió el galardón, manifestó: «Creo que este premio es para el veterano del Vietnam y que, por primera vez, entendéis de verdad lo que pasó allí.»

Las siguientes películas también fueron denunciatorias: *Wall Street*, acerca de la tragedia cotidiana de un *dealer* (que parece tener reminiscencias biográficas), con la que su principal intérprete, Michael Douglas, ganó el Oscar; y *Talk Radio*, sobre el drama de un locutor judío asesinado por los neonazis en USA. Más tarde volvería con el tema del Vietnam, en la biografía de otro ex combatiente, Ron Kovic (encarnado por el asimismo «oscarizado» Tom Cruise) y a modo de doble *catarsis* personal: *Nacido el 4 de julio*, donde incide en un cine panfletario y de reportaje televisivo, con movimientos en cámara lenta y abusos de teleobjetivo. Pero con este film no sólo logró captar al público, sino a los miembros de la Academia de Hollywood, que le volvieron a galardonar con dos Oscars.

Después de fracasar con *The Doors*, biografía del cantante Jim Morrison, Oliver Stone volvería a sorprender con otro film denunciatorio: *JFK*, una impresionante visión del asesinato de Kennedy. Basada en el célebre *informe Garrison* (Kevin Costner incorpora al famoso fiscal), provocó una enorme polémica en Estados Unidos, pues la Administración norteamericana llegó a plantearse la reapertura del caso. En este sentido, también manifestaría su realizador: «En Vietnam me di cuenta de hasta qué punto la corrupción y las mentiras imperaban en el Gobierno de Estados Unidos, hasta qué punto la gente estaba engañada. No me extraña que la película sea atacada, desacreditada, que sus errores se magnifiquen. Pero va a quedar ahí, como testimonio, y a la generación actual, y a otras futuras, les va a hacer preguntarse cosas y les va a servir de referencia.» A caballo entre la evocación histórica y la reconstitución documental, este joven creador, que domina el montaje de las imágenes, demostraría con su *JFK* que sabe hacer cine de veras.

La crudeza expositiva de Stone incide en la violencia y el erotismo descarnados, que le resta gusto y rigor artísticos al relato, con su estilo directo y apasionado, crítico y contundente a la vez, lúcido en ocasiones y exagerado otras. Recientemente, ha iniciado sus tareas como productor (*South Central*, sobre las luchas de bandas de color en Los Angeles; *El Club de la Buena Estrella*, acerca de la comunidad chinonorteamericana) y realizado la tercera película en torno a la guerra del Vietnam: *Heaven and Earth*, basado en dos libros autobiográficos de una mujer vietnamita, temática que le tiene traumatizado como autor.

Filmografía:

Seizure (1974), La mano (The Hand, 1981), Salvador (1985), Platoon (1986), Wall Street (1987), Hablando con la muerte (Talk Radio, 1988), Nacido el 4 de julio (Born on the 4th of July, 1989), The Doors. La leyenda (The Doors, 1990), JFK-Caso abierto (JFK, 1991), El cielo y la tierra (Heaven and Earth, 1993), Natural Born Killers (1994).

STROHEIM, Eric von

Actor y maestro del cine norteamericano, está reputado como otro de los grandes clásicos «malditos» del Séptimo Arte (Viena, 1885-Maurepas, 1957). De origen judío y familia comerciante, creó una leyenda en torno a su propia persona: se consideraba de ascendencia aristocrática, teniente de dragones del Imperio Austro-Húngaro y condecorado en alguna campaña y ascendido a capitán, poeta y colaborador en una revista de vanguardia, hasta que en 1909 emigró a Estados Unidos. Allí ejercería los más pintorescos oficios y estrenaría una pieza dramática. Empezó en el cine de Hollywood como «extra», consejero militar en varios films de propaganda y ayudante de Griffith y Allan Dwan. Fue guionista y director a partir de 1918, pero, al mismo tiempo, se consagró como actor cinematográfico, y como tal sería más conocido por el público mundial.

Audaz e independiente, inconformista y «contestatario», crítico e irónico hasta la saciedad, sus películas como realizador se vieron limitadas por la propia industria hollywoodense, con la que chocaría como creador. Su sórdido naturalismo y romanticismo exacerbado se expresa a través de una obra artística que parece hecha de violencia y rabia, pero con un gran sentido de la narración y de la psicología de los personajes, no exento de ingenuidad, gusto por los contrastes y salvaje crueldad. De ahí que Stroheim fuera «perseguido» por la sociedad norteamericana y considerado persona *non grata* por la propia Meca del Cine, que masacró sus films en el montaje. Había declarado: «La mayor desventaja del cine norteamericano es su estrechez moral. Sin embargo, sabemos perfectamente que cada uno de nosotros se mueve por las aspiraciones y las debilidades, las tentaciones y los sueños, las ilusiones y las desilusiones que forman la trama de la misma existen-

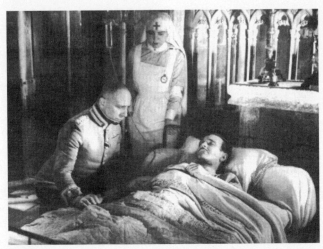

Eric von Stroheim, uno de los grandes protagonistas de La gran ilusión

cia... Pues rodar films con la regularidad de una máquina
de embutir salchichas le obliga a uno a fabricarlos ni mejores ni peores que una ristra de salchichas.»

A nivel estético, cabe destacar: *Esposas frívolas*, un
cruel retrato de la Europa de la primera posguerra; la mítica *Avaricia*, clasificada entre las Diez Mejores películas
de la Historia del Cine, en la que desarrolla el relato cinematográfico virtualmente continuo; la opereta *La viuda
alegre*, una terrible sátira de la aristocracia austríaca; *La
marcha nupcial*, cuyo rodaje le fue suspendido y tuvo que
montar Josef von Sternberg; y su admirada *Queen Kelly*,
que con el paso del cine silente al sonoro y la retirada de
su protagonista Gloria Swanson —atemorizada ante la
llegada del film «parlante»— no pudo concluir. Sin embargo, esta famosa *star* del mudo —contra la voluntad del
propio Stroheim—, terminó, montó y estrenó personalmente *La reina Kelly*.

Acusado de masoquista, de cierto cinismo o sádico al mostrar las miserias de la condición humana, se defendió así: «No es el gran público ese pobre de espíritu que imaginan los productores. Quiere que se le muestre una vida tan real como la que los hombres viven: desapacible, desnuda, desesperada, fatal. Mi intención es cortar mis películas sobre la tela áspera de los conflictos humanos (...), contar un gran argumento de tal manera que el espectador pueda creer que todo lo que está viendo es real. Así es como Dickens, Maupassant o Zola pudieron en sus novelas captar y reflejar la vida. Esa idea directriz fue la que yo mismo seguí.»

Erich von Stroheim se retiró como director en 1933, ya que su *Walking Down Broadway* fue rehecha por Alfred Werker, montada de nuevo por Frank Hull y estrenada con el título de *Hello Sister*. Entonces dedicaría su talento a la interpretación de films realizados por otros coetáneos: Jean Renoir (*La gran ilusión*, 1937), Anthony Mann (*The Great Flamarion*, 1945) y Billy Wilder (*El crepúsculo de los dioses*, 1950, donde se interpretó a sí mismo, ahora junto a Gloria Swanson); entre unas cincuenta caracterizaciones célebres. Obviamente, este genio del film mudo dejaría notar su influencia en otros autores.

Filmografía:

Corazón olvidado/Maridos ciegos (Blind Husband, 1919), La ganzúa del diablo (The Devil's Passkey, 1920), Esposas frívolas/Locuras de mujer (Foolish Wives, 1922), Los amores de un príncipe/El carrusel de la vida (Merry-Go-Round, 1923, co-dir. Rupert Julian), Avaricia (Greed, 1924), La viuda alegre (The Merry Widow, 1925), La marcha nupcial (The Wedding March, 1927), Luna de miel (The Honeymoon, 1927), La reina Kelly (Queen Kelly, 1928).

TARKOVSKI, Andréi

Fue un maestro del cine ruso, filósofo y esteta del Séptimo Arte. (Zavrajié, 1932-París, 1986). Hijo del poeta Arseni Tarkovski, tuvo una infancia difícil que le dejaría una profunda huella. Después de estudiar música y dedicarse tres años a la pintura, cursó árabe en el Instituto de Lenguas Orientales, también geología por la que trabajaría en Siberia (1956-1960) y finalmente cine en el famoso VGIK, formándose al lado de Mijaíl Romm. Debutaría como realizador en 1961, con el mediometraje *La apisonadora y el violín*.

Su estilo está vinculado a la tradición lírica y patriótica del cine soviético, más próximo a Dovjenko que a Eisenstein. Al respecto, dijo sobre este maestro: «Me parece que su estética me es ajena y francamente contraindicada.» Humanista y místico, defensor de la creación individual del artista, en su narrativa cinematográfica rechazó la unidad dramática tradicional. Polémico y un tanto sofisticado como cineasta, su ambiciosos films —estructurados como capítulos de novela o cantos de una epopeya— necesitaron grandes presupuestos.

Se dio a conocer al mundo con su primer largometraje, *La infancia de Iván*, sobre la vida de un partisano y realizado dentro del denominado «cine del Deshielo» poststalinista, obteniendo el León de Oro del Festival de Venecia de 1962. Después, llegaría su memorable *Andréi Rublev*, que narra la historia de un famoso pintor de iconos del siglo XV, y defiende la «fiebre creadora» del ge-

El maestro ruso Andréi Tarkovski

nio artístico y reflexiona sobre la libertad del artista frente a los diversos poderes. Se trata de una lección fílmica un tanto emparentada con el cine de Bergman, que ha sido calificada como una meditación poético-plástica y que estuvo prohibida en la URSS hasta 1971. Asimismo, Tarkovski realizaría dos películas aparentemente de ciencia-ficción: *Solaris*, parábola crítico-surrealista; y *Stalker*, sobre la tragedia de un mundo sin fe ni esperanza, con las que tendría graves conflictos con el sistema soviético.

Considerado como heredero de la antigua cultura rusa y el último disidente antes de la «perestroika» de Gorbachov, en 1979 se exiliaría a Italia y Suecia para continuar su singular y admirada obra, desarrollando su particular estilo dentro de una línea metafísico-existencial de difícil intelección, como se aprecia en *Nostalgia* —sentimiento que también sentía de su país—; y la testamental *Sacrificio*. Había comentado: «La película debería ser para el autor y para el espectador un acto moral purificador.» Por eso, en *El espejo*, brindó un autoanálisis a modo de monólogo de un enfermo (que era él mismo).

Andréi Tarkovski, onírico y cerebral, frío y apasionado a la vez, deliberadamente irracional en sus planteamientos estéticos, como ya manifestaría «la creación no depende en absoluto del análisis racional», estaba algo obsesionado por el futuro de la Humanidad. Con sólo siete películas largas en 25 años, ha sido reconocido como uno de los grandes «clásicos» del cine contemporáneo. Destaca su uso del plano-secuencia y la lentitud narrativa para reflexionar la imagen y participar activamente en la creación de la obra de arte. Poco después de morir de cáncer a los 52 años, en plena capacidad como creador, apareció publicado su diario de trabajo y teorías en forma de libro: *Esculpir en el tiempo*, donde dialoga con los problemas reales que se le presentaban en su tarea. Las generaciones actuales han manifestado un creciente interés por este genio de la pantalla.

Filmografía:

La infancia de Iván (Ivanovo dietsvo, 1962), Andréi Rublev (Andréj Rublëv, 1966), Solaris (1972), Zerkalo (El espejo, 1974), Stalker (1979), Nostalgia (Nostalghia, 1983), Sacrificio (Offret/Sacrificatio/Le sacrifice, 1986).

TATI, Jacques

Sobresale como maestro del cine cómico, además de actor y realizador galo. (Le Pecq, 1908-París, 1982). De padre soviético y madre francesa, estudió en la Escuela de Artes y Oficios y llegó a ser campeón de rugby, jugador de tenis y boxeador. En 1932 debuta en el *music-hall* y destaca pronto en números de pantomima deportiva. Interesado por el cine, se inicia como actor y guionista en una serie de cortos cómicos (*On demande une brute, Gai dimanche*) y desempeña pequeños papeles en dos películas de Claude Autant-Lara: *Sylvie et le fantôme* (1946) y *Le diable au corps* (1947).

Pero en el mismo año 1947 escribe, dirige e interpreta el cortometraje *L'école des facteurs* y, dos años después, realiza su primer largo como autor: *Día de fiesta*, original fantasía sobre un cartero rural que le hizo famoso. Luego llegaría su obra maestra *Las vacaciones de Monsieur Hulot*, con la que perfiló definitivamente su célebre personaje: un tipo desgarbado y funambulesco, ingenuo e inquietante, atolondrado y egocéntrico, lleno de fantasía poética e inconformista, en el cual se apreciaban algunas influencias de Buster Keaton y ciertas reminiscencias de Charlie Chaplin, aunque sin perder su singular personalidad. Este original personaje era «descendiente» directo del maestro Max Linder, y vino a continuar el género burlesco tradicional. Por eso, su magistral *Mon oncle*, con el que ganó el Oscar de Hollywood, confirmaría a Jacques Tati como un gran creador fílmico y el mejor autor cómico del cine moderno.

Después, Tati-Hulot evolucionó hacia un realismo más crítico de la sociedad contemporánea, del mundo mecanizado, con sus originales sátiras *Playtime* y *Tráfico*. Pero continuó espaciando sus concienzudos films, también por falta de productores que confiaran en él y por cierta reite-

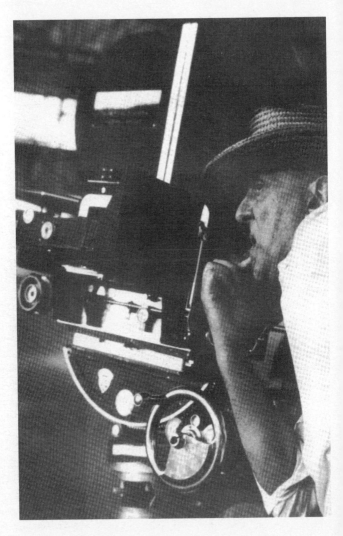

Jacques Tati pensando una toma

ración temático-estilística que no recibió la merecida
aceptación comercial. Asimismo, su cine tenía cierto aire
demodé y resultaba un tanto minoritario por su elaboración intelectual. En un encuentro personal, Jacques Tati
se defendía declarando: «Creo sinceramente que el cine
cómico no está pasado de moda. Si fuera así yo ya no trabajaría en él. El público todavía tiene capacidad de reír y
quiere hacerlo. Por tanto, mientras el mundo mecanizado
no nos devore la hilaridad, tales películas seguirán produ-
ciéndose. Pienso que la nueva evolución del cine cómico
será el realismo: el camino hacia la verdad. Realismo-ver-
dad que casi nunca he encontrado en el cine cómico de
antaño. Yo quiero crear —aunque trabaje en solitario—
una "escuela", con base en la interrogación que planteo,
la reflexión que provoco y la decisión que acaso hago tomar al espectador, haciéndole ver las dos caras de la vida:
la triste y la risueña; ambas paradójicamente realistas. Y
para ello doy más importancia a la imagen-sonido que a
los diálogos, casi inexistentes en mis películas. Esta escuela viene a ser la continuadora del *music-hall*, del burlesco americano, de la comedia de Capra... y de ese genial
Keaton redescubierto por los estudiantes. Pero yo soy un
cómico que estoy más cerca de la realidad y me sirvo del
sonido para centrar la atención en los efectos visuales y
apoyar la construcción de la imagen; me sirvo de la mí-
mica y de los gestos para reemplazar los diálogos y au-
mentar así el valor de la pura imagen fílmica», me comentó en 1971.

No obstante, Tati no pudo desarrollar sus ambiciosos
proyectos, económicamente también muy costosos y en
ocasiones estrenados mucho más tarde de su realización
(incluso empleaba varios años para montarlos). Por eso,
cerraría su carrera con una película realizada en vídeo para
la TV: *Zafarrancho en el circo*, que se ampliaría después
para la pantalla grande. No obstante, fue un autor lleno de

humanidad, un tanto incomprendido, riguroso y organizado, utópico y a veces surrealista, con un gran sentido de la observación, crítico con la sociedad tecnificada, cuyos geniales *gags* ya forman parte de la antología del film burlesco. De ahí que su inolvidable y reconocida obra —sólo media docena de películas largas en 27 años como creador— haya pasado a la Historia del Séptimo Arte.

Filmografía:

Día de fiesta (Jour de fête, 1947), Las vacaciones de Monsieur Hulot (Les vacances de Monsieur Hulot, 1952), Mi tío (Mon oncle, 1958), Playtime (1964), Tráfico (Trafic, 1970), Zafarrancho en el circo (Parade, 1974).

TRUFFAUT, François

Gran pionero de la *Nouvelle Vague* y uno de los maestros del cine francés y mundial (París, 1932-Neuilly-sur-Seine, 1984). Es el más joven «clásico» del cine contemporáneo. Dejó sus estudios a los 14 años y desempeñó diversos oficios para ganarse la vida: chico de recados, soldador, almacenista... Su difícil infancia se plasmaría en su primer largometraje, *Los 400 golpes*, pieza maestra que abrió definitivamente la Nueva Ola gala, movimiento del cual iba a ser su más fiel exponente.

Protegido personal y profesionalmente por el gran teórico André Bazin —que lo sacó de un reformatorio, donde Truffaut había ingresado por sustraer unos francos para fundar un cineclub—, se iniciaría como crítico en *Cahiers du Cinéma* y *Arts*, transformándose en un *enfant*

François Truffaut, entrevistado por el autor (Barcelona, 1970)

terrible con la pluma. Es célebre su artículo «Una cierta tendencia del cine francés» (1954), que combatía el literario cine de *qualité* y propugnaba la «política de autores». Tras realizar dos cortos y el famoso mediometraje *Les mistons*, debutó como co-guionista del mítico *A bout de souffle* (Godard, 1959). Pero con el referido *Les quatre cents coups*, film dedicado a la memoria de su maestro Bazin y premiado como Mejor director en el Festival de Cannes de 1960, Truffaut alcanzaría la consagración internacional, que iba a ser confirmada un año después con el romántico *Jules et Jim*, basado en una novela de uno de sus autores preferidos, Henri-Pierre Roché.

A continuación, vuelve a la autobiografía y la simbiosis con su personaje Antoine Doinel, encarnado por su descubrimiento: el joven actor Jean-Pierre Léaud —su *alter ego*— que sería el protagonista de *L'amour à vingt ans*, *Besos robados*, *Domicilio conyugal* y su magistral *La noche americana*, un homenaje al cine tradicional que le valió el Oscar de Hollywood a la mejor película extranjera. En 1970, el cineasta galo me comentaría al respecto: «No puedo decir hasta dónde llega la autobiografía. Porque me cuesta mucho hacer una narración indirecta, para disimularme, para esconderme. Así que no puedo decir lo que es realidad y lo que es ficción... El concluir con mi personaje (de Antonine Doinel) no es morir mucho. Me detengo porque siento que el personaje está muy ligado a la adolescencia y a la juventud.»

Después de rodar en Inglaterra una de sus obras mayores, *Fahrenheit 451*, original adaptación de la novela de ciencia-ficción de Ray Bradbury, realiza dos films «negros» inspirados en sendos libros de su también admirado William Irish *La novia vestía de negro* y *La sirena del Mississippi*. Al concluir la década de los sesenta, realizaría su pieza maestra *El pequeño salvaje*, donde él mismo sería actor-protagonista, demostrando su personalidad contra corriente y categoría creadora. Realizada tras el Mayo francés, fue una clara defensa de la cultura en un momento de «regreso», como lo serían las teorías rousseaunianas que parece criticar, y de conflictividad ideológica, a la cual el maestro de la *Nouvelle Vague* supo replicar con tanta sencillez como precisión intelectual.

Con una obra coherente y de enorme sinceridad, su estilo fue madurando en los años 70: sencillez fílmico-narrativa, sobriedad conceptual, elegancia en la exposición, tono poético a modo de fabulación, cuidado del detalle y cierto aire culturizante, clima tremendamente expresivo, refinados sentimientos romántico-amorales —con algunos excesos eróticos en sus últimos films—, emocionante imaginación e inventiva, aguda ironía y ternura hacia sus personajes, o un sentido del humor que a veces cae en el cinismo, como sucede en *Una chica tan decente como yo* y *El amante del amor (L'homme qui amait les femmes)*, entre otras. Todo ello hizo de Truffaut un cineasta sin igual, independiente hasta la médula y constante defensor del Hombre y la Cultura, del Arte y el Cine con mayúscula. Un tema básico de su obra será la vida expresada a través del amor, con dos prototipos de mujer —la idealizada, como diosa inalcanzable; y la vulgarizada, representada a veces por las mujeres de la vida —, pero que llevan a la frustración personal.

Influido por Renoir, Alfred Hitchcock (a quien dedicó un libro-entrevista fundamental, en 1966) y Jean Vigo, su estética se fue simplificando, hasta dar a luz singulares obras de arte, llenas de delicadeza y gusto ambiental (*El diario íntimo de Adele H*), con una intuición lírica muy funcional. Por su postura ideológica, con una tendencia más próxima al existencialismo que a la racionalidad, puede considerarse un creador un tanto asocial, que parece tener la preocupación íntima de la dificultad de amar, como se evidencia en la apasionada *Las dos inglesas y el amor* o en la referida *L'homme qui amait les femmes*, entre otros títulos anteriores y posteriores, Y cito de nuevo sus declaraciones en aquella entrevista personal: «Frecuentemente, en mis films hay personajes que no son aceptados por la sociedad: no son antisociales, sino asociales... están al margen, pero no están en contra. Yo mismo no estoy contra la sociedad, sino contra los defectos de la sociedad.»

Su carácter algo tímido e introvertido, así como el sentido antitópico de su cine, libre de modas y mimetismos, le convirtieron en un autor tan solitario como admirado. Steven Spielberg le confió un papel en sus *Encuentros en la Tercera Fase*. François Truffaut, que «amaba el cine por encima de todo» —como declara su personaje de *La nuit américaine*—, fue el autodidacta fílmico por excelencia.

Filmografía:

Los 400 golpes (*Les quatre cents coups, 1959*), *Tirez sur le pianiste (1960)*, *Jules et Jim/Dos hombres y una mujer (Jules et Jim, 1961)*, El amor a los 20 años (*L'amour à vingt ans, 1962; episodio*), La piel suave (*La peau douce, 1964*), Fahrenheit 451 (*1966*), La novia vestía de negro (*La mariée était en noir, 1967*), Besos robados (*Baisers volés, 1968*), La sirena del Mississippi (*La sirène du Mississippi, 1969*), El pequeño salvaje (*L'enfant sauvage, 1969*), Domicilio conyugal (*Domicile Conjugal, 1970*), Las dos inglesas y el amor (*Les deux anglaises et le Continent, 1971*), Una chica tan decente como yo (*Une belle fille comme moi, 1972*), La noche americana (*La nuit américaine, 1973*), Diario íntimo de Adele H (*L'histoire d'Adèle H, 1975*), La piel dura (*L'argent de poche, 1976*), El amante del amor (*L'homme qui amait les femmes, 1977*), La habitación verde (*La chambre verte, 1978*), El amor en fuga (*L'amour en fuite, 1979*), El último metro (*Le dernier métro, 1980*), La mujer de al lado (*La femme d'à côte, 1981*), Vivamente el domingo (*Vivement dimanche!, 1983*).

VERTOV, Dziga

Teórico y maestro del cine soviético, fue uno de los grandes documentalistas del Séptimo Arte. (Bialystok,

El documentalista Dziga Vertov

1895-Moscú, 1954). Poeta de la pantalla e inventor de formas, primero estudió música y medicina —especializándose en neurobiología—, para después dedicarse a la literatura. Atraído por el movimiento futurista, en 1916 ya inicia un denominado «laboratorio del oído» y experimenta los ruidos, la música y el montaje de palabras y fonogramas. Cuando estalla la Revolución bolchevique, forma parte del Comité de Cine de Moscú (*Kino Komitet*), organizando el trabajo de los operadores y produce el primer noticiario semanal de actualidades: *Kino-Nedelia* (43 números, 1918-1919).

En 1922, con su hermano el operador Mijaíl Kaufman

y su mujer Elizavieta Vertova-Svilova, forma el grupo *kinoks* y crea el célebre «cine-ojo» (*Kino-Glaz*), teoría que concede todo el poder expresivo a la cámara tomavistas. En sus famosos Manifiestos, escribe: «Nosotros, *kinoks*, hemos convenido en calificar como cinema auténtico, cien por cien, un cine construido a partir de una organización de materiales de carácter documental fijados por la cámara. En cuanto al cine fundamentado a partir de materiales proporcionados por actores, que representan ante la cámara y fijados por ésta, hemos convenido en considerarlo como un fenómeno secundario de orden teatral... El *kino-glaz* es una victoria lograda sobre el tiempo, un lazo visual de los fenómenos alejados unos de otros. El cine-ojo concentra el tiempo y lo descompone también. El cine-ojo da la posibilidad de ver procesos vitales en un orden arbitrario, según el tiempo, siguiendo un ritmo elegido, cuya velocidad no captaría el ojo humano.» Así, este innovador realizaría un noticiario mensual titulado *Kino-Pravda* (Cine-verdad, 23 números hasta 1925), donde desarrolla un estilo testimonial, investiga y fundamenta sus teorías. Vertov captaba gran cantidad de imágenes a partir de una simple idea, y después las montaba dándoles un sentido determinado. Estéticamente emparentado con el poeta Maiakovski, ingresa también en el grupo *Lef* (Frente Izquierda del Arte) y realiza entusiastas poemas de propaganda, a través de una serie de largometrajes que le destacarían como autor: el magistral *El hombre de la cámara*, *Sinfonía del Dombass/Entusiasmo*, con una audaz utilización del sonido..., hasta el panegírico *Tres cantos sobre Lenin*, entre otros títulos, ya en la época del llamado «realismo socialista». Combatido en su propio país, fue acusado de formalista —como la tríada Eisenstein, Pudovkin y Dovjenko— y de vanguardista reaccionario, quedando poco a poco relegado como cineasta. A partir de 1937 realizó películas menores, varios documentales en la II Guerra Mundial y una serie de noticiarios (*Noticias del día*, 1944-1954). Reivindicado tras la muerte de Stalin, no conoció en vida las numerosas investigaciones que se hicieron sobre su obra.

La influencia de Dziga Vertov en el arte cinematográfico ha sido notoria: en los vanguardistas franceses (Jean Vigo) y alemanes (especialmente, Walter Ruttmann), en los posteriores documentalistas británicos (el maestro Grierson), o los mismos soviéticos (Roman Karmen), en el internacional Joris Ivens y en la Escuela de Nueva York (Leacock, Pennebaker). Además, a partir de 1960 el término *cinéma-verité* iba a ser la bandera de una serie de documentalistas occidentales: los canadienses del *Candid Eye* y los franceses Jean Rouch, Chris Marker y otros, que descubrieron las posibilidades de la «cámara-viviente» —ojo y oído juntos— para captar la vida en directo, lo imprevisto. Incluso el cine político iniciado por Jean-Luc Godard se denominaría grupo *Dziga Vertov* en su honor, tras los hechos de Mayo de 1968.

Filmografía:

Kino-Nedelia (Cine-semana, 1918-19; 43 noticiarios), Godovschina revolutsii (Aniversario de la Revolución/Un año después, 1919), Boi pod tsaritsynom (Los combates frente a Tsaritsin, 1920), Vserosiski starosta kalinin (La starotsa de todas las Rusias, Kalinin, 1920), Bskrytie Moschei Sergueia Radonezhskogo (La exhumación de las reliquias de Serguéi Radonechski (1920), Protses Mironov (El proceso Mironov, 1920), Poezd utsika o Agitpoezd utsika (El tren del Comité Central, 1921), Istoria grazhdanskoi voiny (Historia de la guerra civil, 1922), Protses Eserov (El proceso de los socialistas revolucionarios, 1922), Univermag (1922), Kino-Pravda (Cine-verdad, 1922; núme-

*ros 1 al 12), Oktiabrskaia Kino-Pravda/Vchera, segodnia,
zautra (Cine-verdad de Octubre/Ayer, hoy y mañana,
1923), Piat let Borby i Povedy (Cinco años de lucha y de
victorias, 1923), Kino-Kalendar (Cine-calendario, 1923),
Stoitsia Vsesoivznaia Vystavka (Construcción de la Exposición Pansoviética, 1923), Otkrytie Vystavki (Inauguración de una exposición, 1923), Vsesoivznaia Vystavka (La
Exposición Pansoviética, 1923), Kino-Pravda (1923; números 13 al 15), Vesenyaya Pravda (La verdad de la primavera, 1924), Kino-Pravda (1924; números 16 al 20), Se-
godia (Hoy, 1924), Sovietskie Igrushki (Los juguetes
soviéticos, 1924), Grimasi Parizha o Chervonets (Las muñecas de París o El rublo de oro, 1924), Yumoreski (Hu-
moresca, 1924), Kino-Glaz-Pervaia seria tsikla: Zkizn
vrasploj (Cine-ojo-Improvisto, 1924), Leninski Kino-Kalendar (El cine-calendario leninista, 1924), God Bez Ily-
cha (El año sin Ilich, 1924), Daesh Vozduj (Viva el aire,
1924), Leninskaia Kino-Pravda (Cine-verdad leninista,
1925; número 21), V Serdtse Krestianina Lenin zhiv (Lenin vive en el corazón del campesino, 1925; número 22),
Radio Kino-Pravda (Radio Cine-verdad, 1925; número
23), Shagai soviet! (¡Adelante, soviet!, 1926), Shestaia
chast mira (La sexta parte del mundo, 1926), Oddinnadt-
saty (El úndécimo año/El onceavo año, 1928), El hombre
de la cámara (Cheloviek s kinoapparatom, 1929),Simfonia
Dombassa/Entuziazm (Sinfonía del Dombass/Entu-
siasmo, 1930), Tres cantos sobre Lenin (Tri pensi o Lenine,
1934), Kolybelnaia (Canción de cuna, 1937), Pamiati
Sergo Ordzhonikidze (El recuerdo de Serguéi Ordzhonikidze, 1937), Serguéi Ordzhonikidze (1937), Slava So-
vietskium Geroiniam (Gloria a las heroínas soviéticas,
1938), Tri geroini (Tres heroínas, 1938), Krov za Krov
(Sangre por sangre, 1941), Na Liny ognia-operatory Kino-
kroniki (En la línea de fuego-Los operadores de las actualidades, 1941), Tebe, Front o Kazajstan Frontu (Tú, al*

frente o En el frente del Kazajstan, 1942-43), V Goraj Ala-Tau (En la montaña Ala-Tau, 1944), Sovietskoie Iskustvo (El arte soviético, 1944), Kliatva molodij (El juramento de la juventud, 1947; co-dir. Elizavieta Vertova-Svilova), Novosti Dnia (Noticias del día, 1944-54).

VIDOR, King Wallis

Destacó por ser un gran pionero y maestro del cine americano. (Galveston, 1894-Paso Robles, 1982). Contribuyó al desarrollo del lenguaje fílmico, a nivel expresivo. De familia acomodada y origen húngaro, había iniciado sus estudios en la Academia Militar de San Antonio (Texas), pero trabajaría como empleado en un cine. Entonces surgió su verdadera vocación al arte de las imágenes: rueda varios documentales en Nueva York, hasta que marcha a Hollywood con su joven esposa, que sería después la actriz Florence Vidor.

Sin embargo, su entrada en la Meca del Cine fue difícil, pues tuvo que trabajar de secundario en un estudio, para pasar más tarde a regidor y a escribir 52 guiones. Pero su buen oficio como cineasta lo aprendió al lado de los maestros D. W. Griffith y Thomas H. Ince, como ayudante de dirección de la Triangle Film Corporation. En 1918 comienza a realizar películas hasta alcanzar fama mundial, transformándose en un innovador que cultivó la mayoría de géneros.

Vidor fue el máximo exponente del cine social norteamericano, con cuatro obras maestras: *Y el mundo marcha (The Crowd)*, *¡Aleluya!*, *La calle* y *El pan nuestro de cada día*. Asimismo, realizaría películas bélicas tan famosas como *El gran desfile*; comedias como *La que paga el*

*King Vidor, maestro de Hollywoood, fue asimismo entrevistado por el
autor (San Sebastián, 1971)*

pato; el film de espionaje *Camarada X*; o los célebres
westerns *Billy el Niño*, *Duelo al sol* y *La pradera sin ley*;
la obra épico-monumental *Guerra y Paz* según la novela
de Tolstoi; y la bíblica *Salomón y la reina de Saba*, que
rodó en España. Volvería a los temas sociales con *Un
sueño americano* (*An American Romance*) y *El
manantial*, entre otros muchos títulos, alcanzando la cifra
de 54 largometrajes como director.

King Wallis Vidor fue también un gran poeta de la
pantalla. Sus obras son como pequeñas epopeyas, narradas a modo de poemas individuales y colectivos, en las
que el aliento épico o lírico les imprimen un carácter muy
personal. Concebidas con un ritmo violento, a veces tienden a ir de lo genial a lo excesivo, de la medida a lo desmesurado. Influido por el cine soviético, especialmente
por Dovjenko, como se aprecia en la citada *An American*

Romance, su brillante barroquismo lo concilia con la tragedia antigua, sobre todo en el mítico *Duel in the Sun* y *Pasión bajo la niebla*. Su obra describe la gesta del hombre libre, individualista pero solitario, que construye su vida, su obra y su nación. Por eso, King Vidor ha logrado un cine genuinamente norteamericano, de características propias: unas veces valientes y disconformes; otras, sentimentales y románticas, que aportan, sin embargo, soluciones utópicas y en ocasiones algo caducas. No obstante, el acento reivindicativo de algunos films estuvo también dominado por cierto conformismo. Era un cine épico que respondía al espíritu de su país, cuya sociedad describió minuciosamente en los diferentes ambientes y que supo pintar con la precisión de su genio creador.

Acusado de realizar películas de encargo y al servicio de una «estrella», en una entrevista personal, se defendía sobre su trabajo en la industria norteamericana: «No recuerdo dificultades con las *stars*, pues yo casi siempre utilizaba gente nueva para crear nuevos artistas. En cuanto a la libertad, le diré que aquellos estudios de Hollwood eran lo suficientemente grandes como para permitirle a uno ser libre, moverse con plena independencia... Yo, habitualmente, ponía la idea y ellos me daban los medios técnicos, materiales, para trasladarla a la pantalla. La verdad es que muchas películas me salían de dentro, mientras otras me las encargaban para una actriz en concreto. En Hollywood, desengañémonos, se ha trabajado siempre así. Por eso mi trilogía sobre la guerra (*El gran desfile*), el trigo (*El pan nuestro de cada día*) y el acero (*Un sueño americano*) la pagué con dinero prestado.»

Asimismo, al plantearle cuestiones sobre dos obras cumbres del «mudo», expresó ideas definitorias de su postura como autor: «*The Big Parade* fue un film totalmente antibélico. Mis ideas en aquellos años eran antibelicistas, aunque menos que ahora. Sin embargo, también había propaganda americana; entonces era necesaria. En cambio hoy —me comentaba en el año 1971— el odio a la guerra es muy fuerte, a medida que el sentido naciona-lista y triunfalista ha descendido. *The Crowd* fue una evolución de *El gran desfile*, en la que el protagonista re-acciona ante los acontecimientos de la sociedad. Así, parte de mis películas mostraban las vicisitudes cotidianas del hombre corriente. Por eso cogía a artistas desconoci-dos. Y el protagonista era el punto central de la película, quien exponía sus ideas, que a veces eran las mías. No hay conformismo en mis films, se lo aseguro. Creo sim-plemente en la integridad del individuo. Creo que el hombre en su interior se da cuenta de que ha de cumplir cierta misión de elevación. Y estoy convencido de que una película que enseñara al individuo que no está solo en su búsqueda de la vida eterna sería recibida con el cora-zón abierto en todas partes.»

Considerado como uno de los pocos realizadores que imprimió a la superproducción hollywoodense un cariz netamente intimista y personal, este inolvidable pionero del cine americano no pudo seguir realizando films argu-mentales desde 1959, por falta de confianza de los produc-tores. En los últimos años, tras varios proyectos frustra-dos, se retiraría prematuramente, dedicándose a la pintura y la filosofía. También dirigió dos cortos experimentales: *Truth and Illusion: an Introduction to Metaphysics* (1966) y *Metaphor* (1979). Profesor de cine en la Universidad del Sur de California, sus valiosos archivos personales fueron donados a la University of Texas at Austin.

Filmografía:

La vuelta del camino (The Turn in the Road, 1918), Tiempos mejores (Better Times, 1919), The Other Half

(1919), Poor Relations (1919), The Jack Knife Man (1920), El honor de la familia (The Family Honor, 1920), The Sky Pilot (1921), El amor nunca muere (Love Never Dies, 1921), Conquering the Woman (1922), Woman, Wake Up! (1922), The Real Adventure (1922), Del crepúsculo al alba (Dusk to Down, 1922), Peg de mi corazón/Tintín de mi corazón (Peg O'My Heart, 1923), La mujer de bronce (The Woman of Bronze, 1923), Locuras de juventud/Tres solterones discretos (Three Wise Fools, 1923), Flor del camino (Wild Oranges, 1924), Happiness (1924), Wine of Youth (1924), Su hora (His Hour, 1924), La mujer del centauro (Wife of the Centaur, 1924), Mujer altanera (Proud Flesh, 1925), El gran desfile (The Big Parade, 1925), La Bohème (1926), El caballero del amor (Bardelys, the Magnificent, 1926), Y el mundo marcha (The Crowd, 1928), La que paga el pato (The Patsy/The Politic Flapper, 1928), Espejismos (Show People, 1928), ¡Aleluya! (Hallelujah!, 1929), Not So Dumb (1930), Billy el Niño (Billy the Kid, 1930), La calle (Street Scene, 1931), El campeón (The Champ, 1931), Ave del paraíso (Bird of Paradise, 1932), Su único pecado (Cynara/I Was Faithful, 1932), The Stranger's Return (1933), El pan nuestro de cada día (Our Daily Bread, 1934), Noche nupcial (Wedding Night, 1935), Paz en la guerra (So Red the Rose, 1935), The Texas Rangers (1936), Stella Dallas (1937), La ciudadela (The Citadel, 1938), Paso al Noroeste (Northwest Passage, 1940), Camarada X (Comrade X, 1940), Cenizas de amor (H. M. Pulham, Esq., 1941), Un sueño americano (An American Romance, 1944), Duelo al sol (Duel in the Sun, 1946), El manantial (The Fountainhead, 1949), Más allá del bosque (Beyond the Forest, 1949), La luz brilló dos veces (Lighting Strikes Twice, 1951), Japanese War Bride (1952), Pasión bajo la niebla (Ruby Gentry, 1952), La pradera sin ley (Man Without A Star, 1955), Guerra y Paz (War and Peace,

1956), Salomón y la reina de Saba (Salomon and Sheba, 1959).

VIGO, Jean

Realizador vanguardista francés. (París, 1905-1934). Cineasta «maldito» e incomprendido, está considerado como uno de los poetas de la pantalla europea. Hijo del escritor y militante anarquista Eugène Bonaventura de Vigo, luego socialista bajo el seudónimo de Miguel Almereyda, tuvo una dura infancia, que le dejó una huella física y psicológica. No obstante, cursó estudios de filosofía en La Sorbonne y se interesó por el Séptimo Arte en los albores del sonoro; integrado en los movimientos vanguardistas galos, fundaría en Niza el cineclub *Les Amis du Cinéma*.

Influido por el surrealismo de André Breton y, especialmente, por el «cine-ojo» de Dziga Vertov, realizó su ópera prima, la sátira poética y violenta *À propos de Nice*, con Boris Kaufman, el hermano menor del referido documentalista soviético, donde desarrolló las teorías de su maestro: el «point de vue documenté», que Vigo calificó también como documental social. En este sentido, había manifestado: «Orientarse hacia el cine social es algo que permite evitar las sutilezas puramente artísticas del cine puro... El documental social, que pone los puntos sobre las íes, exige que tome uno claramente una postura, que si no compromete al artista comprometa cuando menos al hombre. Por supuesto que el representar un papel conscientemente ante la cámara no debe ser tolerado; al personaje, la cámara deberá cogerle por sorpresa y conseguir que nos revele la razón oculta de un gesto; hay que ex-

El vanguardista galo Jean Vigo

traer de una persona irrelevante o indeterminada su belleza interior o su caricatura; hay que revelar también el espíritu de la colectividad por medio de una de sus manifestaciones puramente físicas.»

Tras el fracaso comercial de este primer documento experimental, Vigo dirige por encargo un corto deportivo *Taris, roi de l'eau* y el célebre mediometraje *Zéro de conduite*, autobiografía realista, lírica y violenta a la vez, que evocaba sus años de internado en colegios pobres de provincias. Prohibido por la censura en 1933, *Cero en conducta* no sería autorizado hasta 1946. Sin embargo, ya dentro de la escuela del realismo poético, realizará su obra maestra y postrer film: el largometraje *L'Atalante*, poema sobre la vida de los marineros que unía el humor con la imaginación, el sentimiento con el *amour fou* y la realidad cotidiana con la agudeza crítico-poética. Sin embargo, esta película fue seriamente mutilada por la Gaumont y alterada para su distribución comercial. Minado por la tuberculosis, Jean Vigo falleció a los 29 años.

Su universo creador es un tanto amargo, algo pesimista y desesperanzado, pero de un lirismo insólito y con un gran sentido de la imagen que le dio una honda personalidad. Su breve obra está llena de cólera y cierta verdad. Calificado como rebelde y generoso de corazón, su cine denota una insurrección permanente contra la sociedad burguesa, al tiempo que intenta aunar las ideas de Amor y Revolución. Fue un autor de gran humanidad, pero también polémico. Al no disponer de salud ni de los recursos necesarios, apenas pudo desarrollar su peculiar arte fílmico, dejando, no obstante, una impronta estética en otros autores. Si Vigo fue despreciado durante su vida, sin embargo su obra sería finalmente reconocida a los veinte años de su muerte.

Filmografía:

À propos de Nice (1929), Taris, roi de l'eau/Jean Taris, champion de natation (1931), Cero en conducta (Zéro de conduite, 1933), L'Atalante/Le Chaland qui passe (1934).

VISCONTI, Luchino

Fue uno de los autores italianos más notables. (Milán, 1906-Roma, 1976). Su refinamiento estético-cultural le

Luchino Visconti, entre la estética y la política

singularizaron entre los realizadores del arte fílmico y escénico mundial. Especialista en hípica y decoración, se doctoró en Letras y pertenecía a una de las familias de la más alta nobleza lombarda. Cultivador del film de contenido político, había expresado: «Creo que no se puede ser hombre y mucho menos artista, sin tener una conciencia política. El arte es política.»

Así, Luchino Visconti, desarraigado de su clase, emigra a Londres y París decidido a dedicarse al cine. Sin embargo, por su condición aristocrática y carácter inestable, pronto comienza un itinerario moral y existencial insólito, que le llevó de la rebeldía sentimental al misticismo, de la inquietud artística al marxismo ortodoxo. En la capital parisina, conoce a Jean Renoir y se transforma en su ayudante de dirección y diseñador de vestuarios (*Los bajos fondos*, *Un partie de campagne*, *Tosca*). En 1940 marcha a Hollywood para aprender la técnica cinematográfica, pero regresa decepcionado. Tras ejercer la crítica en la revista *Cinema* junto a otros colegas del Nuevo Cine italiano, en 1942 realiza su primera película, *Ossessione*, una de las piezas precursoras del movimiento neorrealista. Es también muy conocido su artículo titulado «Cine antropomórfico» (1943), en el cual Visconti había anunciado otro camino, pues en su pretendida unión del Hombre con el Mundo, la Naturaleza y la Historia, intenta crear otra realidad: el Arte.

Influido, por tanto, por el naturalismo francés, donde aprendió el oficio y cierta estética verista, sus inquietudes sociales le incitan a hacer un cine militante. Financiado por el PC italiano, inició una trilogía sobre las clases populares, cuya primera parte, *La terra trema*, reflejaba el mundo de los pescadores, rodada en escenarios naturales y con actores no profesionales, dentro de los esquemas del Neorrealismo que ayudó a fundar. Pero los otros dos films, que debían tratar del proletariado minero y de los campesinos, no llegaron a realizarse. Apoyado por la extrema izquierda —también en el palmarés de los festivales—, abandona la etapa de denuncia social después de realizar su epílogo neorrealista *Rocco y sus hermanos*, célebre crónica sobre la emigración interior, para iniciar un quehacer artístico más singular.

Con sus audaces puestas en escena de clásicos, desde *Antígona* a obras de Shakespeare con decorados de Dalí, Visconti combinaba el trabajo escénico —incluso había montado óperas— con el fílmico, logrando una simbiosis entre el lenguaje cinematográfico y el teatral. Su preciosismo barroco, con una escenografía y ambientación exquisitas, le destacaría como un autor inimitable, de cierta complejidad conceptual y hondura psicológica. Con cuidados encuadres y profundidades de campo, insertaba a sus personajes en el marco espacial más idóneo y conseguía una dramática de fondo dialéctico cuya brillantez formal era el medio para su reflexión materialista y descarnada.

Dos obras magistrales reflejan esa postura creadora: *Senso*, drama romántico-pasional cuyo telón de fondo es la ocupación austríaca de Venecia, y *El gatopardo*, el famoso fresco de Lampedusa sobre la revolución de Sicilia, que le sirve a Luchino Visconti para mostrar la caída de la aristocracia feudal ante el empuje de la naciente burguesía; cuadro arrollador, interpretado por Burt Lancaster, que viene a ser como un canto final a un mundo superado. Asimismo, en estas películas mostró su dominio del color para expresar los estados anímicos.

Por otra parte, la estética de Visconti puso de relieve su peculiar concepción del Hombre y de la Historia, pues afirmaba: «No existen explicaciones ni soluciones de los estados del alma, de los conflictos psicológicos, fuera del contexto social. A mi juicio, las pasiones humanas y los conflictos sociales son los que animan y conmocionan la Historia». Actitud íntima que se concretaría en películas sobre desviaciones eróticas con *Vague stelle dell'Orsa* y *Luis II de Baviera*, a partir de las cuales pretendía sacar conclusiones filosóficas o políticas, en especial, en torno a la Belleza y al nazismo. Después llegarían obras más autobiográficas y, en cierta medida, cabría hablar de reflexiones personales, utilizando historias y personajes diversos pero un tanto análogos: *Muerte en Venecia*, basada en la novela de Thomas Mann; y *Confidencias* (*Gruppo di famiglia in un interno*), otra vez con Burt Lancaster como protagonista, que esconden un fondo político. Sobre este último film manifestó: «Es el más político que he hecho desde *La terra trema*. Coherente con mi propia vida, hago una vivisección de la situación italiana, muestro los fenómenos de degeneración. Denuncio la subversión y la vileza de la burguesía, que espera, que prepara un cataclismo neofascista.»

Finalmente, con su esteticismo decadente, no exento de obscenidades, como se aprecia en *La caída de los dioses* y *El inocente*, Luchino Visconti creó frescos íntimo-sensoriales tan sugestivos como inmorales, donde la belleza formal se combinaría con la sordidez argumental, dentro del cultivo del arte por el arte que también le caracterizó.

Filmografía:

Ossessione (1942), Giorni di gloria (1945; co-dir. Pagliero, De Santis y Serandrei), La terra trema (1948), Bellísima (Bellissima, 1951), Nosotras, las mujeres (Siamo donne, 1953; episodio), Senso (1954), Noches blancas (La notti bianchi, 1957), Rocco y sus hermanos (Rocco e i suoi fratelli, 1960), Boccaccio 70 (1962; episodio), El gatopardo (Il gattopardo, 1963), Sandra (Vague stelle dell'Orsa, 1965), Las brujas (Le streghe, 1967; episodio), El extranjero (Lo straniero, 1967), La caída de los dioses (La caduta degli dei/The Damned/Götterdämmerung, 1969), Muerte en Venecia (Morte a Venezia, 1970), Luis II de Baviera (Ludwig, 1973), Confidencias (Gruppo di famiglia in un interno/Conversation Piece, 1974), El inocente (L'innocente, 1976).

WAJDA, Andrzej

Maestro del cine polaco y uno de los más veteranos realizadores de los países del Este. N. en Suwalki, 1926. Hijo de un oficial del Ejército y de una maestra de escuela, tras combatir en la Resistencia, estudia Pintura en la Academia de Bellas Artes de Cracovia y se diploma como Director de Cine en la prestigiosa Escuela de Lodz. Fue ayudante de dirección del pionero Aleksander Ford y realizó diversos cortos, hasta que formó parte de la célebre generación polaca de posguerra (Munk, Kawalerowicz, Has), previa a la «nueva ola» de los años 60 (Polanski, Skolimowski, Sokolowska).

Marcado por el conflicto bélico, se hizo famoso al crear películas sobre estos temas, como *Generación* y *Kanal* sobre la batalla de Varsovia. También mostró muy pronto un talento artístico lleno de matices poéticos y extrema sensibilidad, con su magistral *Cenizas y diamantes*, protagonizada por el gran actor Zbigniev Cybulski. Sobre esa época e influencias, Wajda comentaría: «El período Gromulka trajo muchos cambios en la manera de hacer cine y entonces empezó lo que se dio en llamar la escuela polaca de cine. Nuestro maestro era el Neorrealismo, así como el cine americano, sobre todo el film "negro", que yo ya tenía muy presente presente cuando filmaba *Kanal* y *Cenizas y diamantes*. No trabajábamos de ningún modo en el marco del realismo socialista. Resulta muy difícil obligar al cine de un país a seguir un camino determinado.»

La incertidumbre de su posterior generación fue captada por Andrzej Wajda en la década de los sesenta, con *Los brujos inocentes* y *El amor a los 20 años*. No obstante, con las huelgas obreras de 1970 y la caída de Gromulka, este pionero del «cine del Deshielo» se refugió en una serie de adaptaciones literarias de algunos de los más reco-

El polaco Andrzej Wajda

nocidos escritores polacos: *Cenizas*, de Stefan Zeromsky; *Las puertas del paraíso*, de Jerzy Andrzejewski; *La boda*, de Stanislaw Wyspianski; *El bosque de abedules* y *Las señoritas de Wilko*, de Jaroslaw Iwaszkiewicz. Sobre este cine romántico, declararía en 1977: «El romanticismo para mí quiere decir el lado desinteresado de la vida. También se trata de una tradición cultural muy viva en Polonia, presente desde la escuela, puesto que la literatura polaca es una literatura romántica. Ninguna obra literaria reciente puede reducir la importancia de la literatura polaca del siglo XIX». Sin embargo, en esos films «literarios» Wajda analiza diversos momentos históricos fundamentales, en una búsqueda de símbolos nacionales o recuperaciones ambientales que llevan al espectador al entendimiento de la Polonia actual.

Por ello, su universo creador es algo complejo, pues funde el expresionismo barroco con el realismo crítico, a caballo entre el materialismo y el humanismo socialista, al que, a veces, une cierto lirismo evocador, subrayado por una gran humanidad. Le gusta contraponer el Amor y la Muerte, el Heroísmo y la Locura. Por otro lado, en sus películas aparecen elementos simbólicos y trágicos, pintorescos y emotivos (*Sansón*), eróticos y decadentes, románticos y nacionalistas, que descubren una estética singular, con fáciles concesiones y un aire panfetario en algunos films. Autoconsiderado como «un violento romántico», dijo al respecto: «Ese modo de vida y de pensamiento se vuelve difícil en una sociedad estabilizada. Hemos intentado, tanto Munk como yo, ilustrar la toma de conciencia de que los actos heroicos y generosos no pueden realizarse si son inútiles, pero que, sin embargo, en cada hombre hay una inspiración hacia lo mejor.»

Su capacidad artístico-creadora evidencia también un carácter un tanto atormentado, vuelto hacia el ayer polaco, como se aprecia en su fresco histórico *La tierra de la gran promesa*, sobre la Revolución industrial, y al mismo tiempo, testigo de las incertidumbres del presente, de las que es exponente el propio realizador. En los últimos años, combinaría su quehacer fílmico con la dirección escénica y la realización de TV (*Pilatos y los demás*). Sin abandonar totalmente los esquemas marxistas, ha criticado el totalitarismo de izquierda con *El hombre de mármol*, donde narra el drama de un obrero-víctima del sistema comunista, y entra en conflicto con el Gobierno de Gierek. Después mostró su clara «disidencia» con *El hombre de hierro*, que rompe una lanza en favor del sindicato Solidaridad. En 1982, rueda en Fran-

cia *Danton*, su aguda parábola de la Polonia del general
Jaruzelski (una analogía con Robespierre), que reivindica
la figura de Walesa (comparándolo con Danton, que interpretó Gérard Depardieu) y hace prevalecer el valor
simbólico sobre el significado histórico. Este film le costaría prácticamente el exilio hasta la más reciente Revolución europea.

Filmografía:

*Pokolenie (Generación, 1954), Kanal (1957), Cenizas y
diamantes (Popiol i diament, 1958), Lotna (1959), Los
brujos inocentes (Niewinni czarodzieje, 1960), Samson
(1961), Sibirska Ledi Magbet (Lady Macbeth en Siberia,
1962), El amor a los veinte años (L'amour à vingt ans,
1962; episodio), Popioly (Cenizas, 1965), Gates to Paradise (1967), Todo está en venta (Wscystko na sprzedaz,
1968), Polowanie na muchy (Caza de moscas, 1969), Paisaje después de la batalla (Krajobraz po bitwie, 1970), El
bosque de abedules (Brzezina, 1970), La boda (Wesele,
1972), La tierra de la gran promesa (Ziema obiecana,
1975), La línea de sombra (Smuga cienia/The Shadow
Line, 1976), El hombre de mármol (Czlowiek z mar-
muru, 1976), Sin anestesia (Bez znieczulenia, 1978), Las
señoritas de Wilko (Panny z Wilka, 1979), El director de
orquesta (Dyrygent, 1980), El hombre de hierro (Czlowiek z zelaza, 1981), Danton (1982), Un amor en Alemania (Ein Liebe im Deutschland, 1983), Kronika wypad-
kow milosnych (Crónica de los acontecimientos amorosos,
1986), Los poseídos (Les possédés, 1988), Korczak (1990),
L'Anneau de crin (1993).*

WALSH, Raoul

Fue un honorable obrero de Hollywood, que cultivaría todos los géneros, con un excelente sentido de la narrativa fílmica. (Nueva York, 1887-Simi Valley, 1980). De origen irlandés y español, cursa estudios en la Universidad de Seton Hall y Arte Dramático con Paul Amstrong (1910-1912). Pintor y compositor, se inició como actor y ayudante de David Wark Griffith, de quien se considera heredero. Además de realizador de cortos, fue guionista y director para William Fox desde 1915. Su ópera prima como autor data de un año antes, cuando co-dirigió con Christy Cabanne un film sobre Pancho Villa.

Este pionero del cine americano, realizó más de un centenar de películas, las primeras de la época muda protagonizadas por su hermano George Walsh. Pero se hizo mundialmente famoso con *El ladrón de Bagdad*, que interpretara y diseñara Douglas Fairbanks. En este film ya destacó por su dominio visual y perfección de los «trucos», al que seguirían memorables clásicos del cine silente y sonoro: los westerns, como su magistral y restaurado *The Big Trail*, el mítico *Murieron con las botas puestas* o la epopeya *Una trompeta lejana*; las películas de aventuras y hazañas de corsarios, como *El hidalgo de los mares*, *El pirata Barbanegra* y *Los gavilanes del estrecho*; los films bélicos *El precio de la gloria*, *Más allá de las lágrimas* y *Objetivo Birmania*; los melodramas y policíacos *El último refugio* y *Al rojo vivo*, con el gran James Cagney como protagonista; o el bíblico-espectacular *Esther y el rey*, entre otros. Raoul Walsh demostró en todos ellos que sabía contar bien una historia.

Fecundo y de obra desigual, con un prodigioso sentido creador de la acción, el ritmo y la economía narrativa, uniría su capacidad de inventiva de gestos y alegorías con la precisión en la puesta en imágenes y solidez técnica,

El prolífico Raoul Walsh, en su época muda

utilizando con acierto el blanco y negro, el color y los diversos formatos. Tuvo un estilo irónico y emotivo, simbólico y elocuente, con fuerza dramática y violencia épica. Incurría, a veces, en largos monólogos y escenas de cierto tono teatral, donde la amargura y el individualismo hacían acto de presencia. Enamorado de la Naturaleza, fue un sensible paisajista, que supo mostrar como pocos la serenidad del mar y de la noche.

Sería acusado de artesano, ecléctico y de tener muy poca ambición intelectual, aunque dominaba el film-espectáculo. Fue un excelente narrador, notable escritor de imágenes y un prolífico trabajador que reflejaría con su cine la mentalidad del pueblo americano. Retirado desde 1964, había sido también productor, escribió una novela del Oeste (*La ira de los justos*) y publicó sus reveladoras memorias en 1974: *Each Man in His Time* (en España: «La vida de un hombre. La edad de oro de Hollywood», 1982).

Filmografía:

The Life of General Villa (1914, co-dir. Ch. Cabanne, 1914),The Regeneration (1915), Peer Gynt (1915), Carmen (1915), Pillars of Society (1916), The Serpent (1916), Blue Blood and Red (1916), The Honor System (1916), El vencedor (The Conqueror, 1917), Betrayed (1917), De mal en peor (This is the Life, 1917), El mosquetero de Nueva York (The Pride of New York, 1917), The Silent Lie (1917), The Innocent Sinner (1917), The Woman and the Law (1918), The Prussian Cur (1918), A salto de mata (On the Jump, 1918), Every Mother's Son (1918), ¡Lo digo yo! (I'll Say So, 1918), Evangeline (1919), The Strongest (1919), Should a Husband Forgive? (1919), The Deep Purple (1920), De ahora en adelante (From Now on,

*1920), Serenade (1920), The Oath (1921), Kindred of the
Dust (1922), Perdida y encontrada (Lost and Found on a
South Sea Island, 1923), El ladrón de Bagdad (The Thief
of Bagdad, 1924), La dama de Oriente (East of Suez,
1925), The Spaniard (1925), El hijo pródigo (The Wande-
rer, 1925), Amor afortunado (The Lucky Lady, 1925), La
dama del harén (The Lady of the Harem, 1925), El precio
de la gloria (What Price Glory, 1926), Habla el mono
(The Monkey Talks, 1927), Los amores de Carmen (The
Loves of Carmen, 1927), La frágil voluntad (Sadie
Thompson, 1928), La bailarina de la ópera (The Red
Dance, 1928), Me, Gangster (1928), En el viejo Arizona
(In Old Arizona, 1929), El mundo al revés (The Cock-
eyed World, 1929), Un marino afortunado (Hot for Paris,
1929), La gran jornada (The Big Trail, 1930), Del infierno
al cielo (The Man Who Come Back, 1931), ¡Vaya muje-
res! (Women of All Nations, 1931), El carnet amarillo
(Yellow Ticket, 1931), El beso redentor (Wild Girl, 1932),
Mi chica y yo (Me and My Gal, 1932), Suerte de marino
(Sailor's Luck, 1933), El arrabal (The Bowery, 1933),
Amores en Hollywood (Going Hollywood, 1933), Bajo
presión (Under Pressure, 1935), Baby Face Harrington
(1935), A las ocho en punto (Every Night at Eight, 1935),
Klondike Annie (1936), Big Brown Eyes (1936), Spendth-
rift (1936), You're in the Army Now/O.H.M.S. (1937),
Cuando el ladrón encuentra al ladrón (Jump of Glory,
1947), Artists and Models (1937), La diosa de la selva
(Hitting a New High, 1937), College Swing (1938), St.
Louis Blues (1939), The Roaring Twenties (1939), Mando
siniestro (Dark Command, 1940), Pasión ciega (They
Drive by Night, 1940), El último refugio (High Sierra,
1941), The Strawberry Blonde (1941), Manpower (1941),
Murieron con las botas puestas (They Died With Their
Boots on, 1941), Deseperate Journey (1942), Gentleman
Jim (1942), Background to Danger (1943), Northern Por-*

suit (1943), Uncertain Glory (1944), Objetivo Birmania (Objective Burma!, 1945), Fuera de la ley (Salty O'Rourke, 1945), The Horn Blows at Midnight (1945), The Man I love (1947), Pursued (1945), Cheyenne (1947), Río de plata (Silver River, 1948), Fighter Squadron (1948), One Sunday Afternoon (1948), Juntos hasta la muerte (Colorado Territory, 1949), Al rojo vivo (White Head, 1949), Montana (1950, co-dir. R. Enright), Camino de la horca (Along the Great Divide, 1951), El hidalgo de los mares (Captain Horatio Hornblower, 1951), Tambores lejanos (Distant Drums, 1951), Sin conciencia (The Enforcer, 1951, co-dir. B. Windust), El mundo en sus manos (The World in His Arms, 1952), El pirata Barbanegra (Blackbeard the Pirate, 1952), Historia de un condenado (The Lawless Breed, 1953), Los gavilanes del estrecho (Sea Devils, 1953), A Lion is in the Streets (1953), Fiebre de venganza (Gun Fury, 1953), Rebelión en el fuerte (Saskatchewan, 1954), Más allá de las lágrimas (Battle Cry, 1955), Los implacables (The Tall Men, 1955), The Revolt of Mamie Stover (1956), Un rey para cuatro reinas (The King and Four Queens, 1956), La esclava libre (Band of Angels, 1957), The Naked and the Dead (1958), La rubia y el sheriff (The Sheriff of Fractured Jaw, 1959), Negocios del corazón (A Private's Affair, 1959), Esther y el rey (Esther and the King/Ester e il re, 1960), Marines Let's Go! (1961), Una trompeta lejana (A Distant Trumpet, 1964).

WELLES, Orson

Genio y «padre» del cine moderno. (Kenosha, 1915-Los Angeles, 1985). Fue uno de los grandes maestros del

Orson Welles (en el centro), intérprete y realizador de Ciudadano Kane

arte de las imágenes, que contribuyó a la renovación del lenguaje fílmico y ejerció enorme influencia en su evolución estética, dejando su impronta en otros autores contemporáneos.

De familia acomodada y culta, estudió en la Washington School de Madison. Niño prodigio que a los cinco años ya recitaba a Shakespeare y a los 15 conseguía el premio de la Asociación Dramática de Chicago por su montaje escénico de *Julio César*. Incansable viajero, dibujante y pintor, pronto se traslada a Irlanda para dedicarse al teatro como actor y director. Trabajaría en varias compañías de vanguardia, fundando con John Houseman el *Mercury Theatre*. Durante los años 30 fue el célebre director radiofónico que, en 1938, aterrorizó al país con su emisión de *La guerra de los mundos*, provocando un auténtico pánico. Ese trabajo le abrió las puertas de Hollywood; la RKO puso a su disposición todos los medios para que realizara su primer largometraje. Es mítica la frase de Orson Welles cuando entró en los estudios de esa productora: «Éste es el más hermoso tren eléctrico que un muchacho haya podido nunca soñar». Previamente, había estudiado a los «clásicos» de la pantalla en el MOMA de Nueva York.

Así, con *Ciudadano Kane* revoluciona la narrativa cinematográfica, a la vez que enriquece la sintaxis del Séptimo Arte mundial, a nivel expresivo, con la utilización de medios ya conocidos pero dándoles un sentido nuevo. Destaca el empleo dramático del plano general, un cuidadoso detalle en la profundidad de campo, con objetivos de «foco corto» que le permite la toma por igual de todos los planos y distancias. También cabe señalar el logro de sus encuadres y las angulaciones impresionantes, el asombroso uso de la técnica del gran angular, la significación expresiva por medio de la grúa, los decorados con techo y el plano-secuencia con una economía de tomas admirable. Otras aportaciones importantes fueron la intencionalidad en el juego de luces y sombras, junto con las imágenes en claroscuro y los originales encadenados y *flash-backs*. Por último es notoria su personal interpretación y análisis psicológico de los personajes, a través de un verbalismo simultáneo que rompía el estilo de diálogos tradicional. Y todo ello sin dejar de mantener una rigurosa ordenación de la estructura dramática con base en el montaje y su singular dinamismo interno. En fin, Welles es un neoexpresionista que abrió nuevos senderos al cine de nuestros días.

Esta obra maestra, clasificada repetidamente entre las Diez Mejores de la Historia —en la última lista (1992) vuelve a aparecer como la primera—, resultó ser una tremenda crítica a un arquetipo de ciudadano yanqui, que se centraba en la persona del potentado Hearst, quien puso todos los medios para que *Citizen Kane* fuera prohibida. Asimismo, la película, que fue un fracaso económico,

consagró a Orson Welles como cineasta y *enfant terrible*
de la Meca del Cine, lo que le creó muchos problemas
con la industria de Hollywood y de la cual se independi-
zaría paulatinamente como autor. Otros films magistrales
y minoritarios del período americano serían *El cuarto
mandamiento* (*The Magnificent Ambersons*), *La dama de
Shanghai*, con el que desmitificó a Rita Hayworth, y *Sed
de mal*, un insólito *thriller* que interpretaría al lado de un
atípico Charlton Heston.

Su estilo es ampuloso y desmedido como fue el propio
Welles, pero, muchas veces, era sólo una impresión de detalle, ya que estaba realmente ordenado bajo esa apariencia de desorden y desequilibrio. Barroco, exuberante, un
tanto egocéntrico, además de confuso ideológicamente, a
pesar de su condición de humanista. Fue, en realidad, un
artista inimitable, de honda personalidad e independencia
creadora. Emigró de los Estados Unidos y se estableció
en Europa; habitualmente trabajaba como actor para fi-
nanciarse sus propias películas, o por gusto interpretativo, influyendo incluso en las realizaciones en que parti-
cipaba, especialmente en *El tercer hombre* (Carol Reed,
1949). Por otra parte, su postura existencial es liberal y
pesimista, tremendamente filosófica y un tanto moralizante —al revés, como ocurría con Joseph Losey—, a la
vez que parecía obsesionado por las ambigüedades de la
condición humana, por la coexistencia de la verdad y el
engaño tanto en el Arte como en el Hombre. Esto se evidencia también en su autobiográfico *El proceso*, según
Kafka, hasta *Question Mark*, su postera aportación al
nuevo lenguaje cinemático, vídeo incluido.

Gran intérprete y adaptador de Shakespeare en la escena y la pantalla, lo llevó magistralmente al cine con
Macbeth, *Othello* y *Campanadas a medianoche*, gus-
tando del sentido del espectáculo y grandilocuencia del
inmortal escritor, quizás porque Orson Welles representa

para el Séptimo Arte lo que William Shakespeare para la Literatura. De ahí que pueda decirse que su obra, indiscutiblemente, equivale a la Tragedia moderna. Sin embargo, había manifestado: «No pienso en que alguien se acuerde de mí algún día, encuentro tan vulgar trabajar para la posteriodad como trabajar por dinero.» Fue muy perfeccionista con sus obras, ya que dedicaba muchísimo más tiempo a montar un film que a rodarlo; así dejó inacabada su versión de *Don Quijote*. Sin duda que el gran público le recordará más por su oronda y entrañable figura de actor característico que como el realizador incomprendido y hasta «maldito» que prácticamente fue.

Filmografía:

Ciudadano Kane (Citizen Kane, 1941), El cuarto mandamiento (The Magnificent Ambersons, 1942), Estambul (Journey into Fear 1943, co-dir: Norman Foster), The Stranger (1946), La dama de Shanghai (The Lady From Shanghai, 1947), Macbeth (1948), Otelo (Othello, 1952), Mr. Arkadin (Confidential Report/Mister Arkadin, 1955), Sed de mal (Touch of Evil, 1957), El proceso (Le Procès/The Trial, 1962), Campanadas a medianoche (Crimes at Midnigh, 1966), Una historia inmortal (Un histoire immortelle/The Inmortal Story, 1968), Fraude (Question Mark/Fake, 1973).

WENDERS, Wim

Está considerado como un realizador marginal alemán. N. en Düsseldorf, 1945. Heredero del Joven Cine

El marginal alemán Wim Wenders

de su país, es un autor vanguardista que ha recibido influencias de la cultura popular americana y de cineastas tan dispares como Michelangelo Antonioni, Nicholas Ray y Yasujiro Ozu, o del escritor germano Peter Handke. Tras estudiar medicina y filosofía, tuvo que aprender el arte fílmico en la Cinemateca Francesa al no ser admitido en el famoso IDHEC de París. Matriculado después en la recién creada Escuela Superior de Cine y Televisión de Múnich, se diplomó como Director y realizó seis cortos, al mismo tiempo que ejercería la crítica cinematográfica (*Filmkritik, Die Suddeutsche Zeitung*) y de música rock.

Su primer largometraje, *Summer in the City*, es un original paseo por el ambiente urbano con referencias a la América contemporánea, que anunciaría su temática posterior y la cual tuvo su culminación estético-narrativa en la *road movie* más famosa de Wenders: *París, Texas*, con la que ganó la Palma de Oro del Festival de Cannes de 1984. Sin embargo, en la década anterior había realizado una trilogía siguiendo los principios del Nuevo Cine alemán: *Alicia en las ciudades*, *Falso movimiento* y *En el curso del tiempo*, todos interpretadas por el actor Rüdiger Vogler, y en los que mostraba sus inquietudes filosóficas. Con estos films inicia un singular itinerario moral y existencial, a modo de viaje interior y físico, con personajes en tránsito y en búsqueda de su identidad, que él mismo expresaría con estas palabras: «El movimiento es la fórmula narrativa que más conviene al cine.»

Preocupado por la marginación y la desaparición progresiva de la individualidad, como se aprecia en *El miedo del portero al penalty*, Wim Wenders continuó su reflexión sobre la personalidad creadora y la crisis del cine de autor con *El estado de las cosas*, película realizada en Portugal y con la que obtuvo el León de Oro del Festival de Venecia de 1982. Aunque poseía la firma Road Movies, que produjo para su habitual guionista Peter Handke *La mujer zurda*, dirigiéndole la obra escénica *Por las ciudades*, Wenders estaba un tanto desarraigado del cine de su país. Por eso rodó su *thriller* más célebre, *El amigo americano*, según una novela de Patricia Highsmith, con Bruno Ganz, Samuel Fuller, Dennis Hopper y Nicholas Ray como protagonistas. Más tarde se instalaría en Estados Unidos para realizar nuevos homenajes: al cine «negro» y Dashiell Hammett, con *El hombre de Chinatown*; y la película dedicada a Ray *Relámpago sobre agua* (*Nick's Movie*), que captó la agonía de este gran realizador. En Nueva York crea otra firma productora, la Gray

City. Después, fue a Japón para homenajear al maestro
Ozu en *Tokyo-Ga*.

En 1987 regresaría a Alemania para realizar su magistral *Cielo sobre Berlín*, que tiene un epílogo todavía más
espiritual *(¡Tan lejos tan cerca!)*. Pero, en el interín aún
dirigió otra ambiciosa fábula: su *thriller* filosófico-futu-
rista *Hasta el fin del mundo*, donde consolida su peculiar
estilo creador, tremendamente minoritario y de difícil intelección, preocupado esencialmente por el campo de la
imagen.

El cine de Wenders es poético y simbólico, racional y
cinéfilo, crudo y violento, brillante y sorprendente, experimental e innovador, obtuso y, a veces, hasta preten-
cioso. Autor cosmopolita, atormentado y enigmático, sus
confusas propuestas son esperadas por un público formado por intelectuales y cinéfilos que debate sus películas aunque no las acabe de comprender. Ha realizado
también diversos trabajos para TV y presenta paisajes so-
litarios, desarraigados, con problemas de comunicación,
bajo un prisma frío y lírico. En ocasiones, sus films contienen toques onírico-surrealistas no exentos de cierto
barroquismo y erotismo decadente.

Filmografía:

*Summer in the City (1970), Die Angst des Tormanns
beim Elfmeter (El miedo del portero ante el penalty,
1971), La letra escarlata (Der Scharlachrote Buchtabe,
1972), Alicia en las ciudades (Alice in den Staedten, 1973),
Falso movimiento (Falsche Bewegung, 1975), En el curso
del tiempo (Im Lauf der Zeit, 1976), El amigo americano
(Der amerikanische Freund, 1977), Relámpago sobre agua
(Lightning Over Water, 1979, co-dir: Nicholas Ray), El
hombre de Chinatown (Hammett, 1982), El estado de las*

cosas (Der Stand der Dinge, 1982), Tokyo-Ga (1984), Pa-
rís, Texas (Paris, Texas, 1984), Cielo sobre Berlín (Der
Himmel über Berlin, 1987), Hasta el fin del mundo (Un-
til the End of the World, 1991), ¡Tan lejos, tan cerca!
(Faraway, so close!, 1993), Arisha, der har und der stei-
nerne ring (1994).

WILDER, Billy

Maestro de la comedia corrosiva y de enredo, es uno de
los grandes cultivadores del cine de géneros. N. en Viena,
1906. De origen judío, fue periodista a mediados de los
años 20 en su ciudad natal y en Berlín, trabajando como
cronista deportivo, de sucesos y crítico de cine. Después,
cursó Derecho y se dedicó a la danza antes de empezar a
escribir guiones para la productora alemana UFA.

Con la llegada del nazismo, emigra a París donde debuta como director con *Curvas peligrosas*. Llamado por
Joe May, en 1934 se instalará en Estados Unidos. Iniciaría
su trabajo en la Meca del Cine al lado de los exiliados y
de Lubitsch, de quien puede considerarse discípulo, tras-
plantando también el vodevil europeo a USA. Dialoguista
y ayudante, no empieza como realizador en el cine sonoro hasta 1942, tras el éxito de su guión de *Ninotchka*
para Ernst Lubitsch. Pronto alcanzaría notable prestigio
por su polifacética labor fílmica: la primera comedia *El*
mayor y la menor, el film bélico *Cinco tumbas al Cairo*,
el cine «negro» con *Perdición* y su primer éxito internacional *Días sin huella*. Títulos celebrados en los que ya se
hizo patente su acidez crítica y pesimista ante situaciones
planteadas en climas morales sórdidos.

Sin embargo, la sátira de Wilder posee la suficiente do-

Billy Wilder, con Jack Lemmon, durante el rodaje de El apartamento

sis de desenfado para divertir al espectador. Su actitud
irónica —heredada del referido Lubitsch— va unida a un
romanticismo muy europeo, sazonada por el tono humorístico y frívolo que le caracteriza como autor. De ahí que
sus comedias de costumbres, realistas y ligeras, hayan
sido aplaudidas por todos los públicos: *Sabrina* y
Arianne, con Audrey Hepburn como gran protagonista,
junto a William Holden-Humphrey Bogart y Gary Coo-
per-Maurice Chevalier como «partenaires», respectivamente; *La tentación vive arriba* y *Con faldas y a lo loco*,
interpretadas por Marilyn Monroe; y, más especialmente,
*El apartamento, Uno, dos, tres, Irma la Dulce, Bésame,
tonto* y *En bandeja de plata*, con sus habituales Jack
Lemmon, Walter Matthau y Shirley MacLaine, entre
otros.

En estas muestras del arte cinematográfico wilderiano
aparecía la postura vitalista del realizador vienés. No pa-

rece que se le pueda definir como un «clásico» o innovador fílmico, porque es simplemente un tradicionalista de la industria hollywoodense que, incluso en los momentos de crisis de producción, seguiría trabajando como director. Billy Wilder compone sus películas con guiones y tramas muy «preparados», con cierta tendencia al efecto dramático y al golpe de gracia picaresco, con una mordacidad teñida de tristeza y, a veces, de amargura, con *gags* más verbales que visuales, como se evidencia en *La vida privada de Sherlock Holmes*, *¿Qué ocurrió entre mi padre y tu madre?* y *Primera plana*.

Aunque su postura romántico-vitalista le haga aparecer como contrario a toda norma moral, también Wilder moraliza desde su prisma crítico. Así, propaga una «buena vida» de cortos alcances, propia del hombre que está de vuelta de todo. Por ello y con frecuencia, sus fábulas fílmicas no pretenden luchar contra la sociedad que satiriza o denuncia: el mundillo cinematográfico, en *El crepúsculo de los dioses*; la prensa amarilla, en *El gran carnaval*; el conflicto bélico, en *Traidor en el infierno*; o la Guerra Fría, en *Uno, dos, tres*. Acusado de cínico, su mentalidad pragmática le impide crear ídolos, pero en ocasiones no encuentra más salida que el escapismo superficial o el *laissez faire* de los instintos por vía sentimental. Tachado asimismo de vulgar y comercial, apuntaba que casi todos los móviles humanos se reducen al sexo y al dinero.

No obstante, la solidez narrativa de su cine, que supo evocar el contexto sociopolítico norteamericano con precisión, se reafirmó con una espléndida dirección de actores: Marlene Dietrich, Kirk Douglas, Charles Laughton, Tyrone Power..., aparte de los antes citados. El tono costumbrista hace también de la obra wilderiana el testimonio de una época, que a la vez coincide con los años de esplendor de Hollywood que él ayudaría a popularizar mundialmente. Con un gran uso de la pantalla grande,

fue el autor de todos sus guiones, con la colaboración de
Charles Brackett hasta 1950 y del premiado I. A. L. Dia-
mond desde 1959. Había manifestado: «Tengo 10 mandamientos. Los nueve primeros son no aburrirás; el décimo
es tendrás el derecho del montaje final». Nacionalizado
americano, desde hace una década se mantiene retirado
como creador.

Filmografía:

*Curvas peligrosas (Mauvaise Graine, 1934), El mayor
y la menor (The Major and the Minor, 1942), Cinco tumbas al Cairo (Five Graves to Cairo, 1943), Perdición
(Double Indemnity, 1944), Días sin huella (The Lost Weekend, 1945), El vals del emperador (The Emperor
Waltz, 1948), Berlín Occidente (A Foreign Affair, 1948),
El crepúculo de los dioses (Sunset Boulevard, 1950), El
gran carnaval (The Big Carnival/Ace in the Hole, 1951),
Traidor en el infierno (Stalag 17, 1953), Sabrina (1954),
La tentación vive arriba (The Seven Year Itch, 1955), El
héroe solitario (The Spirit of St. Louis, 1957), Arianne
(Love in the Afternoon, 1957), Testigo de cargo (Witness
for the Prosecution, 1958), Con faldas y a lo loco (Some
Like It Hot, 1959), El apartamento (The Apartment,
1960), Uno, dos, tres (One, Two, Three, 1961), Irma la
Dulce (Irma la Douce, 1963), Bésame, tonto (Kiss Me,
Stupid, 1964), En bandeja de plata (The Fortune Cookie,
1966), La vida privada de Sherlock Holmes (The Private
Life of Sherlock Holmes, 1970), ¿Qué ocurrió entre mi
padre y tu madre? (Avanti!, 1972), Primera plana (The
Front Page, 1974), Fedora (1978), Aquí un amigo
(Buddy, Buddy, 1981).*

WYLER, William

Fue un clásico del cine americano y uno de los mejores cineastas comerciales del Séptimo Arte. (Mulhouse, 1902-Los Angeles, 1981). De origen suizo, estudió en Lausana y París, donde cursó violín en el Conservatorio de Música. Con ciertas dificultades para sobrevivir, su tío Carl Laemmle le contrata para trabajar como publicitario en la Universal. Trasladado a la Meca del Cine, comienza como ayudante de montaje y director de cortos en 1925, algunos interpretados por Harry Carey, así como realizador de films mudos de la serie B. Tras aprender bien el oficio, se transformaría en un sólido director de la época dorada de Hollywood, cuyo culmen como creador lo alcanzó según los especialistas entre 1936 y 1946, con el operador Gregg Toland como colaborador.

Demostró ser un gran adaptador de obras célebres: *Esos tres*, *Punto muerto*, *La loba*, de Lillian Hellman; *La heredera*, de Henry James; *Cumbres borrascosas*, de las hermanas Brönte... Notable escritor cinematográfico, evidenció sus cualidades y limitaciones como autor en los más diversos géneros, como cabe apreciar en el western psicológico *El forastero* y la epopeya del Oeste *Horizontes de grandeza*; en la denuncia social *Dead End*, o el bíblico-histórico *Ben-Hur*; en las comedias *Vacaciones en Roma* y *Cómo robar un millón y...*, destacando también con el melodrama musical *Funny Girl* y los retratos críticos de la sociedad norteamericaca *Desengaño*, *Jezabel* y *La señora Miniver* (4 óscars), por no citar más. Durante la II Guerra Mundial alcanzaría el grado de Mayor en las Fuerzas Aéreas y rodó numerosos documentales de propaganda como *The Memphis Belle*, *The Fighting Lady* y *Thunderbolt*. Pero su obra maestra fue *Los mejores años de nuestra vida*, que narra el regreso y difícil adaptación a la vida cotidiana de los ex-combatientes

William Wyler observando una escena

USA, con la que sería premiado nuevamente con los Oscars de Hollywood.

Su lenguaje era eminentemente visual, pues tenía un gran dominio del ritmo y el montaje. Además de sus aportaciones estilísticas con el plano-secuencia y la profundidad de campo, que influirían en Orson Welles, y el excelente estudio de caracteres, Wyler destacaría asimismo por la dirección de actrices: desde Bette Davis, Olivia de Havilland, Merle Oberon, Teresa Wright, Greer Garson..., hasta Jennifer Jones, Audrey Hepburn y Barbra Streisand. Es notable también su gusto por los espacios cerrados, como se aprecia en *Brigada 21* y *Horas desesperadas*, al tiempo que se dijo de él que «jamás ha realizado una película mala».

Tachado de artesano y academicista, de esquemático y superficial, el ocaso de este criticado maestro se comprobó con su postrera realización, *No se compra el silen-*

cio, que incurrió en las concesiones erótico-violentas del cine contemporáneo. Retirado desde 1970, William Wyler, junto a su coetáneo y también discutido Billy Wilder, era el realizador que más estatuillas doradas había acumulado en su carrera.

Filmografía:

Lazy Lighting (1926), The Stolen Ranch (1926), Ardores pasados (Blazing Days, 1927), Hard Fists (1927), Straight Shootin (1927), El caballero alerta (The Border Cavalier, 1927), Desert Dust (1927), Thunder Riders (1928), La caza del hombre (Anybody Here Seen Kelly?, 1928), El testaferro (The Shakedown, 1929), La trampa amorosa (The Love Trap, 1929), Santos del infierno (Hell's Heroes, 1930), The Storm (1930), La casa de la discordia (A House Divided, 1931), ¿Héroe o cobarde? (Tom Brown of Culver, 1932), El capitán disloque (Her First Mate, 1933), El abogado (Counsellor at Law, 1933), Fascinación (Glamour, 1934), Una chica angelical (The Good Fairy, 1935), La alegre mentira (The Gay Deception, 1935), Esos tres (These Three, 1936), Rivales (Come and Get It, 1936, co-dir. Howard Hawks), Desengaño (Dodsworth, 1936), Dead End (1937), Jezabel (Jezebel, 1938), Cumbres borrascosas (Wuthering Heights, 1939), El forastero (The Westerner, 1940), La carta (The Letter, 1940), La loba (The Little Foxes, 1941), La señora Miniver (Mrs. Miniver, 1942), Los mejores años de nuestra vida (The Best Years of Our Lives, 1946), La heredera (The Heiress, 1949), Brigada 21 (Detective Story, 1951), Carrie (1952), Vacaciones en Roma (Roman Holiday, 1953), Horas desesperadas (The Desperate Hours, 1955), La gran prueba (Friendly Persuasion, 1956), Horizontes de grandeza (The Big Country, 1958), Ben-Hur (1959),

La calumnia (The Childern's Hour, 1962; remake de Esos tres), El coleccionista (The Collector, 1965), Cómo robar un millón y... (How to Steal a Million, 1966), Funny Girl (1968), No se compra el silencio (The Liberation of L. B. Jones, 1970).

ZINNEMANN, Fred

El último superviviente de la «generación perdida» y cultivador del film social. N. en Viena, 1907. Maestro del cine americano a partir de la segunda posguerra, había formado parte de la vanguardia germana en los años 20. De origen judío, cursó Derecho en su ciudad natal y en París. Ayudante de cámara en la capital parisina y en Berlín (1927-1929), trabajó también al lado de Robert Siodmak (*Menschen am Sonntag*, 1929). Emigró ese mismo año a los Estados Unidos, integrándose como documentalista en la Escuela de Nueva York. En México rueda un largometraje para Paul Strand, *Redes*, influido por el cine de Eisenstein, y una veintena de cortos, entre ellos *That Mothers Might Live*, con el que gana el primer Oscar de su carrera; en 1951 conseguirá otro por su documental *Benji*, sobre los minusválidos.

Su integración en el cine industrial data de 1944, cuando lleva a la pantalla la novela antifascista de Anna Seghers *La séptima cruz*. Pero hasta su inesperado éxito comercial con *Los ángeles perdidos*, acerca de los niños alemanes desamparados entre las ruinas de la II Guerra Mundial, no se dará a conocer mundialmente. Así, comienza su prestigio en Hollywood, donde continuará realizando cine de honda preocupación social, como *Hombres* (*The Men*), sobre los paralíticos; *Teresa*, una crónica

El premiado Fred Zinnemann

de los barrios pobres de Nueva York; o, posteriormente, su magistral *Un sombrero lleno de lluvia*, en torno al mundo de los toxicómanos.

Sin embargo, su reconocimiento como autor llegará con sus dos films más célebres: *Solo ante el peligro* (*High Noon*), un western trágico que ofrece una analogía del clima de la «caza de brujas» maccarthista (aunque Zinnemann me lo negó personalmente, atribuyendo esa posible intencionalidad al guionista Carl Foreman), en cuyo relato adecúa el tiempo fílmico al real; y *De aquí a la eternidad*, una fábula crítica sobre la vida militar, que se llevó asimismo los Oscars de la Meca del Cine. Después reali-

zaría la opereta western *Oklahoma*, estrenando el sistema
Todd-Ao; *Behold a Pale Horse*, velada denuncia del sistema español que incluso provocó un conflicto entre el
gobierno de Franco y la Columbia; y su singular epopeya
Tres vidas errantes, sobre los esquiladores de ovejas aus-
tralianos, con Robert Mitchum, Deborah Kerr y Peter
Ustinov como protagonistas.

Zinnemann ha sabido retratar como pocos la realidad
social y las mentalidades norteamericanas, con un estilo
directo y tremendamente evocador. Preocupado por el
tema de la respetabilidad colectiva, con *Act of Violence*,
junto al referido *High Noon*, en los últimos años realizó films que fueron galardonados nuevamente por la
industria de Hollywood: el notable fresco histórico *Un
hombre para la eternidad*, sobre la vida y época de
santo Tomás Moro; y *Julia*, que pone en escena con brillantez la tragedia de Lillian Hellman, protagonizada
por Jane Fonda y Vanessa Redgrave. No obstante, su
adaptación del *best-seller* de Forsythe *Chacal* fue fallida, así como menor su última realización *Cinco días,
un verano*.

Fue acusado de oportunista y sentimental (*Historia de
una monja*, aparte del citado *The Men*, donde debutó
Marlon Brando) y de utilizar procedimientos formales
exagerados, con cierta monotonía narrativa. Pero sobresale por ser un humanista cuyo talento dramático le situa-
ría entre los grandes de la denominada «generación perdida». Menos valorado que otros coetáneos —Kazan,
Huston y Wilder—, sus errores y academicismo concienzudo no le restan valor como creador y crítico de la pantalla. En la actualidad, Fred Zinnemann vive retirado en
Londres, lejos del arte cinematográfico que precisamente
ayudó a desarrollar.

Filmografía:

Redes (The Wave/Los sublevados de Alvarado, 1934, co-dir. Emilio Gómez Muriel), Kid Glove Killer (1942), Eyes in the Night (1942), The Seventh Cross (1944), Little Mister Jim/Army Brat (1946), My Brother Talks to Horses (1947), Los ángeles perdidos (The Search/Die Gezeichneten, 1948), Act of Violence (1949), Hombres (The Men, 1950), Teresa (1951), Solo ante el peligro (High Noon, 1952), The Member of the Wedding (1953), De aquí a la eternidad (From Here to Eternity, 1953), Oklahoma! (1955), Un sombrero lleno de lluvia (A Hatful of Rain, 1957), Historia de una monja (The Nun's Story, 1959), Tres vidas errantes (The Sundowners, 1960), Y llegó el día de la venganza (Behold a Pale Horse, 1964), Un hombre para la eternidad (A Man for All Seasons, 1966), Chacal (The Day of the Jackal, 1973), Julia (1977), Cinco días, un verano (Five Days, One Summer, 1982).

Índice